Dortmunder Beiträge zur Zeitungsforschung

Dortmunder Beiträge zur Zeitungsforschung

Band 61

Herausgegeben von Hans Bohrmann
und Gabriele Toepser-Ziegert
Institut für Zeitungsforschung der Stadt Dortmund

Peter Brummund

Bahnhofsbuchhandel

Von der Versorgung mit Reiseliteralien zum Premiumhandel für Zeitungen und Zeitschriften

K · G · Saur München 2005

Bibliografische Information Der Deutschen Bibliothek
Die Deutsche Bibliothek verzeichnet diese Publikation
in der Deutschen Nationalbibliografie; detaillierte bibliografische Daten
sind im Internet über *http://dnb.ddb.de* abrufbar.

∞

Gedruckt auf säurefreiem Papier

Printed in Germany

Druck/Binden: Strauss GmbH, Mörlenbach

ISBN 3-598-21327-1

AM ANFANG WAR DAS BUCH

BAHNHOF
BUCHHÄNDLER

AM ANFANG WAR DAS BUCH

VORWORT

Das 100-jährige Jubiläum des Verbandes Deutscher Bahnhofsbuchhändler e.V. ist für die drei amtierenden Vorstände Anlass genug, ihre Jahrestagung in der Gründungsstadt Leipzig abzuhalten. Die Geschichte des Bahnhofsbuchhandels, eine fachkompetente und objektive Analyse dieser Vertriebssparte durch den Autor, Peter Brummund, ist in dieser traditionsreichen Buchstadt allen Tagungsteilnehmern druckfrisch vom Verband überreicht worden. Nicht alle im Bahnhofsbuchhandel Involvierten müssen notwendigerweise die oft erfrischend kritische Meinung des Verfassers teilen. Unbestritten ist aber sicher, dass Sie das Standardwerk der Branche in den Händen halten.

Als der badische Buchhändler Carl Schmitt 1854 seine erste Bahnhofsbuchhandlung in Heidelberg eröffnete, wurden ausschließlich Bücher feilgeboten. Diese einmalige Dienstleistung erschien der königlich-badischen Eisenbahnverwaltung so wichtig, dass sie eine Aufwandsentschädigung hierfür vereinbarte. Wen wundert also, dass pachtfreie Gründerjahre eine günstige Voraussetzung für die Gründung dieser innovativen Buchhandelsstandorte waren. Für die berühmten Unternehmer der ersten Stunde im Bahnhofsbuchhandel wie beispielsweise die Bettenhausens, die Schmitts, die Stilkes und die Wittwers, aber auch für vernünftige Geschäftsbeziehungen mit ihren Lieferanten und der späteren Reichsbahn, spricht es, dass sie immerhin bis 1905 ohne Berufsvertretung auskamen.

Pachtsubventionen gehören heute ebenso der Vergangenheit an, wie eine Sortimentsbeschränkung auf das Buch. Vielmehr ist der Bahnhofsbuchhandel des frühen 21. Jahrhunderts Synonym für das Pressefachgeschäft schlechthin, mit einer einmaligen Kombination aus sich ergänzenden Medien, quasi die geistige Tankstelle mit Gleisanschluss. Diese hochfrequentierten Toplagen lässt sich die seit 1994 privatisierte Bahn so honorieren, dass das Überleben einiger Betriebe, häufig aber die als conditio sine qua non für ein Fachgeschäft erforderliche Qualität, zwangsläufig aus Kostengründen auf der Strecke bleibt.

Kein Jahrhundert der bisherigen Menschheitsgeschichte war von so einem rasanten Wandel in der Wissenschaft, der Technik, insbesondere im Bereich Kommunikation, aber auch im Handel geprägt, wie jenes seit der Existenz des Verbandes Deutscher Bahnhofsbuchhändler. Die gute alte Zeit in regionalen Königsreichen wie Bayern und Baden, ein bereits säbelrasselndes Kaiserreich, das am Ende des ersten Weltkriegs verlustreich unterging, die Weimarer Republik und die bald folgende braune, verbrecherische Diktatur mit all den bekannten Folgen, wie sie der selbstverschuldete Zweite Weltkrieg mit sich brachte, und schließlich der rasante wirtschaftliche Wiederaufstieg, haben die Presselandschaft in hohem Maße beeinflusst.

Die Auswirkungen der von mir nur beispielhaft erwähnten Einflüsse auf den deutschen Bahnhofsbuchhandel seit Anbeginn hat Peter Brummund in akribischer Weise wissenschaftlich aufgearbeitet. Seine jahrzehntelange Tätigkeit in mehreren Sparten des Pressevertriebs und in diversen Verlagen sowie zuletzt in seinem eigenen Nationalvertrieb, garantieren auch eine praxisnahe Beurteilung, die solche Arbeiten mitunter vermissen lassen. Mir selbst wurde die Ehre zuteil, als Praktiker mit theoretischem Hintergrund dieses Vorwort zu Papier bringen zu dürfen. Warum hielt der Autor gerade mich für prädestiniert, nach dem abrupten Ende meiner 33-jährigen Bahnhofsbuchhandelskarriere durch Verkauf meines Unternehmens Sussmann's Presse & Buch GmbH, nochmals an dieser Stelle zu kommentieren?

Eine wesentliche Rolle spielt unsere Freundschaft, noch mehr aber wie diese zustande kam. Da sind zum einen die Parallelen des Werdegangs, nämlich Lehre im Pressevertrieb und anschließendes BWL-Studium über den zweiten Bildungsweg. Der Autor konnte immer wieder seinen theoretischen Horizont bis hin zur Promotion über den Pressevertrieb erweitern. Zum anderen gab es permanent Berührungspunkte in unserem beiderseitigen Bestreben, zu optimieren und Zeichen in der Branche zu setzen. Deshalb des öfteren als „verrückt" oder als „Spinner", insbesondere im Kollegenkreis, bezeichnet zu werden, empfand ich eher als ungewollte Anerkennung. Zwischen meinem Freund Peter Brummund und mir war dies keineswegs ungewollt. Vielmehr war gerade in Brummunds letzter beruflicher Etappe vor dem Rückzug in den Elfenbeinturm, dem eigenen Nationalvertrieb für nationale und internationale Special-Interest-Titel, mein eigenes Unternehmen mit den weit über München hinaus bekannten Spezialläden ein ideales Experimentierfeld für uns beide. Dass diese Randgebiete aus Sicht der Verleger von Massenpublikationen als störend empfunden wurden, hat uns eher in unserem Beitrag für Pressevielfalt und Pressefreiheit bestärkt.

Solche positiven Erfahrungen haben im Zusammenhang mit den in den frühen neunziger Jahren erstellten Kriterien für den Bahnhofsbuchhandel manche Diskussion über die Zukunft dieser Vertriebssparte bewirkt. Während meiner Präsidentschaft in der IBA (International Bookstall Association) habe ich Peter Brummund 1993 zu unserem europäischen Jahreskongress nach Wien eingeladen. Mit seinen Visionen zur Zukunft des Pressehandels in Europa, im speziellen zur Existenzgrundlage des deutschen Bahnhofsbuchhandels, hat der Referent Beifall und Ängste gleichermaßen ausgelöst.

Mein persönliches Credo für die Zukunft unserer Vertriebssparte war immer sehr banal: Leistung, Leistung, Leistung! Diese muss in erster Linie für den Kunden sichtbar und vergleichbar sein. Dies ist zugegeben nicht einfach beim Vertrieb eines Produktes, das zeitgleich und preisgleich mit identischer Optik in der ganzen Republik angeboten wird. Da bedarf es eines Mosaiks von Maßnahmen, die gewährleisten, dass die eigene Firma und langfristig die Sparte „Bahnhofsbuchhandel" zu einem USP (unique selling proposition) werden.

Wie in der Chemie, ist die Mischung ausschlaggebend. Neben ansprechender Architektur, optimaler Beleuchtung und der nachvollziehbar segmentierten Auswahl, ist fachlich geschultes Personal unabdingbar für den Erfolg. Mehr denn je wird das Umsatzpotenzial für Medien durch das finanzielle Budget der sozial Schwachen und bei den gut Situierten von der drastisch begrenzten Zeit beim Kauf und beim Lesen limitiert. Bei der zuletzt erwähnten Zielgruppe gilt es daher, schnell, prägnant und in einer auf diese zugeschnittenen, attraktiven Vorauswahl spontane Kaufimpulse zu erzeugen. Im wesentlichen Unterschied zu den Kunden bei Hugendubel oder Thalia, wo Zeit und Geld gefragt ist, hat der idealtypische Bahnhofsbuchhandels-Kunde Geld, aber keine Zeit. Daher erklärt sich auch der Erfolg kleinflächiger Spezial-Läden bzw. meine Skepsis gegenüber Großflächen im Bahnhof, schlimmstenfalls in II-b-Lagen und über mehrere Etagen ohne Rolltreppen.

Anregungen des Verfassers sind beinahe final in den einzelnen Kapiteln aufgelistet. Nach gut fünfzig Jahren engster Tuchfühlung mit der Branche von Kindes Beinen an und nach dreiunddreißig Jahren aktiver Tätigkeit in ihr, fühle ich mich in vielen meiner Auffassungen bestätigt, auch wenn sie als noch so „verrückt" galten. Wesentliche Innovationen wurden fast immer von vermeintlichen „Spinnern" initiiert, so auch im Bahnhofsbuchhandel, oder von solchen analysiert und dokumentiert. Die vorliegende, einmalige Branchendokumentation von Peter Brummund ist Geschichtsbuch und Lehrbuch zugleich.

Die eigentliche Botschaft der vorliegenden Arbeit neben der ungemein interessanten Historie lautet: „Liebe Kollegen, profiliert Euch mehr denn je zu jenem unentbehrlichen Vertriebskanal für einen sonst nirgendwo erhältlichen Medienmix." Wenn diese Botschaft sowohl aus Sicht der Konsumenten als auch aus Sicht der Entscheider auf der Verlagsseite nachhaltig angekommen ist, sind Existenzängste überflüssig. Die einzigartige, überregionale Eigenmarke „Presse & Buch im Bahnhof" ist der Imageträger schlechthin für die DB. Sie wird diese eierlegende Wollmilchsau nicht wegen kurzfristiger Gewinnmaximierung schlachten. Notfalls ist hier von allen Marktteilnehmern Überzeugungsarbeit zu leisten, nicht zuletzt um die in den letzten 151 Jahren oft vermisste Pressevielfalt und Pressefreiheit mit Gleisanschluss mindestens bis zum 200-jährigen Verbandsjubiläum sicherzustellen.

Weßling, im Januar 2005 Klaus Sussmann

Die Firma Roesler & Co. zeigte ihre Verkaufswagen schon im Jahr 1910 als „Stilke-Wagen" an

Verkaufsschrank und Stilke-Wagen der Bahnhofsbuchhandlung Singen
Das Foto entstand während des Ersten Weltkriegs

... PREMIUMHANDEL FÜR ZEITUNGEN UND ZEITSCHRIFTEN

Internationale Presse bei Schmitt & Hahn im Hauptbahnhof Frankfurt am Main

8.000 Titel aus über 30 Ländern werden übersichtlich in modernen Warenträgern auf 400 m² Ladenfläche präsentiert

INHALT

I. BAHNHOFSBUCHHANDEL – VON DER VERSORGUNG MIT REISELITERALIEN ZUM PREMIUMHANDEL FÜR ZEITUNGEN UND ZEITSCHRIFTEN

I. BAHNHOFSBUCHHANDEL – VON DER VERSORGUNG MIT REISELITERALIEN ZUM PREMIUMHANDEL FÜR ZEITUNGEN UND ZEITSCHRIFTEN

1. Introduktion

Im Jahre 1825 fuhr der Erfinder der Eisenbahn, der britische Ingenieur George Stephenson, mit einem selbstgebauten Dampfzug von Stockton nach Darlington. Zehn Jahre später, am 7. Dezember 1835 wurde als erste deutsche Eisenbahnstrecke die 6,1 Kilometer lange „Ludwigsbahn“ von Nürnberg nach Fürth eröffnet. 1839 folgte die 115 Kilometer lange Bahnstrecke zwischen Leipzig und Dresden.

Bahnhofsbuchhandlungen gibt es fast so lange, wie es Eisenbahnen gibt. Die ersten Verkaufsstellen für Reiseliteratur auf Bahngelände entstanden in England und Frankreich. 1848 richtete die Firma Smith ihre erste Bahnhofsbuchhandlung im Bahnhof zu Euston ein. 1853 wurde in Paris das Bahnhofsbuchhandels-Unternehmen Librairie Hachette gegründet. Die erste deutsche Bahnhofsbuchhandlung eröffnete der Universitäts-Buchhändler Carl Schmitt 1854 in Heidelberg.

Carl Schmitt war es (aus Bahnhofsbuchhändlersicht) auch vorbehalten, 1875 als eines von 24 Mitgliedern den Badisch-Pfälzischen Buchhändler-Verband zu gründen. 1905 entstand in Leipzig der Verband Deutscher Bahnhofsbuchhändler, weil die spezifischen Probleme der Branche im Börsenverein der Deutschen Buchhändler „nicht die notwendige Berücksichtigung fanden“ (*H.H. Peters, zitiert in: Schmitt/Hahn 1991: 161*). Die Ausschreibungen der Bahnhofsbuchhandlungen durch die Bahnverwaltungen und die dadurch immer höher werdenden Pachten hatten diese Buchhändlergruppe in die Verteidigung gedrängt.

Während der nationalsozialistischen Herrschaft war das gesamte deutsche Pressewesen und folgerichtig auch der Bahnhofsbuchhandel der Lenkung durch die NSDAP und den Staat unterworfen. Die Mitglieder der im „Reichsverband Deutscher Bahnhofsbuchhändler“ (RVBB) organisierten Buch- und Presse-Einzelhändler waren der zentralistischen Verwaltung der Reichskultur- bzw. Reichspressekammer unterstellt, die Berufsschutzanordnungen und spartenbezogene Geschäftsgrundsätze erließ und deren Einhaltung peinlich kontrollierte (*Dorn/Vogel 2001: 114 ff.*). Der Bahnhofsbuchhandel wurde von den Nationalsozialisten instrumentalisiert und in den Pachtverträgen schriftlich verpflichtet, die NS-Presse bevorzugt zu behandeln. Das Anbieten oppositioneller Schriften führte zur fristlosen Kündigung des Pachtvertrages (*Dorn/Vogel 2001: 107 f. + 117 f.*).

Nach dem Ende des II. Weltkrieges vollzog sich eine berufliche Neuorganisation des Bahnhofsbuchhandels. Am 15. April 1947 konstituierte sich in Hamburg der „Verband Deutscher Bahnhofsbuchhändler e.V.“, der seine Geschäftsstelle 1957 nach Frankfurt am Main verlegte, um einen schnellen und permanenten Kontakt zur Zentralverwaltung der Deutschen Bundesbahn zu gewährleisten. Satzungsgemäß ist Frankfurt bis heute Sitz des Verbandes (§ 1 Abs. 2), auch wenn die Geschäftsstelle 1986 nach Düsseldorf verlegt wurde. Erster Verbandsvorsitzender war Georg Stilke (1947-1956). Ihm folgten Hermann Montanus (1956-1968), Hans Heinrich Peters (1968-1977), Hans Wilhelm Grauert (1977-1983), Konrad Paul Wittwer (1983-1989), Adam-Claus Eckert (1989-1998), Gustav Stirnberg (1998-2002) und Götz Grauert (2002 bis heute).

Der Verband Deutscher Bahnhofsbuchhändler e.V. begeht im Jahr 2005 den 100. Geburtstag seit seiner Gründung. Zu seinen Hauptaufgaben gehörte stets die Interessenvertretung des Bahnhofsbuchhandels gegenüber der Bundesbahn und den Verlagen. Die Wahrnehmung dieser Aufgabe war nicht immer leicht, denn beide Partner bemühten sich nach Kräften, sich ihren Anteil an den Vertriebserlösen des Bahnhofsbuchhandels zu sichern bzw. ihn zu mehren (*Schmitt/Hahn 1991: 161*). Die Geschichte des Bahnhofsbuchhandels war stets von der besonderen Stellung der einzelnen Unternehmen in dem Spannungsfeld aus sich ändernden Belieferungskriterien, Verlags-Rabatten und Pachten geprägt. Vor dem Hintergrund der historischen Entwicklung des Bahnhofsbuchhandels werden in der vorliegenden Schrift die besonderen Gegebenheiten der Branche beleuchtet und analysiert, um neben Insidern auch Außenstehenden einen tiefen Einblick in ein spannendes Kapitel des deutschen Pressevertriebs zu gewähren.

Als bedeutender Imageträger für die Deutsche Bahn AG und unverzichtbarer Absatzmittler für eine Vielzahl von Zeitungen und Zeitschriften ist der Bahnhofsbuchhandel nach vielen Jahren auskömmlicher Existenz in die Klemme von steigenden Pachten, reduzierten Rabatten und rückläufigen Umsätzen geraten. Mitten im Internet-Hype erfuhr die umsatzverwöhnte Branche den ersten nominellen Rückgang seit über fünfzig Jahren. Bis Mitte der neunziger Jahre war der Bahnhofsbuchhandel noch mittelständisch geprägt. Seither hat eine in alle Richtungen verlaufende Konzentrationswelle eingesetzt, in der nationale und internationale Presse-Vertriebs-Konzerne die kleineren Unternehmen überrollen und der Bahnhofsbuchhandel mit nur noch knapp über 70 Pächtern und 400 Betrieben als eigenständige Vertriebsbranche unterzugehen droht.

Ich als Verfasser, der ich die unvergleichlichen Vorzüge des Bahnhofsbuchhandels im Buch- und Presseverkauf nicht nur aus theoretischer Sicht beschreiben, sondern aus eigener praktischer Anschauung auch beurteilen kann, habe es angesichts des möglichen Fortfalls des Ladenschlussgesetzes, angesichts der Verlagerung des Presseabsatzes zu Non-Press-Outlets und wegen der rückläufigen Zahl selbständiger Bahnhofsbuchhandlungen als Herausforderung und Aufgabe angesehen, Ideen zu entwickeln und Strategien vorzuschlagen, die die Möglichkeit bieten, den Bahnhofsbuchhandel auch unter den derzeit schwierigen Marktbedingungen weiter zu entwickeln und seine Zukunft zu sichern.

Die Anregung, dem Bahnhofsbuchhandel einen separaten Band im Rahmen eines mehrteiligen Werkes über „Pressevertrieb in Deutschland" zu widmen, verdanke ich dem langjährigen Verbandsvorsitzenden, Herrn Adam-Claus Eckert, dem ich die kritische Durchsicht und Prüfung der Kapitel über seine Unternehmensgruppe und die Entwicklung des ostdeutschen Bahnhofsbuchhandels angetragen hatte.

Besonderen Dank schulde ich meinem langjährigen Freund, dem Münchener Bahnhofsbuchhändler Klaus Sussmann, der mir meinen Wunsch erfüllte, das Vorwort zu diesem Band zu verfassen. Klaus Sussmann verdanke ich aufgrund seines großen Erfahrungs-Horizonts eine Vielzahl von Anregungen und Informationen, die an vielen Stellen des vorliegenden Buches das „Salz in der Suppe" sind.

Bedanken möchte ich mich bei der Firma Karl Schmitt & Co., Bahnhofsbuchhandlungen für die Fotoaufnahmen in diesem Buch und (in alphabetischer Reihenfolge) auch bei den Herren Lars Bauer, Christian G. Christiansen, Götz Grauert, Friedrich Hacker, Michael Roggen, Karl-Hans Schmitt, Frank Schreiner, Reiner Wintergerst und Dietrich von Wissell, die mir mit Auskünften behilflich waren.

Als ergiebigste Quellen zu dem in der Literatur stark vernachlässigten Bahnhofsbuchhandel erwiesen sich neben der Veröffentlichung von Margit Dorn und Andreas Vogel die Chroniken der Firmen Karl Schmitt & Co. (1841-1991) und Sussmann's Presse & Buch München (1945-1995) sowie verschiedene Branchendienste, allen voran „der neue vertrieb". Die Herkunft der für die vorliegende Arbeit verwendeten Beiträge aus „dnv" und „medien aktuell" ist an den jeweiligen Stellen des laufenden Buchtextes ausreichend (*kursiv*) bezeichnet, um bei Bedarf nachblättern zu können. Soweit die Artikel keinen Verfasser aufweisen, wurden sie nicht mit in das Literaturverzeichnis aufgenommen, um die Liste nicht unnötig aufzublähen.

Mit der Veröffentlichung dieser als Band 61 der Dortmunder Beiträge zur Zeitungsforschung vorgelegten Arbeit verbinde ich die Hoffnung, daß sie für den Leser nicht nur eine aufschlussreiche und spannende Lektüre darstellt, sondern Studierenden der Handelsbetriebslehre und Medienökonomie auch eine Basis bzw. einen Anreiz bietet, sich künftig intensiver (wissenschaftlich) mit diesem wichtigen Kapitel deutschen Pressevertriebs zu beschäftigen.

Rödermark, im Januar 2005 Peter Brummund

1.1 Die Geschichte des deutschen Bahnhofsbuchhandels

Wer in einem Bahnhof einen Kaffee trinkt, ein Brötchen verzehrt, eine Zeitschrift kauft oder Devisen beschafft, macht von einem Angebot Gebrauch, das die Deutsche Bahn AG als Servicebetriebe bezeichnet. Das Dienstleistungs- und Warenangebot im Bahnhof wird von Reisenden, Pendlern und Urlaubern, aber auch von Ortsansässigen geschätzt, so lange es die Eisenbahn gibt. Schon mit der Einweihung der ersten deutschen Bahnstrecke von Nürnberg nach Fürth im Jahre 1835 wurde auch eine Bahnhofsgaststätte eröffnet (*FAZ v. 1.11.1984: 17*).

Die ersten Bahnhofsbuchhandlungen entstanden in Frankreich und England. Carl Schmitt, Miteigentümer der Heidelberger Universitätsbuchhandlung, hatte von seinem weit gereisten Schwager gehört, dass fliegende Händler abfahrenden Reisenden auf den Bahnsteigen der Pariser und Londoner Bahnhöfe Zeitungen anbieten. Diese Idee kopierte er und eröffnete 1854 im Heidelberger Bahnhof Deutschlands erste Bahnhofsbuchhandlung für „Reiseliteralien" (*Schmitt/Hahn 1991: 45*), indem er einen Markthelfer Bücher auf einem Verkaufs-Wägelchen zu den Bahnsteigen karren ließ und von diesem herunter unmittelbar an Reisende verkaufte.[1] Die nächsten Bahnhofsbuchhandlungen gab es 1855 in Stettin und 1858 in Würzburg. Im Jahr 1872 bewirtschaftete Carl Schmitt Verkaufsstellen auf 12 Bahnhöfen der Badischen Staatseisenbahn. Hinzu kamen 11 Verkaufsstellen in Elsaß-Lothringen, das 1870/71 an Deutschland gefallen war. Mit vier weiteren Stationen der Schwarzwaldbahn im Jahre 1875 entwickelte sich der Bahnhofsbuchhandel zum Hauptgeschäft der Firma Schmitt: der Sortimentsbuchhandel wurde 1876 verkauft (*Dorn/Vogel 2001: 57*).

Die Berliner Stadtbahn wurde 1882 eröffnet. Das Buchhandelsunternehmen Georg Stilke erhielt vom preußischen Eisenbahnminister Albert von Maybach das Recht übertragen, Tageszeitungen und „leichte Lektüre" auf allen Bahnhöfen der Stadtbahn zu verkaufen. Ab 1894 durfte Stilke auch auf allen übrigen Berliner Bahnhöfen Presseverkauf betreiben *(Distripress Gazette 9-10/1998: 54)*. Neben Berlin entwickelte sich Hamburg zum zweiten wichtigen Standort für Stilke, wo er 1891 nach öffentlicher Ausschreibung die ersten Bahnhofsbuchhandlungen auf drei Bahnhöfen betreiben durfte *(Distripress Gazette 9-10/1998: 52)*. 1895 kamen zwei weitere Bahnhöfe hinzu. Auch für den 1909 eingeweihten Hauptbahnhof der Hansestadt, für den ebenfalls neu erbauten Hauptbahnhof der Nachbarstadt Altona sowie für die an der sogenannten Verbindungsbahn zwischen Hamburg und Altona gelegenen Bahnhöfe erhielt die Firma Stilke den Zuschlag. Außerdem kamen die Stationen der ersten Hamburger S-Bahnstrecke hinzu *(Distripress Gazette 9-10/1998: 52)*.

Um 1900 wurden die ersten Verkaufsstellen für Zeitungen, Zeitschriften, Bücher und Ansichtskarten auf Überseedampfern eröffnet. Um ihre Organisation hatte sich neben Stilke (Hamburg-Amerika-Linie) die Bremer Firma Franz Lewer (Norddeutscher Lloyd) verdient gemacht. In den Schiffsbuchhandlungen wurden gute Umsätze erzielt, wenn auch nur mit Zeitschriften und Büchern. Aktuelle Tageszeitungen waren nicht zu beschaffen und wurden - wenn überhaupt- aus Funktelegrammen zu sogenannten Bordzeitungen zusammengesetzt (*Kohut 1930: 129*).[2] Durch die mit den Schiffsbuchhandlungen verbundenen, guten Kontakte zu aller Welt konnte die Buchhandlung Stilke ihr Geschäft immer weiter ausbauen und eröffnete 1909 nach amerikanischem Vorbild die ersten Filialen in den großen Hotels von Hamburg und Berlin (*Medialine 2004: o.S.*). 1912 wurde das Geschäft von Stilke abermals erheblich ausgeweitet: Die erste Hamburger U-Bahn-Strecke, der sogenannte Stadtring, wurde eingeweiht und auch auf dessen Stationen erhielt Stilke das Recht zum Buch- und Presseverkauf.

---

[1] Zunächst wurden nur Bücher angeboten, woher der Terminus „Bahnhofs-Buchhandel" stammt.

[2] Den Schiffsbuchhandel betrieben überwiegend Firmen des Bahnhofsbuchhandels. Der 1920 gemeinsam von Bettenhausen, Schmitt, Stilke und Saarbach gegründete „Rheinbuchhandel" bestand bis 1943. Vgl. Schmitt/Hahn 1991: 145.

Im ersten Weltkrieg richtete Stilke über 350 Frontbuchhandlungen ein und versorgte die Soldaten und Zivilisten an der Front mit Nachrichten und ein bisschen Unterhaltung. Ab 1929 errichtete Stilke auch Buchhandlungen auf Flughäfen und Verkaufsautomaten auf Bahnsteigen *(Distripress Gazette 9-10/1998: 54)*. Von den rund 600 vom Reichsverkehrsministerium pachtweise zugelassenen Bahnhofsbuchhandlungen wurden 45 % von der Firma Georg Stilke betrieben (*Kohut 1930: 127*). Oswald Kohut stellte in seiner 1930 erschienenen Dissertation „über die vertriebstechnische Seite des Pressewesens" fest: „In ganz Norddeutschland nimmt die Firma Georg Stilke, Berlin und Hamburg, eine monopolartige Stellung im Bahnhofsbuchhandel ein. Ihr entspricht die Position der Firma J.G. Bettenhausen in Dresden für Mitteldeutschland, die wiederum zu der Firma Carl Schmitt, Heidelberg, in Beziehungen steht, welche den badischen Bahnhofsbuchhandel beherrscht."[3] Bahnreisen als Massenverkehr hatte in den zwanziger Jahren langsam, aber stetig an Bedeutung gewonnen. Die einfache, aber einleuchtende Idee, Reisende möglichst unmittelbar mit Reisebedarf und Lektüre zu versorgen, ihnen etwas zu essen, zu trinken und zu rauchen anzubieten, ein paar Andenken und die aktuelle Tageszeitung, entwickelte sich zu einem guten Geschäft.

Dieses Geschäft wurde mit dem Beginn der nationalsozialistischen Herrschaft der Lenkung durch den Staat und die NSDAP unterworfen. Ein wichtiges Mittel, alle Vertriebssparten in den Dienst von Staat und Partei zu stellen, war die Kontrolle des Berufszugangs (*Dorn/Vogel 2001: 108*). Nur wer gewisse Voraussetzungen erfüllte, durfte weiterhin im Pressevertrieb tätig sein. Dazu gehörte neben der fachlichen Qualifikation auch die arische Abstammung. Zur Kontrolle des Berufszugangs wurden neben der Erfassung aller Berufstätigen Sperren für die Gründung neuer Betriebe verhängt, von denen der Bahnhofsbuchhandel ausgenommen war, weil seine Betriebe durch das Pachtsystem ohnehin unmittelbarer Kontrolle unterlagen (*Dorn/Vogel 2001: 111*). Eine 1938 im Börsenblatt veröffentlichte Statistik über den Mitgliederbestand der „Hauptgruppe Vertrieb" in der Reichspressekammer verzeichnete für den Bahnhofsbuchhandel 125 Firmen. Diese Zahl war seit der Jahrhundertwende von damals knapp 50 Firmen stark angestiegen. Und auch die Zahl der Filialen hatte sich von etwa 200 im Jahr 1900 auf rund 900 im Jahr 1935 vervielfacht (*Dorn/Vogel 2001: 112*).

Am 31. April 1937 wurden durch den Präsidenten der Reichpressekammer eine Berufsschutzanordnung und spartenbezogene Geschäftsgrundsätze erlassen (*Dorn/Vogel 2001: 114*). Während die Geschäfte derjenigen, die sich den Anordnungen fügten, durch den Berufsschutz gefördert wurden, bekamen andere Vertriebsfirmen die ideologischen Konsequenzen des nationalsozialistischen Systems zu spüren. Die im Bahnhofs-, Schiffs- und Hotel-Buchhandel tätige Firma Georg Stilke bekam 1937 zunächst ein paar Pachtverträge gekündigt. Ende 1937 mußte der Inhaber der Firma, Dr. Georg Stilke, wegen seiner jüdischen Mutter seine Funktion als Geschäftsführer niederlegen. Danach wurde die Firma „in arische Hände" überführt (*Dorn/Vogel 2001: 116*).[4] Im Laufe der Kriegsjahre stieg die Nachfrage nach Zeitungen und Zeitschriften. Der Bahnhofsbuchhandel verzeichnete steigende Umsätze durch die Zunahme von Truppentransporten, Evakuierungen und Flüchtlingsströmen (*Dorn/Vogel 2001: 119*). Die zunehmenden Bombenangriffe auf deutsche Städte behinderten das Geschäft der in den Innenstädten angesiedelten Bahnhofsbuchhandlungen erheblich. 1945 waren die Geschäfte sowie die Firmenzentralen der meisten deutschen Bahnhofsbuchhändler nahezu vollständig zerstört.

---

[3] Nach seiner Firmengründung 1886 in Gera errichtete Jacques Bettenhausen ein Filialnetz in Sachsen und Thüringen. In Wien rief er im Oktober 1900 die erste österreichische Bahnhofsbuchhandlung ins Leben und in Heidelberg folgte 1923 die Gründung des „Handelshaus für Reise und Verkehr" zusammen mit Carl Schmitt, der Bettenhausen wegen eines Liquiditätsengpasses mit 30% an seiner Firma beteiligte (Schmitt/Hahn 1991: 145 f.). Die Familie Bettenhausen ist heute noch beim Handelshaus und in Österreich an der Bahnhofsbuchhandlung Schmelzer Bettenhausen beteiligt, deren Hauptgesellschafter der Pressevertrieb Morawa ist.

[4] Wegen seiner jüdischen Verwandtschaft bekam auch der Bahnhofsbuchhändler Konrad Wittwer, der in der Schweiz im Internat war, Probleme mit den Nazis.

Nach der Kapitulation der deutschen Truppen im Mai 1945 übernahmen die Siegermächte USA, Großbritannien, Frankreich und die Sowjetunion die oberste Gewalt im Land und teilten es in vier Besatzungszonen und Berlin als Hauptstadt in vier Sektoren auf. Für die Verwaltung Deutschlands wurde in Berlin ein alliierter Kontrollrat eingerichtet. Druck und Vertrieb von Presseerzeugnissen war aufgrund einer Anordnung der Alliierten zunächst verboten. Erst im Herbst 1945 konnten Lizenzen bzw. Vertriebsgenehmigungen beantragt werden. Am 17. November 1945 erhielt Max Sussmann in der amerikanisch besetzten Zone eine Lizenz für den Betrieb einer Bahnhofsbuchhandlung im Münchener Hauptbahnhof, nachdem er der Deutschen Reichsbahn ein Pachtangebot über 7 % für Zeitungen und Zeitschriften und 17 % für Bücher und sonstigen Umsatz unterbreitet hatte (*Sussmann 1995: 8*). Auf einem völlig zerbombten Gelände begann Sussmann mit dem Verkauf von Presseerzeugnissen und Büchern von einem einfachen Verkaufstisch und aus „einer Kartoffelkiste als Presselager" (*Sussmann 1995: 5*). Auch Gerhard Ludwig begann 1946 mit einem provisorischen Zeitungsverkaufsstand, die Bahnhofsbuchhandlung im Kölner Hauptbahnhof wiederaufzubauen (*dnv 3/2001: 54*). Nach und nach entstanden Kioske in den Bahnhofshallen und auf den Bahnsteigen, um das reisende Publikum mit Lesestoff zu versorgen. 1948 wurde der Zeitungsverkauf auf Provisionsbasis eingeführt (*Sussmann 1995: 13*). „Bahnsteighändler" genannte fliegende Verkäufer mit einem Bauchladen oder Bahnsteigwagen wurden eingesetzt, um an den Zügen entlang abfahrenden und ankommenden Reisenden aktuelle Tageszeitungen und Zeitschriften anzubieten.[5] Bahnkunden, die vor Antritt der Reise keine Zeit oder Gelegenheit mehr hatten, sich mit Reiselektüre einzudecken, konnten sich ersatzhalber aus einem kleinen Sortiment an Zeitungen, Zeitschriften und Büchern bedienen, das von einzelnen Bahnhofsbuchhandlungen während der Fahrt in den Tages-D-Zügen angeboten wurde (*Riehl 1989: 13*). In Bahnhöfen, in denen sich die Errichtung einer selbständigen Bahnhofsbuchhandlung als nicht rentabel herausstellte, wurde Reiselektüre auch über Bahnhofsgaststätten vertrieben. Diese Betriebe verkauften die Druckerzeugnisse im Namen und Auftrag der von den Bahndirektionen zugelassenen Bahnhofsbuchhandlungen, waren also deren Kommissionäre (*Riehl 1989: 12*).

1.2 Bahnhofsbuchhandel in der DDR und Ost-Berlin

Als Folge der nationalsozialistischen Herrschaft, der Kriegszerstörungen und der alliierten Besatzung kam es nach 1945 zu einer Umverteilung von Verkaufsstellen im Bahnhofsbuchhandel. Der von den Nationalsozialisten enteignete Dr. Georg Stilke hatte 457 Bahnhofsbuchhandlungen in Ost- und Mitteldeutschland verloren (*dnv 1/1976: 7*). Ab 1948 betrieb er die Rückübertragung früherer Filialen und gründete fünf Jahre später die Stilke Kiosk- und Laden GmbH in Berlin. Diese hielt später als Holding sämtliche Anteile an den Georg Stilke GmbHs in Hamburg, Berlin und Köln sowie an einer Reihe weiterer Pressevertriebsunternehmen (*Brummund 1985: 91 f.*). Während es den großen Firmen im Westen (Schmitt, Wittwer, Vaternahm) gelang, ihr Filialnetz in ähnlichem Umfang wie vor dem Krieg wiederherzustellen bzw. zu erneuern, mussten vormals im Osten Deutschlands tätige Firmen wie Stilke oder Bettenhausen ihr Geschäft verlagern (*Dorn/Vogel 2001: 183*).

Mit der Anbindung an unterschiedliche politische und wirtschaftliche Systeme kam es auch zu verschiedenen Eigentums- und Gesellschaftsstrukturen in den vier Besatzungszonen. In der Sowjetzone wurden rasch -unter straffer Lenkung der Besatzer- neue Verwaltungsorgane auf-

[5] Der Verkauf direkt auf den Bahnsteigen verlagerte sich in den sechziger Jahren aufgrund der kürzeren Haltezeiten der Züge und der größeren Auswahl der Ladengeschäfte immer mehr in die Bahnhöfe hinein. Die Betätigung als Bahnsteighändler wurde zunehmend unattraktiv, auch wenn der letzte Bahnsteigwagen auf dem Nürnberger Hauptbahnhof noch bis 1987 betrieben wurde. Vgl. Schmitt/Hahn 1991: 168 ff.; dnv 4a/1987: 32).

gebaut. Die staatlich geplante Organisation des Pressevertriebs begann noch vor der Staatsgründung der DDR mit der Einrichtung des Postzeitungsamtes (*Klammer 1998: 84*). Während die Westmächte mit der Einberufung einer verfassungsgebenden Versammlung beschäftigt waren, nahmen die Sowjets die Einführung der DM (Währungsreform am 20.6.1948) in den Westzonen zum Anlaß, mit der Blockade West-Berlins durch Sperrung des Güter- und Personenverkehrs von und nach Westdeutschland dessen Einverleibung in die Sowjetisch Besetzte Zone (SBZ) zu erzwingen. Um die Versorgung der Stadt und deren Bevölkerung sicherzustellen, wurde West-Berlin 462 Tage lang über eine alliierte Luftbrücke versorgt. Unbeirrt durch die Blockade trat die Planung des Weststaates in ihre entscheidende Phase. Unter den Rahmenbedingungen der Besatzungsmächte USA, Großbritannien und Frankreich erarbeitete ein Parlamentarischer Rat deutscher Politiker in Bonn das Grundgesetz der Bundesrepublik Deutschland, das in der Schlussabstimmung am 8. Mai 1949 angenommen wurde. Vier Tage später beendeten die Sowjets die Blockade West-Berlins.

In Berlin hatten vor dem Krieg viele Verlage und Vertriebsfirmen ihren Sitz im Zeitungsviertel der Stadt gehabt, das nach der Spaltung zu großen Teilen im Sowjetsektor lag. Dort bewirtschaftete die Bahnhofsbuchhandlung BZVG Lux & Co. seit Kriegsende 25 Verkaufsstellen (*dnv 4/1993: 84*). Nachdem es für eine kurze Zeit möglich war, die von den Alliierten lizenzierten Zeitungen und Zeitschriften in allen Besatzungszonen zu verbreiten, kam es am 6. September 1948 zur gewaltsamen Sprengung der Gesamt-Berliner Stadtverordnetenversammlung durch kommunistische Demonstranten, die in einen Boykott Westberliner Zeitungshändler mündete. Der Entscheidung, fortan keine im Sowjetsektor hergestellten Zeitungen mehr zu verkaufen, folgte schon am nächsten Tag das Verbot der sowjetisch kontrollierten Reichsbahndirektion Berlin, auf sämtlichen, auch in den Westsektoren gelegenen, Berliner Bahnhöfen, mit westlich lizenzierten Zeitungen zu handeln (*Dorn/Vogel 2001: 152*). Die Polizei des Sowjetsektors begann mit Razzien in S-Bahnzügen nach Fahrgästen, die Westberliner Zeitungen lasen, und BZVG Lux & Co. wurde gezwungen, nur noch von der Sowjet-Stadtkommandantur lizenzierte Objekte in nicht absetzbaren Stückzahlen ohne Remissionsrecht zu verkaufen. Am 25. September 1948 erließ die sowjetische Stadtkommandantur den Befehl Nr. 91, demzufolge der Vertrieb aller westlichen Publikationen ab sofort nur noch durch das Postzeitungsamt zu geschehen hatte. Diesem Befehl folgten im Sowjetsektor organisierte Übergriffe auf Zeitungsverkäufer und Kioske, die bisher westliche Publikationen angeboten hatten. Unter Forderungen und Drohungen wurde der BZVG Lux & Co. Ende 1948 die Verkaufsgenehmigung entzogen (*dnv 4/1993: 84*). Der Verkauf auf Ost-Berliner S-Bahngelände wurde dem Postzeitungsamt übertragen und Lux verlegte seinen Firmensitz nach West-Berlin.

Am 1. April 1949 wurde auf Befehl der Sowjetischen Militäradministration in Deutschland der „Postzeitungsvertrieb" (PZV) als Dienstzweig der Deutschen Post gegründet. Wenige Tage nach dem 7. Oktober 1949, der Staatsgründung der DDR, wurde ihm der gesamte Zeitungsvertrieb übertragen. Dabei wurden der bereits bestehende Zeitungsdienst der Deutschen Post und die verlagseigenen Vertriebsabteilungen personell und organisatorisch miteinander verschmolzen (*Klammer 1998: 85*), womit die Deutsche Post faktisch das Monopol für den DDR-Pressevertrieb erhielt. Nach und nach übernahm die DDR-Post auch den Verkauf der Zeitungen und Zeitschriften in ihren Aufgabenbereich, während sich die Zahl der privaten Händler auf ein Minimum reduzierte. Da der Postzeitungsvertrieb sowohl das Abonnement als auch den Einzelverkauf organisierte, waren an ihn große personelle und logistische Anforderungen gestellt (*Klammer 1998: 82*):

Abbildung 1: Das Presse-Vertriebssystem der DDR

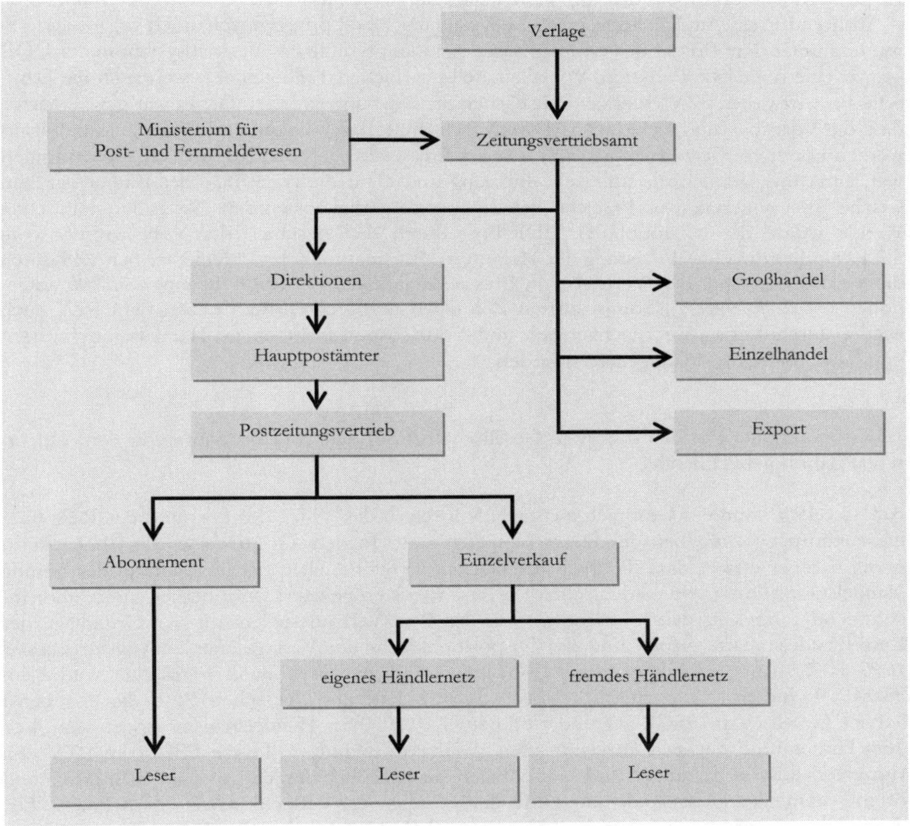

In Anlehnung an: Biermeier 1995: 25

Praktisch erfolgte die Distribution von Zeitungen und Zeitschriften in der Form, dass die Deutsche Post die benötigten Auflagen von den Verlagen kaufte, sie im Auftrag des PZV bei den Druckereien abholte und die in 220 Kreis-Postämtern eingerichteten Dienststellen des Postzeitungsvertrieb mit Abonnements- und EV-Stücken belieferte (*Biermeier 1995: 23*). Der PZV verfügte im Einzelverkauf über ein Netz von rund 16.000 Angebotsstellen, zu denen 6.231 Kioske, Läden und Postschalter (posteigenes Händlernetz) sowie 8.427 HO- und Konsum-Läden, 924 Buchhandlungen, private Einzelhändler und 426 Mitropa-Reisebüros (fremdes Händlernetz) gehörten.[6] Während die Zustellung der Abonnements zwischen fünf und acht Uhr morgens durch Briefträger erfolgte, erhielten die posteigenen Verkaufsstellen und Einzelhändler ihre Ware bis zur Ladenöffnung ab ca. sechs Uhr. Eventuelle Remittenden wurden mitgenommen und den Händlern gutgeschrieben. Neben Zeitungen und Zeitschriften gehör-

[6] Zu den Zahlenangaben vgl. F. Schöll, Zur Vereinigung der Postdienste der Deutschen Bundespost und der Deutschen Post, in: Postpraxis Nr. 2/1993, Seite 36, zitiert bei: Klammer 1998: 92.

ten auch Bücher, Broschüren, Ansichtskarten, Papierwaren, Schreibgeräte, Stadtpläne und Landkarten zum Sortiment der vom PZV belieferten Verkaufsstellen (*Germer et al. 1988: 7*).

Während Presse und Pressevertrieb in Westdeutschland privatwirtschaftlich organisiert waren und unter dem Primat des Grundgesetzes standen, erfüllte das Vertriebsystem in der DDR primär eine politische Funktion. Wie alle gesellschaftlichen Teilbereiche waren auch die Deutsche Post bzw. der PZV einer zentralistischen Struktur unterworfen. Damit war gewährleistet, dass die Vorgaben und Ziele der SED praktisch ohne Beschränkung artikuliert und publiziert werden konnten (*Klammer 1998: 79 f.*). Da der Pressevertrieb überdies staatlich subventioniert war, entschied letztlich die politische Führung und nicht die Nachfrage der Bürger darüber, welche Titel angeboten und welche den Lesern vorenthalten wurden. Nach der politischen Wende wurde das Monopol der DDR-Post durch den Beschluß der Volkskammer vom 5.2.1990 über die Gewährleistung der Meinungs-, Informations- und Medienfreiheit und durch die Verordnung über den Vertrieb von Presseerzeugnissen in der DDR vom 2.5.1990 aufgehoben (*Neuhoff 1992: 5*). Somit durften Zeitungen und Zeitschriften neben dem PZV auch wieder durch Verlage in Eigenvertrieb und Vertriebsunternehmen an Handelseinrichtungen und Gewerbetreibende ausgeliefert werden.

1.3 Gründung der Postdienst Service Gesellschaft (PSG) und ihre Bedeutung für den ostdeutschen Bahnhofsbuchhandel

Am 15.6.1990 fand ein Gespräch zwischen Vertretern des VDZ, der Post und des PZV über die zukünftigen Aufgaben der Deutschen Post statt. In dem Gespräch wurde Übereinstimmung darüber erzielt, dass die Post ihre eigenen Verkaufsstellen behält, während das fremde Handelsnetz künftig von ostdeutschen Presse-Grossisten beliefert wird. Ferner wurde übereinstimmend festgelegt, dass die Entlohnung der Post-Verkaufsstellen auf der Grundlage der Einzelhandelsrabatte erfolgt und das Dispositionsrecht der Verlage anerkannt wird (*Fürstner 1990 b: 7*).[7] Aus ordnungspolitischen Gründen und zwecks höherer Flexibilität wurde am 28.9.1990 eine privatwirtschaftliche Tochtergesellschaft der Deutschen Post, die Postdienst Service Gesellschaft (PSG), gegründet und am 1.10.1990 ins Handelsregister eingetragen. Vor dem Hintergrund der sich abzeichnenden Wiedervereinigung sollte die PSG vom PZV den Einzelverkauf von Zeitungen und Zeitschriften einschließlich des Verkaufs auf Bahnhöfen und öffentlichem Verkehrsgelände mit Hilfe der posteigenen Verkaufsstellen übernehmen. Ziel dieser Übung war, möglichst vielen ehemaligen PZV-Mitarbeitern eine Chance in der Marktwirtschaft zu eröffnen, die Weiterführung eines wirtschaftlich sinnvollen Geschäftsbereichs in neuen Strukturen zu organisieren und ein Ansteigen des Defizits im gesamten DDR-Postzeitungsvertrieb zu verhindern (*Neuhoff 1992: 7*).

Mit der Wiedervereinigung der beiden deutschen Staaten am 3. Oktober 1990 ging die Postdienst Service Gesellschaft in das Vermögen der Deutschen Bundespost über. Diese entschied sich, die PSG mit den Geschäftsbereichen „Einzelverkauf Presseerzeugnisse“ und „Bahnhofsbuchhandel“ weiterzubetreiben und betrachtete als oberste Priorität, die Arbeitsplätze der Beschäftigten zu erhalten und zu sichern. Am 1.1.1991 begann die PSG ihre Geschäftstätigkeit in den fünf neuen Bundesländern mit sechs Agenturen, 3.500 Mitarbeitern und 1.700 Postverkaufsstellen, von denen 1.100 Kioske, 400 Ladengeschäfte und 200 Saisonbetrie-

[7] Mit dem westdeutschen Bahnhofsbuchhandel war es in der Vergangenheit öfter einmal zum Streit über die von den Verlagen gelieferten Mengen und die Aufnahme neu auf den Markt kommender Objekte in die BB-Sortimente gekommen. Vgl. Sondermann 1973: 31/31+264. Entgegen anderslautenden Aussagen bestehen bis heute keine eindeutigen Vereinbarungen zum Dispositionsrecht zwischen Bahnhofsbuchhändlern und Verlagen. „Auf eine juristische Klärung haben die Verbände aus taktischen Gründen verzichtet, weil man sich bei ungeklärtem Status quo mehr Kompromissbereitschaft versprach“. K. Sussmann).

be waren (*dnv 4/1991: 38*). Die Situation in den vom PZV übernommenen 260 Bahnhofsverkaufsstellen erinnerte stark an die Aufbauphase der fünfziger Jahre, in denen das Bild von nicht begehbaren, kleinen Kiosken mit schlechter Ausstattung und eingeschränktem Angebot geprägt war. Durch den Umstand, dass viele PZV-Verkaufsstellen vormals ohne Berücksichtigung wirtschaftlicher Gesichtspunkte lediglich zur flächendeckenden Verteilung von Parteizeitungen betrieben worden waren, musste die PSG schnell rund 300 Standorte schließen (*Hemmmann 1991: 2+3*).

Die Einrichtung von Bahnhofsbuchhandlungen nach westlichem Vorbild kam ebenfalls nur stockend voran, denn die Reichsbahn der ehemaligen DDR hatte alle Pachtangelegenheiten ihrer Tochtergesellschaft „Mitropa" übertragen. Die Mitropa war 1916 als „Mitteleuropäische Schlaf- und Speisewagengesellschaft" gegründet worden[8] und nahm nach einem mit der Reichsbahn im März 1990 abgeschlossenen Generalvertrag das Recht in Anspruch, „alle kommerziell nutzbaren Flächen in und an Bahnhöfen zu vermarkten und zu verpachten". (*dnv 4/1991: 52*) Da die Reichsbahn aber fast gleichzeitig einen Vertrag mit der Deutschen Post geschlossen hatte, durch den die PSG ein vertraglich abgesichertes Verkaufsrecht für 260 Verkaufsstellen in 200 Bahnhöfen und U-Bahnhöfen erbte, überschnitten sich die Interessen und Rechte der Mitropa und der PSG, soweit es um Bahnhofsbuchhandlungen ging. Unter Berufung auf den mit der Reichsbahn geschlossenen Postbeförderungsvertrag vom 29.5.1990 beanspruchte die PSG Pachtverträge für alle von ihr gewünschten Bahnhofs-Standorte in den neuen Bundesländern (*Riedl-Klaffke 1992 a: 13*). Das führte dazu, dass westdeutschen Bahnhofsbuchhändlern, die ab 1990 Pachtverträge mit der Mitropa abschlossen, kein – wie in den alten Bundesländern übliches – Exklusivverkaufsrecht pro Bahnhof gewährt werden konnte.

Auf eine Ausschreibung in der Tageszeitung „Der Morgen" erhielt die Mitropa im Herbst 1990 dreiunddreißig Anträge für die Übernahme von Bahnhofsbuchhandlungen (*dnv 4/1991: 52*). Unter Rücksichtnahme auf die Verkaufsrechte der PSG wurden mit den Bahnhofsbetrieben Schmitt & Hahn GmbH, Tochter der Heidelberger Schmitt & Co. KG, als erster westdeutscher Firma Pachtverträge ohne Exklusivvereinbarung für die Bahnhöfe in Eisenach, Gera und Erfurt abgeschlossen (*Schmitt/Hahn 1991: 150 ff.*). Im Februar 1991 folgten Neueröffnungen der Firmen Horndasch im Magdeburger und Hasche im Dresdener Hauptbahnhof, in denen die PSG ebenfalls parallel Zeitungs- und Zeitschriften-Kioske betrieb (*dnv 4/1991: 64*). Der Verband Deutscher Bahnhofsbuchhändler warnte filialisierungswillige Mitglieder vor einem Vertragsabschluß mit der Mitropa, ohne vorher ein Arrangement mit der PSG getroffen zu haben. Die Sicherung des Alleinverkaufsrechts auf Bahnhöfen sei nicht nur aus wirtschaftlichen Gründen, sondern auch für den Erhalt der in den alten Bundesländern gewachsenen Bedingungen für den Bahnhofsbuchhandel, zu denen u.a. die Direktbelieferung zum Großhandelsrabatt gehört, erforderlich. Dieses Zugeständnis, an dem die großen Verlage nach Ansicht des Verbandes gern gedreht hätten, sei zusätzlich gefährdet, wenn verschiedene Einzelhändler in einem einzelnen Bahnhof Zeitungen und Zeitschriften verkaufen (*buchreport 14/1991: 23*). Auch der Arbeitskreis Pressemarkt-Vertrieb im VDZ bewertete die Entwicklung im ostdeutschen Bahnhofsbuchhandel und die hohen Pachtforderungen der Mitropa von teilweise über 15 % vom Umsatz als nicht unproblematisch und trat mit der Mitropa und der PSG als auch mit der Bundesbahn und dem Vorstand des Bahnhofsbuchhändler-Verbandes in Gespräche ein, um diese Probleme einer baldigen Klärung zuzuführen (*APV 1991: 4*).

Die Vorstellungen der Mitropa gingen dahin, ihre Bahnhofsbuchhandlungen mit der für sie wirtschaftlich rentabelsten Lösung zu verpachten. Mit der PSG wollte sie bis zum 1.7.1991 einen Rahmenvertrag abschliessen, der „die Interessen beider Seiten angemessen berücksich-

[8] Die Teilung Deutschlands spaltete auch das Unternehmen. Die Marke „Mitropa" wurde nur in der DDR weitergeführt. In Westdeutschland entstand die Deutsche Schlafwagen- und Speisewagen-Gesellschaft (DSG), die nach der Wiedervereinigung mit der Mitropa fusioniert wurde. Vgl. Frankfurter Rundschau v. 3.3.2004: 13.

tigt" (*dnv 4/1991: 52*) und erst danach einzelne Pachtverträge mit ihr vereinbaren. Da sich auch die PSG darüber im klaren war, wie wenig sinnvoll konkurrierende Verkaufsstellen in ein und demselben Bahnhof sind, akzeptierte sie die Mitropa bei Neuausschreibungen nolens volens als Vertragspartner und beabsichtigte, mit westdeutschen Partnern, wie der BHG Bahnhofs-Handels GmbH, Horndasch oder Strykowski, Joint Ventures auf regionaler Basis einzugehen, um mangelndes Know how zu kompensieren. Der jeweilige Partner, dem eine 50%ige Beteiligung an der gemeinsamen Firma angeboten wurde, sollte das operative Geschäft betreiben und dafür mit allen Vollmachten ausgestattet werden (*dnv 4/1991: 46*). Die Bundesbahn war gegen die PSG als Bahnhofsbuchhändler. Ihrer Ansicht nach sollte in einem „Patenmodell" ein branchenerfahrenes, westdeutsches Bahnhofsbuchhandels-Unternehmen Know-how und Finanzmittel für einen Schlüsselbahnhof und mehrere umliegende Pilotbahnhöfe einbringen. Der Schlüsselbahnhof sollte von einem westdeutschen Unternehmen, die Pilotbahnhöfe von ostdeutschen Unternehmern betrieben werden (*Riedl-Klaffke 1992 b: 4*). Von solchen fixen Ideen der PSG und der Bundesbahn wollte der Verband Deutscher Bahnhofsbuchhändler nichts wissen und beurteilte deren Ost-Pläne skeptisch. Er riet seinen Mitgliedern, keinen Know-how-Transfer zu leisten und nur mit Aussicht auf vollständige Übernahme des jeweiligen Bahnhofs-Standorts einen entsprechenden Vertrag einzugehen.

Die vollständige Privatisierung des Presse-Einzelhandels in ostdeutschen Bahnhöfen, wie sie von westdeutschen Verbandsmitgliedern durch Übernahmen oder Mehrheitsbeteiligungen an einzelnen Standorten angestrebt wurde, lehnte die PSG zunächst ab. Daß sie auch Ausnahmen von der Regel bereit war, zuzulassen, und Mehrheitsbeteiligungen akzeptierte, offenbarte sie im Fall des Leipziger Hauptbahnhofs, für den die PSG von der Mitropa den Zuschlag erhielt und Adam-Claus Eckert, den Verbandsvorsitzenden, als Joint Venture-Partner gewann. Der unterschriftsreife Vertrag kam aber dennoch nicht zustande, weil die Mitropa inzwischen mit einem dritten Anbieter einen Pachtvertrag für eine weitere Verkaufsstelle im Leipziger Hauptbahnhof abgeschlossen hatte. Um zu demonstrieren, dass sie keinen Know-how-Transfer von westdeutschen Bahnhofsbuchhändlern benötigte und nicht bereit war, ihr altes Terrain kampflos preiszugeben, richtete die PSG nach Eckerts Rückzug aus Leipzig drei moderne Verkaufsstellen in Eigenregie ein (*buchreport 44/1991: 22*). Obwohl die PSG für die Mitropa nicht der erklärte Wunschpartner war, wurden mit Dresden-Neustadt und Cottbus zwei Bahnhöfe exklusiv an die PSG vergeben, wenn auch mit der Auflage, auf kleineren Bahnhöfen Presse- und Buchhandlungen zu unterhalten.

Neben modernen Bahnhofsbuchhandlungen wie in Leipzig und Dresden betrieb die PSG Pressehandel auf Bahnhöfen „in der Tradition der DDR-Post" (*buchreport 44/1991: 22*), der die Anforderungen an regulären Bahnhofsbuchhandel nicht erfüllte. Daneben entwickelte sich bis Ende 1992 an einigen ostdeutschen Standorten ein Bahnhofsbuchhandel nach westlichem Muster. Neben Tochterfirmen westdeutscher Filialisten wie Schmitt, Horndasch, Stirnberg, Wittwer oder Strykowski eröffneten auch Einzelunternehmen ostdeutscher Firmengründer wie Hasche, Münch oder Rossa eine Bahnhofsbuchhandlung. Im Laufe des Jahres 1993 kamen weitere, modern eingerichtete Presse- und Buchverkaufsstellen in Leipzig (Flughafen), Görlitz, Frankfurt/Oder, Berlin, Dessau, Halle/Saale und Rostock-Warnemünde hinzu, so dass die PSG Ende 1993 Bahnhofsbuchhandlungen an insgesamt 13 Standorten besaß. Parallel dazu hatte sie sich trotz vertraglicher Rechte von mehreren großen Bahnhöfen freiwillig zurückgezogen, um den dort tätigen Pächtern die angestrebte Exklusivität zu ermöglichen (*dnv 11/1993: 39*). Ende September 1993 war eine wesentliche Entwicklungsphase im ostdeutschen Bahnhofsbuchhandel abgeschlossen, nach der es von da an keine Doppel-Präsenz von Presse-Verkaufsstellen auf Bahnhöfen mehr gab.

Als die von den Verlagen und vom Verband Deutscher Bahnhofsbuchhändler gemeinsam erhobenen Branchendaten für das Jahr 1994 veröffentlicht wurden (*VDZ 1995*), hatte sich die Zahl der Verkaufsstellen mit Verlagsbelieferung seit der letzten, vor der Wiedervereinigung durchgeführten Bahnhofsbuchhandels-Struktur-Analyse (BASTRA 1990) von 553 auf 515 (inkl. West-Berlin) reduziert (*VDZ 1990: 5*). Neben der Abnahme von Verkaufsstellen aufgrund der strengeren Auswahl anhand der von den Verlagen, der Bahn und dem Verband erarbeiteten Kriterien für den Bahnhofsbuchhandel waren zwischen 1990 und 1994 rund 50 neue Bahnhofsverkaufsstellen in Ostdeutschland entstanden.

2. Der Pachtvertrag als Grundlage der Geschäftsbeziehungen mit der Bahn

Nach den „Grundsätzen Bahnhofsbuchhandlungen" der Zentralen Hauptverwaltung der Deutschen Bundesbahn wurde der Begriff Bahnhofsbuchhandlung „als Summe aller Verkaufsstellen einer Firma auf einem Bahnhof verstanden". (*Deutsche Bundesbahn 1992: 6*) Nach § 3 der Satzung des Verbandes Deutscher Bahnhofsbuchhändler e.V. kann als Mitglied aufgenommen werden, wer mit der Bahn „einen Pachtvertrag über eine Bahnhofsbuchhandlung abgeschlossen hat und sich auf dem Gelände von Personenbahnhöfen überwiegend mit dem Vertrieb von Zeitungen, Zeitschriften und Büchern beschäftigt oder eine Flughafenbuchhandlung betreibt (*BB-Satzung 2004*). Entscheidend für die Eigenschaft einer Bahnhofsbuchhandlung im Unterschied zu einem grossobelieferten Einzelhändler ist das Vorliegen eines Pachtvertrages (*Wallenfels 1974: 11*).

Der Pachtvertrag mit der Bahn ist ein Vertrag „sui generis" (*H.H. Peters, zitiert bei: Wallenfels 1974: 3*). Die Rechtsbeziehungen zwischen Bahnhofsbuchhändlern und der (alten) Bundesbahn waren teils öffentlich-rechtlicher Art, teils beruhten sie auf einem privaten Vertragsverhältnis. Der Bahnhofsbuchhändler war zwar selbständiger Unternehmer, mit der Deutschen Bundesbahn hatte er aber keine Möglichkeit, individuelle Vertragsregelungen zu treffen, weil die DB gravierenden Einfluß auf die Geschäftsführung der Servicebetriebe (Nebenbetriebe) nahm. Das bis 1994 gültige Bundesbahngesetz verpflichtete die Bahn in § 4 Abs. 1 BbG, den Anforderungen des Reiseverkehrs durch Einrichtung von Gaststätten, Verkaufsständen, Automaten, Buchhandlungen usw. Rechnung zu tragen. Die als Nebenbetriebe der Deutschen Bundesbahn geführten Geschäfte in Bahnhöfen hatten laut § 41 BbG eine Versorgungsfunktion für Reisende zu erfüllen und unterlagen deshalb einem Betriebszwang, d.h. Mindestöffnungszeiten, die über die gesetzlichen Ladenschlusszeiten hinausgingen (*Wolff 1992: 14 f.*). Um die Versorgung der Reisenden mit Reisebedarf[9] außerhalb der ortsüblichen Geschäftszeiten zu ermöglichen (§ 41 Abs. 2 Satz 2 BbG), waren die Nebenbetriebe der Deutschen Bundesbahn von der Gewerbeordnung und dem Ladenschlußgesetz ausgenommen. Anstelle von Gesetzen und Verordnungen legten die Bundesbahndirektionen die Öffnungszeiten der Servicebetriebe nach den örtlichen Verhältnissen und nach der relevanten Zuglage (zwischen 40 und 168 Stunden wöchentlich)*(VDZ 1990: 41)* fest.

Die Erfüllung der im öffentlichen Interesse, d.h. über den Interessen des Pächters liegenden Versorgung der Reisenden außerhalb der ortsüblichen Geschäftszeit sicherte die Bundesbahn dadurch, dass sie mittels „Allgemeiner Vertragsbedingungen für Nebenbetriebe der Bundesbahn" (AVN) und „Besonderer Vertragsbedingungen für Bahnhofsbuchhändler" (BVB) Auflagen und Geschäftsbeschränkungen in die Verträge mit Bahnhofsbuchhändlern aufnahm, die in Pachtverträgen mit sonstigen Einzelhandelsgeschäften üblicherweise nicht enthalten sind. Aus der Reglementierung seiner Tätigkeit ergaben sich für den Bahnhofsbuchhändler besondere wirtschaftliche Belastungen, die er entweder akzeptieren oder auf den Vertragsabschluß verzichten musste.

---

[9] Reisebedarf im Sinne des § 2 Abs. 2 des Ladenschlussgesetzes sind Zeitungen, Zeitschriften, Strassenkarten, Stadtpläne, Reiselektüre, Schreibmaterialien, Tabakwaren, Schnittblumen, Reisetoilettenartikel, Filme, Reiseandenken, Spielwaren geringen Werts, Lebens- und Genussmittel in kleineren Mengen und ausländische Geldsorten.

Der Bahnhofsbuchhändler war laut Pachtvertrag einer ganzen Reihe von Auflagen unterworfen, so z.B. der Verpflichtung

- seinen Betrieb grundsätzlich persönlich zu leiten und zu überwachen (§ 3 Ziff. 1 AVN), und sich für jede andere Erwerbstätigkeit zuvor die Zustimmung der Bundesbahn einzuholen (§ 3 Ziff. 2 AVN),
- nicht ohne Zustimmung der Bahn den Betrieb in eine Gesellschaft umzuwandeln (§ 3 Ziff. 5 AVN),
- Rechte und Pflichten aus dem Pachtvertrag nicht auf andere zu übertragen (§ 3 Ziff. 4 AVN),
- für ein reichhaltiges Angebot vollwertiger Waren zu angemessenen Preisen sowie für umsichtige und schnelle Bedienung zu sorgen (§ 4 Ziff. 1 AVN),
- bestimmte Zeitungen, Zeitschriften, Bücher und Druckschriften zu führen, an deren Verbreitung der Bahn zur Erfüllung ihrer Verkehrsaufgaben besonders gelegen ist,
- die amtlichen Kursbücher , Taschenfahrpläne und Werbeschriften für den Reiseverkehr in einer der Nachfrage entsprechenden Menge vorrätig zu halten und sie gut sichtbar auszulegen,
- in den Tagen des Fahrplanwechsels besondere Verkaufsstellen für den Vertrieb amtlicher Kursbücher und Taschenfahrpläne einzurichten,
- auch Ansichtskarten, Briefpapier und Postwertzeichen bereitzuhalten (§ 1 Ziff. 2 und 3 BVB),
- keine anderen Warenarten als die im Vertrag festgelegten zu führen (§ 4 Ziff. 2 AVN),
- keine pornografischen Schriften zu führen (§ 184 StGB) oder Publikationen, die öffentliches Ärgernis erregen (Ordnungswidrigkeiten-Gesetz),
- sich gegenüber der Bundesbahn eines „geschäftsfreundlichen Verhaltens" zu befleißigen, also seine Waren nach Möglichkeit mit der Bundesbahn und von solchen Lieferanten zu beziehen, die vorwiegend die Bundesbahn in Anspruch nehmen (§ 4 Ziff 3 AVN),
- die Geschäftszeit nach dem Fahrplan und den örtlichen Bedürfnissen festzusetzen (§ 5 Ziff. 1 AVN) und nach kaufmännischen Grundsätzen Bücher zu führen.

Unter weiteren Vertragspunkten, die harte Auflagen und Einschränkungen für den Bahnhofsbuchhandel bedeuteten, sind die Personalkosten, die Pachten und die Öffnungszeiten besonders hervorzuheben, denn auch die Geschäftszeit schrieb die Bundesbahn dem Bahnhofsbuchhändler „nach dem Fahrplan und den örtlichen Bedürfnissen" vor (§ 5 Ziff. 1 AVN). Die Öffnungszeiten gingen in der Praxis über die vom Ladenschlussgesetz festgelegten Verkaufszeiten hinaus und dehnten diese auf die frühen Morgen- und späten Abendstunden aus, ebenso wie auf Sonn- und Feiertage. Nach einer Statuserhebung aus dem Jahr 1994 waren die Verkaufsstellen des Bahnhofsbuchhandels im Durchschnitt 103 Stunden in der Woche geöffnet (*VDZ 1995: 11*). Berücksichtigt man die Lohnzuschläge für Nacht-, Sonntags- und Feiertagsarbeit, dann führten Vorschriften über Öffnungszeiten und Anforderungen an die Qualität und das Auftreten des Verkaufspersonals, dessen Entlassung die Bundesbahn bei Nichterfüllung verlangen konnte (§ 4 Ziff. 4 AVN) zu erheblichen zusätzlichen Kosten für den Bahnhofsbuchhändler. Während die Personalkosten bei Sortimentsbuchhandlungen zwischen 13 % und 16 % vom Umsatz variierten, betrugen diese in den größeren Filialen des Bahnhofsbuchhandels wegen des Betriebs auch zu unrentablen Zeiten bis zu 23 % vom Umsatz. Entsprechendes galt für die Pachten, die die Bahn gemäß § 16 AVN erhöhen konnte, wenn die Geschäftsentwicklung, über die der Bahnhofsbuchhändler der Bahn jederzeit auf Verlangen Auskunft zu erteilen hatte, dies rechtfertigte. Während die Kosten für Pacht oder Miete von Sortimentsbuchhandlungen zwischen 4% und 6% vom Umsatz betrug, lagen diese im Bahnhofsbuchhandel bei über 11 Prozent.

Mit der Privatisierung der Deutschen Bundesbahn durch das Gesetz zur Neuordnung des Eisenbahnwesens vom 27.12.1993 entfielen zwar die Verpflichtungen für die Bahnhofsbuchhandlungen aus dem Bundesbahngesetz, speziell der § 41 BbG, die Rechtsprechung *(Bundesgerichtshof v. 17.3.1998)* und der Gesetzgeber gingen jedoch von einer fortbestehenden Versorgungsnotwendigkeit von Reisenden auf Personenbahnhöfen aus. Dies ergab sich daraus, dass Verkaufsstellen auf Personenbahnhöfen, soweit sie den Bedürfnissen des Reiseverkehrs zu dienen bestimmt waren, nach wie vor unbeschränkte Öffnungszeiten zugestanden wurden (*VDZ 1998: 1*).

2.1 Privatisierung der Deutschen Bundesbahn zur Deutschen Bahn AG

Im Zuge der Bahnreform wurde am 1.1.1994 die Deutsche Bahn AG mit einer neuen privatrechtlichen Unternehmensverfassung als Nachfolgerin der Deutschen Bundesbahn gegründet. Das permanent finanzschwache Unternehmen wurde durch ein Sanierungskonzept des Bundes von Schulden und Altlasten befreit und weitgehend von Abschreibungsaufwand entlastet. Nach der Deregulierung der Bundesbahn änderten sich nicht nur die Rechtsform und die Organisationsstruktur der Bahn, sondern auch die handelnden Personen. Viele Pächter hatten das beinahe undurchschaubare Kompetenzgeflecht der Behörde Bundesbahn beklagt (*Sussmann 2001 b: 60; dnv 4/1993: 22*) und setzten ihre Hoffnungen für die weitere Zusammenarbeit auf die neue Struktur des Konzerns.[10]

Vier der insgesamt neun Vorstandsressorts der Deutschen Bahn AG[11] wurden zu operativen Unternehmensbereichen gemacht, die jeweils von einem Vorstandsmitglied in unternehmerischer Eigenverantwortlichkeit geleitet werden. Zuständig für die Servicebetriebe und die kommerzielle Nutzung vorhandener Flächen im Bahnhof ist seit der Deregulierung die DB AG-Tochtergesellschaft „DB Station & Service AG". Zur Stärkung ihrer unternehmerischen Leistung wurde sie im Jahr 2002 in sieben Regionalbereiche untergliedert und die Zahl der für das operative Geschäft in den Regionen verantwortlichen Bahnhofsmanager von 79 auf 93 erhöht (*DB Station & Service 2003: 23; Siebert 2003: 14*). Durch die personellen und strukturellen Modifikationen wurden auch die Kompetenzen der in drei verschiedene Kategorien und Organisationseinheiten unterteilten Bahnhofsmanager mit dem Ziel verändert, Ertragssteigerungen zu erzielen (*dnv 20/2003: 139*).

Die mit Ergebnisverantwortung ausgestatteten Manager erkannten den Wert der im Bahnhof vorhandenen Flächen für die kommerzielle Nutzung und waren fortan um eine Steigerung der Einnahmen aus Miet- und Pachtverträgen und um die Professionalisierung der Vermarktung bemüht, mussten sich manchmal aber selbst für die Neuverpachtung eines 10 m² großen Ladens die Genehmigung aus der Hauptverwaltung einholen. Mit der Reorganisation wurden für die Servicebetriebe der Bahn die Weichen in Richtung Kostensteigerung gestellt. Denn die Deutsche Bahn AG wollte und musste modernisieren, also investieren, um ihr Image und das ihrer Betriebsstätten zu verbessern. Das Verhältnis der Servicebetriebe wird seither nicht mehr durch die Versorgungsfunktion und die damit verbundenen Aufwendungen der Pächter geprägt, sondern durch die Tatsache, dass die DB Station & Service AG als professioneller Vermarkter von Mietflächen tätig ist (*BB-Geschäftsbericht 2001: 7*). Angesichts sich immer schneller

[10] Diese Hoffnung hat sich – nebenbei bemerkt – nicht erfüllt. Denn während vorher für Umbauten ab einer Investitionssumme von 256.000.- €uro drei Unterschriften ausreichten, wurden daraus nach der Privatisierung elf.

[11] Personenverkehr, Güterverkehr, Personenbahnhöfe/Immobilien, Fahrweg/Systemverbund. Vgl. Deutsche Bahn AG 2000: 2 f..

verändernder Märkte fordert die Deutsche Bahn AG mehr Eigeninitiative und Investitionskraft von den Servicebetrieben, die damit der Bildung von Rücklagen mehr Aufmerksamkeit schenken müssen.

2.2 Spielregeln bei der Verpachtung von Bahnhofsbuchhandlungen

Verpachtungen von Bahnhofsbuchhandlungen erfolgen nach genau festgelegten Bestimmungen. Während bei der Vergabe umsatzschwächerer Betriebe keine Ausschreibungspflicht besteht und die Bahn sich in solchen Fällen an größere Firmen wendet und Pachtangebote erbittet, müssen größere Objekte ab einer gewissen Umsatzhöhe stets öffentlich ausgeschrieben werden. Beabsichtigte Verpachtungen sind in regionalen Tageszeitungen und gegebenenfalls in Fachzeitschriften zu veröffentlichen, um einen geeigneten Pächter zu finden und den Marktwert des Pachtobjektes möglichst zuverlässig zu ermitteln (*Deutsche Bundesbahn 1992: 7*). Wichtiger Punkt in der Ausschreibung ist der Hinweis auf die vom Pächter einzuhaltenden wöchentlichen Öffnungszeiten. Bei der Auswahl des Pächters sind dessen berufliche Qualifikation, wirtschaftliche Leistungsfähigkeit, die konzeptionelle und betriebliche Führung des Pachtobjektes sowie die Investitionsbereitschaft und das angebotene Pachtentgelt zu berücksichtigen (*Deutsche Bundesbahn 1992: 7*). Der Vertrag wird mit der Erteilung des Zuschlages geschlossen und gilt, soweit nichts anderes vereinbart wird, auf unbestimmte Zeit. Mit Abschluß des Pachtvertrages erhält der Bahnhofsbuchhändler das alleinige Recht, Zeitungen, Zeitschriften, Bücher und sonstige Druckschriften einschließlich kartografischer Werke (außer Kursbüchern, Fahrplänen und Werbeschriften für den Reiseverkehr) im Bahnhof zu vertreiben.[12]

Der normale Pachtvertrag einer Bahnhofsbuchhandlung unterscheidet sich vom klassischen Einzelhandelsmietvertrag dadurch, dass der Mietzins für einen Zeitraum von drei Jahren festgeschrieben wird und der Vertrag mit sechsmonatiger Kündigungsfrist bzw. nach dreijähriger Pachtdauer nur noch mit einjähriger Frist zum Schluß eines Kalendervierteljahres gekündigt werden kann. Der Pachtvertrag endet mit dem Tod des Pächters bzw. mit Auflösung der Bahnhofsbuchhandelsfirma. Er kann von den Erben übergangsweise, aber auch auf Dauer fortgesetzt werden. Bewerben sich Familienangehörige, die bereits in der Bahnhofsbuchhandlung tätig waren, können dabei erworbene Markt- oder Ortskenntnisse und Fertigkeiten für die Vergabe bedeutsam sein. In jedem Falle aber besteht zunächst die Pflicht, die Bahnhofsbuchhandlung öffentlich auszuschreiben, auch für den Fall, dass sich ein Mitarbeiter des früheren Pächters für die Anpachtung eines solchen Objektes interessiert.

Wurden die ersten Bahnhofsbuchhandlungen gegen Festpacht vergeben, so ging die Reichsbahn während der Zeit des Nationalsozialismus zum System der Ertragspacht über, d.h. der Rohgewinn wurde zwischen Pächter und Verpächter geteilt. Diese Teilung erfolgte anhand einer Pachttabelle, die je nach Betriebsgröße zwischen 15% und 85% stark progressiv verlief und in den Jahren 1957 und 1973 zugunsten der Pächter revidiert wurde (*Schmitt/Hahn 1991: 211*). Im Jahr 1977 lief das System der Ertragspacht aus, weil es zu wenig Anreiz für innovative und kostenbewusste Bahnhofsbuchhändler bot. Die Ertragpacht wurde durch ein Splitting aus Grundpacht (35%) und umsatzbezogenem Teil (65%) ersetzt (*Sussmann 1995: 38*), was eine durchschnittliche Pachtbelastung zwischen 10% und 13% vom Umsatz bedeutete. Durch die in den siebziger und achtziger Jahren stark steigenden Umsätze hatte die Grundpacht eine degressive Wirkung auf die durchschnittliche, prozentuale Pachtbelastung des Bahnhofsbuch-

---

[12] Vor dem Hintergrund zunehmender Verteil- und Verschenkaktionen einzelner Zeitungsverlage auf Bahnhöfen und in Zügen der DB AG hatte der Verband Deutscher Bahnhofsbuchhändler in den neueren Pachtverträgen durchgesetzt, dass der Terminus „Alleinverkaufsrecht" durch den Begriff „Alleinvertriebsrecht" ersetzt wird. Vgl. dnv 7/2000: 42.

handels (*Hinze 1983: 26*), weshalb die Deutsche Bundesbahn diesen Anreiz für den Bahnhofsbuchhandel nach etwa zehn Jahren wieder aufhob. Nachträglich, und das aus Sicht der Bahn und der Pächter, war dies eine Fehlentscheidung. Nicht nur weil die Umsatzpotentiale im Bahnhof nicht ausgeschöpft wurden, sondern auch weil findige Pächter unter Ertragsgesichtspunkten lieber die Kosten zu Lasten der Umsätze reduzierten.

Der Wechsel zu dem neuen Pachtsystem hatte aber noch einen weiteren Haken: Das Überbieten mit Prozenten bei der Neuvergabe von Bahnhofsbuchhandlungen oder Ausschreibungen wurde wesentlich riskanter, denn der einmal angebotene Prozentsatz galt nicht mehr wie früher, für eine Pachtperiode von drei Jahren, sondern dauerhaft. Weil die meisten Pächter sich des Risikos des Pachtbietens nicht bewusst waren, geht es heute einigen Bahnhofsbuchhandlungen, wie auch vielen anderen Servicebetrieben im Bahnhof, wirtschaftlich schlecht. Bei Beginn der Modernisierung des Hauptbahnhofs in Köln machte die DB AG gegenüber der Bahnhofsbuchhandlung Presse & Buch Ludwig von dem bis dahin eher pro forma in § 12 des Pachtvertrages enthaltenen Kündigungsrechts mit einer Frist von zwölf Monaten Gebrauch, um einen Zehnjahresvertrag mit einem neuen Pacht-Berechnungsschema abschließen zu können (*FAZ v. 21.1.1995*). Nach Ende der dreijährigen Pachtperiode ab 1.1.1998 wurde das System in eine garantierte Mindestpacht (80 %) und eine prozentuale Umsatzmiete (20 %) verändert. Problematisch an diesem Berechnungsschema ist die im Vergleich zu den Altverträgen (Grundpacht 35 %) hohe Garantie auf der Basis vergangener oder (bei Um- bzw. Neubauten) hypothetischer, meist zu hoch geschätzter Jahresumsätze. Die mindestens zu zahlenden 80 % steigern die Gesamtpacht in Prozent vom jeweiligen Jahresumsatz immens und führen bei stark fallenden Umsätzen besonders bei kleinen Bahnhofsbuchhandlungen zu erheblichen Belastungen.

Die Bahn hat bei der Neuverpachtung von Bahnhofsbuchhandlungen lange die Philosophie der Verflechtung von Unternehmen und Inhaber vertreten, d.h. besonders mittelständische Unternehmer gefördert, für die die Bahnhofsbuchhandlung die Existenzgrundlage bildet (*Deutsche Bundesbahn 1992: 7; Riedl-Klaffke 1992 b: 3*). Das gewährleistete, dass die Bahnhofsbuchhandlungen mit entsprechend persönlichem Engagement betrieben wurden. Heute leidet der Bahnhofsbuchhandel als Branche vor allem unter Kostendruck. Erstmals seit über 50 Jahren verzeichnet der Bahnhofsbuchhandel reale Umsatzrückgänge bei gleichzeitiger Forderung der Bahn nach mehr Eigeninitiative und Investitionsbereitschaft der Pächter. Während bei den Erlösen eine tendenzielle Absenkung der Handelsspannen durch die Verlage verkraftet werden muß, ergeben sich auf der Kostenseite durch die Pachtzahlungen an die Bahn Belastungen, die besonders kleinere Betriebe als zu hoch empfinden. Weil die Höhe der von den Bahnhofsbuchhandlungen geleisteten Pachtzahlungen aus Gründen des brancheninternen Wettbewerbs der einzelnen Firmen untereinander nicht hinreichend transparent ist,[13] entsteht insbesondere bei branchenfremden Pächtern – aber auch bei vielen Großbetrieben – das Problem, dass bei Ausschreibungen von Bahnhofsbuchhandlungen immer wieder zu hohe Pachtzahlungen angeboten werden.

3. Das Image der Personenbahnhöfe und ihre Besetzung mit Servicebetrieben

Die von verschiedenen Quellen veröffentlichten Angaben über die Zahl der Bahnhöfe, Nebenbetriebe, Pächter und Umsätze weichen zum Teil gravierend voneinander ab, so dass wir uns auf Informationen der Marketing-Gesellschaft Bahnhof (MGB) beziehen (*dnv 4/1993: 30*).

[13] Vgl. beispielhaft VDZ 1990: 6 + 23. Obwohl die Anonymität in den Strukturanalysen sichergestellt war, verweigerten die Bahnhofsbuchhändler für etwa 20% aller Verkaufsstellen die Frage nach der Umsatzgröße. Vgl. auch Dorn/Vogel 2001: 238.

Danach beträgt die Zahl der Bahnhöfe 4.996, die Gesamtzahl der Servicebetriebe 4.700, davon 1.500 in den neuen Bundesländern, die Anzahl der Beschäftigten 40.000 und der Jahresumsatz gesamt rund 1,5 Mrd. Euro. Eine Analyse des Euro-Handelsinstituts (EHI) ergab, dass die Besetzung der Bahnhöfe mit Einzelhandelsgeschäften, Gastronomie- und Dienstleistungsbetrieben in den neunziger Jahren große Unterschiede aufwies. So reichte z.B. die Bandbreite der DB-Nebenbetriebe in Städten mit mehr als 500.000 Einwohnern von 0,17 bis 5,5 Betriebe je 10.000 Einwohner. Bei Bahnhöfen in Städten zwischen 100.000 und 500.000 Einwohnern schwankte der Index sogar zwischen 0,06 und 0,62 (*Hallier 1993: 21*). Aber nicht nur die relative Bedeutung des Einzelhandels, bezogen auf die Einwohnerzahl, wies ein erhebliches Gefälle auf, sondern auch die Verteilung der Fläche zwischen Einzelhandels-, Gastronomie- und Dienstleistungsbetrieben.

Größter Nutzer der Pachtobjekte (Anzahl) und Pachträume (m^2) war die Bahnhofsgastronomie, obwohl ihre Flächenproduktivität (Umsatz/m^2) weit unter dem Durchschnitt lag: Auf drei Viertel der Gesamtfläche erreichte sie nur ein Drittel des Umsatzes aller Servicebetriebe und zahlte sogar nur ein Fünftel der gesamten Pachtsumme. Anders dagegen die Unternehmen, die mit Lebens- und Genussmitteln, Drogeriewaren, Blumen und Tabakwaren auf nur 11 % der Fläche 22 % der Gesamterlöse erwirtschafteten. Die Tabakwarengeschäfte repräsentierten zahlenmäßig nur einen geringen Teil der Pachtobjekte, lagen aber hinsichtlich der Flächenproduktivität an erster und bei der Pacht je m^2 an zweiter Stelle hinter dem Bahnhofsbuchhandel (*Zentrale Gruppe der DB 1983: 13 f.; FAZ v. 1.11.1984: 17; Arnold 1993: 45*). Offensichtlich war es so, dass die einzelnen Bundesbahndirektionen unterschiedliche Konzepte bei der Versorgung der Reisenden verfolgten, denn die Frage des richtigen Pächter-Mix wurde für fast jeden Bahnhof anders beantwortet.

Für die Personenbahnhöfe der Bundesbahn und der Rechtsnachfolgerin DB AG hatte sehr lange ein Negativ-Image bestanden. Obwohl Verkehrs- und Geschäftslage in der Regel von erster Güte sind, waren die Bahnhöfe als Treffpunkte verschiedener Randgruppen der Gesellschaft bis in die neunziger Jahre hinein mit erheblichen Vorbehalten belastet. Entsprechend ihrem Stellenwert in der Gründerzeit waren die Empfangsgebäude der Bahn in einer auf Repräsentation bedachten Bauweise gestaltet worden (*Siebert 2003: 3 f.*). Diese entsprachen nicht mehr den gestiegenen, funktionsbezogenen Anforderungen und Wünschen der Kunden. Hinzu kamen negativ eingestufte Faktoren wie mangelnde Sauberkeit und Sicherheit (*MGB 1993: 24+25*) sowie eingeschränkte Parkmöglichkeiten. Als Ausgangs- und Zielpunkte einer Reise hatten die Bahnhofsgebäude mit der technischen Entwicklung der modernen Intercity-, Eurocity-, Interregio- und Inter-City-Express-Züge (ICE) nicht Schritt gehalten. Daß die Bahnhöfe den Ansprüchen der Reisenden an ein modernes Transportunternehmen nicht mehr gerecht wurden, lag aber nicht nur an der Gestaltung der Gebäude, sondern auch an der Deutschen Bahn AG. Deren Management kündigte 1993 den konsequenten Aufbau einer markt- und kundenorientierten Organisation an und bemühte sich, das Negativ-Image zu verbessern. Die Personenbahnhöfe sollten Verkehrsstationen bleiben, sich aber zu attraktiven Gebäudekomplexen entwickeln, in denen sich um die Bahn herum Einkaufszentren, Büros und Dienstleister wie Satelliten gruppieren (*FAZ v. 13.1.1994*).

3.1 Integrativer Marketingansatz für den Standort Bahnhof

Um mit einem standortspezifischen Marketing-Konzept das Image der Bahnhöfe zu verbessern und wirksam zu bewerben, hatten sich auf Initiative der drei Verbände, Deutscher Bahnhofsbuchhändler, Deutscher Bahnhofshandel und Verband der Bahnhofswirte (*dnv 4/1993: 30*) schon 1992 die Pächter der Service- und Dienstleistungsbetriebe zur Marketing-Gesellschaft Bahnhof (MGB) zusammengeschlossen. Gesteuert wurde die MGB, die eine

Geschäftsstelle in Berlin unterhielt, mit Hilfe eines Beirats, der sich aus einem Sprecher und jeweils zwei Vertretern der Verbände und der Bahn zusammensetzte (*Schreiner 2003: 2*). Ziel der MGB war es, zusammen mit der Bahn Strategien und Maßnahmen zur Steigerung der Attraktivität des Standorts „Bahnhof" zu erarbeiten. Zielgruppengerechte Leistungsangebote sollten entwickelt und verfügbar gemacht sowie die Vorteile des Bahnhofs und seine Leistungsangebote kommuniziert werden.

Einerseits waren die Bahnhöfe Identitätsträger des Verkehrsmittels Eisenbahn, andererseits aber auch zentrale Begegnungsstätten und Wirtschaftsstandorte von Service- und Dienstleistungsunternehmen, was ihnen den Charakter eines Verkehrs-, zugleich aber auch den eines Einkaufszentrums verlieh. Vor diesem Hintergrund lag das entscheidende Problem für das Standortmarketing darin begründet, dass die von den Fahrgästen, Kunden und Besuchern des Bahnhofs wahrgenommene Qualität der Dienstleistungen von dem engen Zusammenspiel zwischen der Bahn und den rechtlich selbständigen Servicebetrieben abhing (*Meffert 1993: 10*). Das Erscheinungsbild und das Image eines Bahnhofs konnte somit am wirksamsten dadurch verbessert werden, dass über die Marketingmaßnahmen der MGB hinaus die multifunktionale Anlage des Bahnhofsgebäudes in seiner Gesamtheit neu gestaltet wird. Diese Aufgabe, die unterschiedlichen Aktivitäten der Servicebetriebe und der Eigentümerin bzw. Betreiberin der Bahnhöfe miteinander zu verknüpfen, stellte angesichts des Durchschnittsalters der Personenbahnhöfe von 84 Jahren und eines Investitionsrückstaus von € 15 Mrd. (*Lepper 1993: 61*) eine echte Herausforderung für das Bahnhofsmarketing dar.

Um die Teilbereiche des Bahnhofsmarketings zu vernetzen, Konflikte zwischen den Planungsebenen zu vermeiden und den erforderlichen einheitlichen Marktauftritt zu sichern, wurde ein integrativer Ansatz gewählt, der sich sowohl auf die Marketingziele als auch auf die -instrumente bezog (*Meffert 1993: 10*). Die Aufgabe der Träger des Bahnhofsmarketings bestand darin, ein Konzept für den Standort Bahnhof zu entwickeln und in konkrete Maßnahmen umzusetzen. Dazu war zunächst im Rahmen einer Qualitätsanalyse eine Bewertung von Stärken und Schwächen der Bahnhöfe vorzunehmen. Im Mittelpunkt der Zielplanung stand eine Verbesserung des Bahnhofs-Image, was besonders für die Komponenten Service, Sicherheit und Sauberkeit („3-S-Programm") galt (*Siebert 2003: 9 f.*). Von deren Verbesserung erhofften sich alle Beteiligten eine Stärkung ihrer Wettbewerbsposition. Der Unternehmensbereich Personenbahnhöfe hatte als mittelfristiges Ziel formuliert, die erlebte Servicequalität an Bahnhöfen binnen fünf Jahren mit an die Spitze aller in Deutschland angebotenen Serviceleistungen zu bringen (*Töpfer 1993: 12*). Neben den von der Bahnhofsgröße unabhängigen Zielen erschien es ihm aufgrund der heterogenen Struktur der Personenbahnhöfe sinnvoll, jeden einzelnen Standort differenziert zu betrachten. Neben ihrer Kernidentität als Verkehrsstationen sollten größere Bahnhöfe mittelfristig als Einkaufszentren („Railway Cities"), kleinere Bahnhöfe als Nahversorger (Convenience-Stores) positioniert werden (*Meffert 1993: 11*).

Auf die Zielplanung aufbauend wurde im nächsten Schritt eine Qualitätsphilosophie in Form eines Serviceversprechens erarbeitet (*Töpfer 1993: 12*), welche das Standortprofil beschreibt und damit auch das Soll-Image des Bahnhofs und das Budget für die zu ergreifenden Maßnahmen determiniert. Bei Handels- und Dienstleistungsstandorten wie dem Bahnhof kann gerade ein ausgewogenes Branchenmix zur Profilierung des Standorts beitragen. Zur Durchsetzung der Qualitätsphilosophie gegenüber den Einzelhandels- und Dienstleistungsbetrieben kann die DB AG als Verpächterin bzw. Betreiberin der Bahnhöfe verschiedene Strategien anwenden. Gegenüber dem eigenen Reisezentrum z.B. etwa kann sie die Qualitätsphilosophie über formale Anweisungen umsetzen. Gegenüber externen Servicepartnern kann sie das Angebotsmix und die Dienstleistungsqualität durch Selektion adäquater Pächter oder Mieter steuern. Und schließlich kann sie durch den Austausch von Informationen oder partnerschaftliche Vereinbarungen mit den Einzelhandels- und Dienstleistungsbetrieben zu einer Qualitätskooperation gelangen (*Meffert 1993: 11*).

Der service-, kunden- und qualitätsorientierte Marketingansatz des Unternehmensbereichs Personenbahnhöfe erhielt den Namen „Bahnhof plus" und basierte auf vier, aus der Philosophie des Total Quality Managements (*Imai 1997: 22 ff.*) abgeleiteten, Eckpfeilern: „Qualität am Bahnhof", „Verbesserung der Abläufe", „Bahnhof plus-Teams" und „Mitarbeiter-Training" *(Töpfer 1993: 13).* Total Quality als Konzept eines umfassenden Qualitätsmanagements umfaßt Produkte, Prozesse, Potentiale und Vorleistungen, aber auch die Qualität der Beziehungen eines Unternehmens zu seinen Stakeholdern,[14] weshalb neben den bahneigenen Mitarbeitern auch die Bahnhofspächter gefordert waren, kundenorientierte Servicestandards zu definieren und umzusetzen. Dabei galt es, die Qualität aller Maßnahmen und Leistungen aus der Sicht aktueller und künftiger Kundenanforderungen zu formulieren und zu beurteilen (*Töpfer 1993: 13*).

Aus einem service-, kunden- und qualitätsorientierten Standortprofil ergeben sich in der Regel auch Forderungen an die Politik (Stadtplanung / Raumplanung / Verkehrsplanung), denn Infrastrukturentscheidungen liegen meist nicht allein in der Kompetenz des Standortmarketing. Dafür waren aus der Zielplanung generelle Strategien herzuleiten, mit denen nach Art und Priorität der einzelnen Maßnahmen prinzipiell bestimmt werden mußte, wo und wann welche standortbezogenen Modifikationen vorgenommen werden sollen, um das anvisierte Qualitätsziel etappenweise zu erreichen. Durch die schließlich zu ergreifenden Maßnahmen bzw. durch Einsatz der Marketinginstrumente sollte die Qualitätsphilosophie ihre Konkretisierung erfahren. Neben erforderlichen Umbauten an und in den ersten Bahnhofsgebäuden wurden Service-Kriterien definiert, Informations- und Schulungsveranstaltungen für das Personal der Bahn und der Einzelhandels- und Dienstleistungsbetriebe durchgeführt sowie umfangreiche Werbemaßnahmen, kulturelle Veranstaltungen und Events organisiert. Ein Ziel der Kommunikationsmaßnahmen war dabei, eine standortspezifische Identität (Corporate Identity) zu schaffen, die dazu beiträgt, die Identifikation und das Engagement der im Bahnhof ansässigen Einzelhandels- und Dienstleistungsbetriebe zu verstärken und auf diese Weise indirekt den Standort Bahnhof aufzuwerten. Dies geschah durch die institutionalisierte Kooperation der Servicebetriebe untereinander und mit der DB AG in Form der Marketing-Gesellschaft Bahnhof (*Meffert 1993: 11*). Alle Maßnahmen zielten schlussendlich darauf ab, das negative bzw. aus der Sicht der DB AG und der Pächter falsche Image des Bahnhofs bei Fahrgästen, Kunden, Besuchern und in der Bevölkerung zu korrigieren.

3.2 Kooperative Bahnhofs-Modernisierungskonzepte von Bahn, Kommunen und privaten Investoren

Während die verkehrsbezogene Entwicklung der Bahnhöfe zu modernen Reisezentren in der Regel von der Bahn finanziert wurde, wurden für die darüber hinausgehenden Angebote Konzepte in Zusammenarbeit mit den Bundesländern und Städten entwickelt, die entweder deren direkte Beteiligung oder den Einsatz von privatem Kapital vorsahen. Während die Reisenden alle Bahn-Dienstleistungen (Information, Fahrkartenausgabe, Gepäckservice, Warteräume, Toiletten, Sicherheits- und Überwachungssysteme usw.) an zentraler Stelle vorfinden sollten, sollten die Bahnhöfe in Ergänzung dazu je nach Stadt und Lage Dienstleistungen, Gastronomie, Einzelhandelsgeschäfte, aber auch Kultur anbieten.

Je nach Konzept arbeitete die Bahn mit unterschiedlichen Projektentwicklern und Investoren zusammen. Herausragendes Beispiel für die Zusammenarbeit zwischen Bahn und Kommune ist der Hauptbahnhof Kassel, der sich neben seiner Kernfunktion als Verkehrszentrum

[14] Anspruchshalter: Der Terminus bezeichnet eine Person oder Organisation, welche den Eindruck hat, dass sie von den Themen einer anderen Organisation berührt ist und dazu etwas zu sagen hat. Vgl. Diller 2001: 1597.

zu einem Ort für Kunst und Kultur, mit Programmkino, Ausstellungen und Szenegastronomie entwickelte (*Lepper 1993: 61*). Pate hatte Anfang der neunziger Jahre der Hauptbahnhof in Hamburg gestanden. Für die damalige Bundesbahn, die die dringend gebrauchten 50 Mio. € für die Erhaltung des historischen Bahnhofs-Gebäudes nicht hatte, sprang die DG Bank mit einem geschlossenen Immobilien-Fonds ein. Holländische Projektentwickler schlossen mit der Bahn einen Pachtvertrag über 70 Jahre, bauten die doppelgeschossige Wandelhalle wieder auf und verwerten den Standort seither als Einzelhandels- und Dienstleistungs-Immobilie (*Der Spiegel 9/1993: 125*).

Pilotprojekte für die Zusammenarbeit zwischen privaten Investoren und der 1994 deregulierten DB AG waren die Hauptbahnhöfe in Leipzig und Köln. Daß die Wahl für die Umgestaltung auf diese beiden Städte fiel, lag in der Eigenschaft der beiden Bahnhöfe als Kopf- bzw. Durchgangsbahnhof begründet, mit denen Erfahrungen für die nächsten Umbau-Projekte gesammelt werden sollten (*Lipinski 1994*). Der 1915 in Leipzig vollendete, mit 26 Gleisen einstmals größte Kopfbahnhof Europas wurde ab 1995 bis zu seiner Wiederfertigstellung im November 1997 mit einem Investitionsvolumen von insgesamt € 255 Mio. zu einem dreistökkigen Dienstleistungs- und Shopping-Center mit 140 Geschäften und Lokalen auf 30.000 m² Fläche umgebaut (*FAZ v. 21.12.2001: 53*). Partner waren dabei die Anlage-Tochtergesellschaft der Deutschen Bank, die vier Fünftel der Investitionssumme durch einen geschlossenen Immobilienfonds aufbrachte, und die zur Otto-Gruppe gehörende ECE-Projektmanagement GmbH, Hamburg, die für die Generalplanung des Projektes zuständig war. So wie in Hamburg hat die DB AG ihre Flächen auch in Leipzig für 70 Jahre an einen Immobilienfonds verpachtet. Sie verzichtet damit auf ihr Hausrecht zugunsten der ECE, die neben Leipzig auch für die Rentabilität der Bahnhofs-Einkaufszentren in Köln und Hannover verantwortlich ist.

Unmittelbar nach der Einweihung des Komplett-Umbaus in Leipzig informierte die DB AG über Umbaupläne an 27 weiteren Bahnhöfen, zusammen mit der Hamburger Immobilien Team Consulting GmbH (ITC), die 60% des Gesamtkapitalbedarfs von rund 500 Mio. € beisteuern sollte. Die ITC, an der die Westdeutsche Immobilienbank mit 55 % beteiligt war, entwickelte standortspezifisch ein Convenience-Konzept[15] für kleine und mittlere Bahnhöfe, aus denen keine Shopping-Center wie in Leipzig, sondern vierundzwanzig Stunden geöffnete Immobilien mit städtischem Leben und hochwertigem Angebot entwickelt werden sollten. Im Vordergrund standen als Zielgruppe Bahnkunden und Bahnhofsbesucher, die ihren kurzfristigen Bedarf decken und spezifische Dienstleistungen nachfragen.

Das Modernisierungsprogramm von ITC und DB AG umfasste Bahnhöfe von Kiel bis Koblenz. Die Mietflächen lagen zwischen 1400 m² in Mühlheim und 25.000 m² in Lübeck. Insgesamt sollte es in den 27 zum Umbau vorgesehenen Bahnhöfen nur rund 65.000 m², d.h. durchschnittlich pro Bahnhof 2400 m² Platz für den Einzelhandel geben (*Lebensmittel-Zeitung 5/1998*). Die Projektentwicklung für so viele Standorte einer einzigen Planungs- und Entwicklungsgesellschaft zu übertragen, erwies sich schon kurz nach der Sanierung der Bahnhöfe und Einweihung der neuen Servicebetriebe als fatale Fehlentscheidung der Bahn. Die Folgen der ITC-Fehlplanungen sind in fast allen Bahnhöfen zu beobachten, besonders in Nürnberg, wo die Bahnhofsbuchhandlung Schmitt & Hahn GmbH trotz Millionen-Investitionen in drei neue Läden weniger Umsatz generiert als vor dem Umbau.

[15] Branchenmix aus Gastronomie, Einzelhandel und Dienstleistern, angereichert um kommunale Einrichtungen, Tourismusbüros usw.

3.3 Die Marketing-Gesellschaft Bahnhof als Koordinator aller Marketing-Aktivitäten im Bahnhof

Die Marketing-Gesellschaft Bahnhof sah sich als Koordinator aller Marketing-Aktivitäten mit dem ausschließlichen Ziel, den Standort Bahnhof substanziell aufzuwerten *(MGB 2003: 1)*. Als gemeinsame Interessenvertretung der Bahn, Pächter und Ladenbetreiber in Sachen Bahnhofsmarketing fungierte sie als Instrument, der Öffentlichkeit ein einheitliches, zeitgemäßes Bild der Einzelhandels- und Dienstleistungsbetriebe im Bahnhof zu vermitteln *(Fleischer 1993: 16)*. Unter dem Motto „Unser Bahnhof hat's in sich", ergänzt um den Zusatz „Essen. Trinken. Einkaufen.", präsentierten sich ab 1992 mehrere tausend Pächter dem Publikum. Finanziert wurde die MGB durch Umlagen in Höhe von 1% der monatlich zu zahlenden Pacht, die die Einzelhändler und Servicebetriebe zusammen mit der Pacht an die zentrale Verrechnungsstelle in Stuttgart bezahlten. Von dort wurde die Werbeumlage an die MGB weitergeleitet. Ursprünglich hatte die Bahn beabsichtigt, die indirekte, ab Anfang der neunziger Jahre in die Pachtverträge eingeführte und als „Umlage für Sicherheit und Sauberkeit" getarnte Erhöhung des Pachtzins selbst zu vereinnahmen. Den Vertretern der Pächter-Verbände gelang es jedoch in den Gesprächen mit der Bahn, diese Mittel in die Marketing-Gesellschaft umzuleiten und dort zweckgebunden für imagefördernde Öffentlichkeitsarbeit einzusetzen.

Neben der Öffentlichkeitsarbeit widmete sich die MGB auch der Identifikation nach innen. Nachdem sie sich konstituiert hatte, wurden die Mitglieder der MGB durch Mailings, eine eigene Pächterzeitung („BahnhofsEcho") und durch praxisorientierte Workshops über das Leistungsspektrum der Marketing-Gesellschaft informiert. Den Mitgliedern der MGB wurde neben einer großen Auswahl an Streu- und Werbemitteln Beratung in Marketingfragen angeboten, ebenso wie Unterstützung bei der Planung und Durchführung von Werbe- und Marketingaktionen (*Schreiner 2003: 5*). Mit Hilfe der MGB entstanden speziell an kleineren Bahnhöfen Werbegemeinschaften der Pächter, um Standortnachteile gegenüber großen Bahnhöfen zu kompensieren (*MGB 2003: 1*). Dort, wo nach dem gemeinsamen Willen der DB AG und der Pächtervertreter Werbegemeinschaften gegründet werden sollten, bekam der jeweilige Standort auf Antrag fünfzig Prozent seiner tatsächlich bezahlten Werbeumlage von der MGB zurückvergütet.

Damit die engagierte Eigeninitiative nicht im Sande verläuft, versuchte die MGB mit den Mitteln professioneller PR auf lokaler Ebene, aber auch im größeren Rahmen, die Öffentlichkeit für bahnhofsspezifische Themen zu gewinnen. Mit einer eigenen Werbeagentur und dem relativ kleinen Jahresetat von € 1,3 Mio., realisierte die MGB weitreichende Medienkooperationen mit zielgruppenrelevanten Publikums-Zeitschriften, Fachmagazinen („Presse + Buch news") und TV-Sendern (*Schreiner 2003: 6*). Neben verschiedenen Beiträgen im Frühstücksfernsehen porträtierte die ARD 25 deutsche Bahnhöfe. Des weiteren wurden in einer mehrteiligen ZDF-Vorabendserie Begebenheiten in und um den Bahnhof verfilmt. Zur Umsetzung ihres Ziels, die Attraktivität der Bahnhöfe zu steigern, initiierte die MGB an kleineren Standorten Bahnhofsfeste und in größeren Bahnhöfen, wie in München oder Stuttgart, die Bambi-Verleihung (Burda) bzw. einen Kindertag mit Malwettbewerb zugunsten von UNICEF („Ein Herz für Kinder"). Im Vorfeld solcher, ohne vordergründigen Verkaufscharakter organisierten Events versuchte die MGB mit Großflächenplakaten, Postern und klassischen Anzeigenschaltungen in ausgewählten Titeln die Imagearbeit der Bahnhofspächter zu unterstützen.

Die Aktivitäten der MGB brachten Deutschlands Bahnhöfe zwar positiv ins Gespräch und der Marketinggesellschaft einige Auszeichnungen (*MGB 2003: 1*), insgesamt jedoch reichte der Etat nicht aus, nachhaltig positive Stimmung für den Bahnhof in einer breiteren Öffentlichkeit herzustellen (*MGB 2003: 2*). Hinzu kam, dass die DB AG die Vermarktung der Bahnhöfe als Profit-Center erkannte und auf unmäßige Art und Weise versuchte, zusätzliche Erlöse zu generieren. Nachdem die DB Station & Service AG sukzessive nicht nur anfängliche Zuzahlungen kürzte, sondern allein über die pachtvertraglich abgesicherte „Umlage für Sicherheit und Sauberkeit" verfügen wollte, kündigte die Bahn die Zusammenarbeit mit den Pächtern in der MGB auf. Gleichzeitig sollten die guten Kontakte einiger Beiratsmitglieder zu leitenden, für die Verpachtung zuständigen, Mitarbeitern der Bahn unterbunden werden, um unrealistische und unverfrorene Forderungen im Bereich der Nebenkosten einfacher durchsetzen zu können (*medien aktuell 21/2000: 11*). Der MGB war mit dem Wegfall der Werbeumlage die Geschäftsgrundlage entzogen – sie wurde deshalb liquidiert. Ob es der DB AG im Alleingang gelingt, die Servicequalität der Bahn und ihrer rund 5000 Bahnhöfe an die Spitzenpositionen der in Deutschland angebotenen Serviceleistungen heranzuführen, ist vor dem Hintergrund anhaltenden Geldnotstands bei der Bahn, aber gerade auch wegen der gravierenden Marketing- und Management-Fehler beim Umbau vieler Bahnhöfe bezweifelbar.

4. Strukturdaten zur Nutzung der Bahnhofsbuchhandlungen und Servicebetriebe

In den Gründerjahren der Eisenbahn erhielten die Bahnhöfe einen bevorzugten Platz am Rande des Stadtkerns. Durch die Expansion der Städte wurden sie aus ihrer Randlage in den Bereich der Stadtzentren gerückt. Diese hervorragenden, mit I-a-Lagen in Fußgängerzonen oder modernen Shopping Malls vergleichbaren Standorte mit über 700.000 m² Gesamtfläche bieten gute Voraussetzungen für unternehmerische Aktivitäten, auch wenn der Bahnhof als Geschäftsitz von Handels-, Gastronomie- und Dienstleistungsbetrieben mit 1,45 Mrd. € Jahresumsatz relativ selten Erwähnung findet (*Hallier 1993: 21*).

Die Servicebetriebe in den Bahnhöfen bedienen einen ausgedehnten Kundenkreis, zu dem neben Reisenden und Pendlern auch eine Vielzahl von Besuchern zählen, die gezielt bahnhofsspezifische Produkte und/oder Dienstleistungen nachfragen bzw. deren Bedarf anderswo nicht gedeckt werden kann. Hinsichtlich dieses Kundenpotentials stehen die Servicebetriebe in direktem Wettbewerb mit Geschäften in der Stadt. Strukturdaten zur Nutzung der Servicebetriebe im Bahnhof wurden erstmals systematisch durch eine Marktuntersuchung der IRES-GmbH, Düsseldorf (*zitiert bei Zentrale Gruppe der DB 1983: 3 ff.*) im Jahr 1983 erhoben. Im Vorfeld des MGB-Marketingkonzepts überprüfte H.F.&P.Agentur für Kommunikation, Düsseldorf später in 15 Städten mit einer nicht repräsentativen Befragung von 118 Pächtern und 1200 Besuchern die Situation im Bahnhof (*dnv 4/1991: 42 ff.*). Und in einer dritten (nicht repräsentativen) Studie[16] veröffentlichten die Absatzforscher Wiegner + Weber auf der Basis von über 2 Mio. beobachteten Passanten die Ergebnisse einer computergestützten Messung von Besucherfrequenzen und Capture Rates im Hauptbahnhof Aachen.

Obwohl die genannten Untersuchungen völlig unabhängig voneinander und in großen zeitlichen Abständen stattfanden, kommen sie hinsichtlich der Essentials erstaunlicherweise zu ähnlichen Ergebnissen: Während an normalen Wochentagen rund zwei Drittel der am Bahnhof anzutreffenden Personen aus bahnbezogenen Gründen, d.h. abreisen, ankommen, Fahrkarten kaufen usw., im Bahnhof sind, halten sich an Sonntagen durchweg über 50 % der Bahnhofsbesucher aus einem nicht reisebezogenen Anlaß im Bahnhof auf. Die Besucherfrequenz und die Capture Rate, d.h. die Zahl der Passanten, die eine Bahnhofsbuchhandlung betreten bzw. darin etwas kaufen, liegt an Sonntagen trotz insgesamt geringerem Besucheraufkommen im Bahnhof deutlich über dem Wochendurchschnitt. Das heißt, dass die Bahnhofsbuchhandlungen einen hohen Prozentsatz Nicht-Bahnkunden anziehen, die speziell und gezielt zum Einkaufen in den Bahnhof kommen. Unter den Produkten, die bei den Servicebetrieben gekauft oder konsumiert werden, liegen Zeitungen und Zeitschriften neben Tabakwaren einsam an der Spitze. Die mit durchschnittlich 16% deutlich oberhalb aller anderen Servicebetrie-

[16] Vgl. die Ergebnisse von „Bahnhofsbuchhandel 2001" in Weber 2002: 52 f.

be liegende Capture Rate des Bahnhofsbuchhandels weist auf die Attraktivität dieser Angebotsstellen für interessierte, kaufkräftige und anspruchsvolle Kunden hin (*dnv 10/2002: 68*).

Wenn man realisiert, daß die Deutsche Bahn AG im nationalen und internationalen Verkehr mehr als 1,7 Mrd. Personen pro Jahr befördert und weitere 2,4 Mrd. Personen pro Jahr einen Bahnhof besuchen (*DB Station & Service 2003: 7*), bekommt man eine ungefähre Vorstellung davon, wie umfangreich und vielschichtig das Angebot des Bahnhofsbuchhandels sein muß, um alle Kundenwünsche zu befriedigen. Nach Einschätzung des Verbandes Deutscher Bahnhofsbuchhändler resultieren durchschnittlich 70 % seines Umsatzes aus dem Verkauf von Presse, 20-25 % aus Büchern, Taschenbüchern,[17] Reiseführern, Sprachführern und Landkarten und 5 – 10 % aus Non-Press- und Non-Book-Erzeugnissen (*medien aktuell 15/2003: 4*). Von diesen Durchschnittswerten sind größere Abweichungen möglich. Denn um an kleinen Standorten den Mindestumsatz zu erzielen, ist neben Presse und Buch ein durchdachtes Convenience-Angebot mit Tabakwaren, Spirituosen, Süßwaren, Schreibwaren, Ansichts-, Post- und Glückwunschkarten, Parfümerieartikeln, Andenken, Toto und Lotto sowie Ticketing von Konzert- und Sportveranstaltungen überlebensnotwendig (*dnv 7-8/2002: 32*). Während Bahnhofsbuchhandlungen in den Metropolen ihren Umsatz fast ausschließlich mit Buch und Presse erzielen, entfallen in den norddeutschen Stilke-Verkaufsstellen durchschnittlich nur 55 % und bei den weit gestreuten Verkaufsstellen der Eckert-Gruppe sogar nur 50 % auf Buch und Presse bzw. Medien (*Wilking 1998: 22*).

4.1 Produktspezifische Leistungskennziffern des Bahnhofsbuchhandels im Vergleich mit dem allgemeinen Presse-Einzelhandel

Der Anteil des Bahnhofsbuchhandels am gesamten Presse-Einzelverkauf beträgt rund € 340 Mio. jährlich. Diese nackte Zahl sagt wenig über die tatsächliche Bedeutung der Branche und jede einzelne Bahnhofs- und Flughafen-Verkaufsstelle aus. Ihr tatsächlicher Wert für den Absatz von Presseerzeugnissen wird erst durch einen Vergleich betriebswirtschaftlicher und produktspezifischer Leistungskennziffern des Bahnhofsbuchhandels mit entsprechenden Werten des allgemeinen Presse-Einzelhandels deutlich: In 435 von rund 5000 Bahnhöfen und in 20 Flughäfen sind 76 Unternehmen des Bahnhofsbuchhandels mit dem Absatz von Büchern und Presse an 1,15 Mio. Kunden täglich beschäftigt.

[17] Bahnhofsbuchhändler, wie Gerhard Ludwig in Köln, waren Ende der fünfziger Jahre die ersten, die reine Taschenbuch-Läden eröffneten. Bei einem separaten Bahnhofs-Buchladen kann die Zahl der angebotenen Titel schnell 20.000 und mehr erreichen. Vgl. dazu Eckert 1993: 48; Sussmann 1991 a: 2.

Abbildung 2: Bahnhofsbuchhandels-Standorte in Deutschland

Mit freundlicher Genehmigung des Verbands Deutscher Bahnhofsbuchhändler e.V.

Herausragende Standorte sind großstädtische Flughäfen[18] und Bahnhöfe wie in Hamburg, Frankfurt oder München, durch die Tag für Tag jeweils mehr als 300.000 Pendler,[19] Urlauber und Besucher strömen *(Der Spiegel 9/1993: 125)*. Fünfundzwanzig Prozent der in Bahnhöfen tätigen Servicebetriebe haben ein Kundenpotential bzw. eine Kundenfrequenz von durchschnittlich 1000 Besuchern pro Tag. Weitere 20 Prozent der Geschäfte können mit mindestens 500 Kunden pro Tag rechnen und 35 Prozent der Betreiber haben immerhin noch durchschnittlich 200 bis 400 Passanten pro Tag im Geschäft (dnv 4/1993: 30). Der Bahnhofsbuchhandel ist der absolute Spitzenreiter unter den Servicebetrieben. Mit durchschnittlich 2.750 Käufern pro Tag und Verkaufsstelle liegt er deutlich über dem Kundendurchlauf vergleichbarer Geschäfte in den Innenstädten und weit oberhalb der Frequenz eines durchschnittlichen Presse-Einzelhändlers, die 540 Kunden pro Tag beträgt *(Presse-Grosso 2003 c: 7)*.

Der grossobelieferte Presse-Einzelhandel erzielt mit rund 118.000 Verkaufsstellen einen Wochenumsatz von rund 59,7 Mio. €, d.h. durchschnittlich 506.- € pro Händler (*Presse-Grosso 2003 b: 181*). Bahnhofs- und Flughafenbuchhandlungen dagegen erzielen pro Angebotsstelle einen Wochendurchschnitt von 15.577.- € und damit den dreißigfachen Umsatz eines durchschnittlichen Zeitungs- und Zeitschriften-Einzelhändlers. Der durchschnittliche Wochenumsatz des Bahnhofsbuchhandels wird von nur einer Verkaufsstelle im allgemeinen Presse-Einzelhandel erreicht (*Presse-Grosso 2003 a: 20*). Schon 1994, im Jahr der letzten systematischen Erhebung von Strukturdaten im Bahnhofsbuchhandel (BASTRA) und vor der Erweiterung vieler Angebotsstellen, lag die durchschnittliche Angebotsstrecke für Presse in Bahnhöfen und Flughäfen bei durchschnittlich 266 Bordmetern. Die Präsentationsfläche im allgemeinen Einzelhandel dagegen beträgt laut EHASTRA 2002 durchschnittlich nur 16,7 Bordmeter. Nur 0,7 % aller grossobelieferten Einzelhändler halten mehr als 100 Regal- bzw. Bordmeter für Zeitungen und Zeitschriften zur Verfügung (*Presse-Grosso 2003 c: 18*). Mit nur 420 von insgesamt rund 118.000 Angebotsstellen scheint dem Bahnhofsbuchhandel auf den ersten Blick eine Nebenrolle im Konzert der Presse-Absatzmittler zugewiesen zu sein. Doch dieser Eindruck täuscht: Der Bahnhofsbuchhandel erzielt mit 0,36 % Anteil an der Gesamtzahl der Presse-Händler einen Umsatzanteil von rund 8 Prozent am Einzelverkauf. Bei vielen Special-Interest-Objekten erreicht der Bahnhofsbuchhandel 15 Prozent und mehr Anteil an der verkauften EV-Auflage (*dnv 6-7/2003: 54*).

Überhaupt gilt das breite Presse-Sortiment als eigentliches Qualitätsmerkmal des Bahnhofsbuchhandels. Schon mittlere Betriebe bieten weit über 1.500 Zeitungen und Zeitschriften an. Bei den meisten Bahnhofsbuchhandlungen liegt die Anzahl der Präsenztitel, d.h. die Zahl der in einer Verkaufsstelle tatsächlich verfügbaren Presseobjekte[20] in der Größenordnung von 2.500 Zeitungen und Zeitschriften und damit weit über dem durchschnittlichen Präsenzsortiment des allgemeinen Presse-EH mit 261 Titeln (*Presse-Grosso 2003 c: 16 f.*). Große Bahnhofsbuchhandlungen wie Sussmann´s Presse und Buch in München (6.000. *Vgl. Sussmann 1995: 61*), Ludwig in Köln (7.000), Schmitt & Hahn in Frankfurt (8.000. *Vgl. dnv 7-8/2002: 32*) oder Stilke im Hamburger Hauptbahnhof reichen mit bis zu 8.800 deutschen und internationalen Titeln (*Distripress Gazette 9-10/1998: 56*) nicht nur an die Sortimente der Presse-Grossisten heran, sondern stellen diese zum Teil weit in den Schatten.

Ein weiterer Pluspunkt der Bahnhofsbuchhandlungen sind die im Vergleich zu Stadtgeschäften längeren Öffnungszeiten. Obwohl Länder, Städte und Gemeinden mehr und mehr dazu übergehen, die Ladenschlusszeiten zu liberalisieren, sind sie vom Bahnhofsbuchhandels-

---

[18] Der Flughafen Frankfurt Rhein-Main ist mit 48,6 Mio. Passagieren jährlich der zweitgrößte Flughafen Europas und mit 62.000 Arbeitskräften Deutschlands größter Arbeitsplatz. Vgl. dnv 3/2003: 10.

[19] Den Frankfurter Hauptbahnhof passieren täglich 350.000 Fahrgäste, 1.100 Fernzüge und 700 S-Bahnen. Vgl. dnv 3/2003: 10.

[20] Im Gegensatz und in Abgrenzung zum Ordersortiment, dessen Titelzahl meistens weit über dem Präsenzsortiment liegt. Vgl. Klaffke/Riedl-Klaffke 1998: 108.

Standard noch weit entfernt (*Grimm 1999: 33*). An 365 Tagen im Jahr verkaufen 4.000 Angestellte im Dreischichtbetrieb täglich von Montag bis Sonntag durchschnittlich 15 Stunden lang (d.h. mehr als 100 Stunden in der Woche) Zeitungen, Zeitschriften und Bücher an Reisende, Pendler und Besucher (*dnv 6-7/2003: 21*). Mit diesen Öffnungszeiten und seiner beispiellosen Sortimentsbreite und -tiefe kommt der Bahnhofsbuchhandel in idealer Weise einem Informationsbedürfnis der Leser entgegen, das der allgemeine Presse-Einzelhandel aufgrund später liegender Öffnungszeiten (*Presse-Grosso 2003 c: 8 ff.*) und begrenzter Titelzahlen pro Angebotstelle (*Presse-Grosso 2003 c: 16 f.*) nicht in gleicher Weise befriedigen kann.

4.2 Die Bedeutung des Bahnhofsbuchhandels für den Absatz von Tageszeitungen, Zeitschriften, Auslandspresse und Büchern

Der Bahnhofsbuchhandel ist der leistungsstärkste Verkäufer von Presseerzeugnissen in Deutschland. Spitzenumsätze bis zu 30 % der gesamten Tageseinnahmen erzielt er in den frühen Morgenstunden zwischen vier und acht Uhr durch den Pendlerverkehr (*Brummund 1985: 87*). Hauptumsatzträger während dieser Zeitspanne sind vorwiegend Tageszeitungen, die sich der Kunde auf dem Weg zum Arbeitsplatz beschafft. Tageszeitungen sind als Frequenzbringer und Umsatzträger für jeden Bahnhofsbuchhändler ein eminent wichtiger Bestandteil im Pressesortiment. Bei Grauert in Düsseldorf macht der Verkauf von Tageszeitungen 10 % bis 15 % des Gesamtumsatzes aus. Wintergerst in Augsburg erreicht mit 31 Zeitungstiteln einen Umsatzanteil von 9,7 Prozent. HDS Retail beziffert den Anteil der deutschsprachigen Zeitungen mit 15 % vom Presseumsatz. Werden die fremdsprachigen Titel mit einem Anteil von ca. 10 % addiert, erreichen die Zeitungen einen Anteil von rund 25% am Presseumsatz der 50 HDS-Presse-Verkaufsstellen (*dnv 6-7/2003: 83*). Special-Interest-Zeitschriften und Tageszeitungen setzen über den Bahnhofsbuchhandel im Vergleich zum allgemeinen Presse-EH häufig ein Mehrfaches ab. So erzielt z.B. „Bild" pro Bahnhofsbuchhandlung im Schnitt 200 Exemplare Verkauf gegenüber 41 Exemplaren im sonstigen EH (*Lützow 1993: 49*).

Ein Vergleich der Rangreihen der umsatzstärksten Zeitungs- und Zeitschriftentitel im Bahnhofsbuchhandel mit den Rangreihen nach IVW-Einzelverkäufen ergibt, dass sich die Präferenzen der Käufer in Bahnhöfen von denen im allgemeinen Presse-Einzelhandel gravierend unterscheiden (*dnv 4/1994: 32 ff.*). In gleicher Weise wie Special-Interest-Magazine pro Angebotsstelle und Heftfolge in Bahnhöfen und Flughäfen wesentlich höhere Stückzahlen verkaufen (*dnv 6-7/2003: 54 f.*), unterstreicht auch das Angebot einer Vielzahl umsatzstarker, ausländischer Tageszeitungen und fremdsprachiger Zeitschriften den Stellenwert einer Bahnhofsbuchhandlung im Vergleich zu einem allgemeinen Presse-Einzelhändler.

Schon 1959 führte eine große Bahnhofsbuchhandlung wie Sussmann in München rund 400 Zeitungen und Zeitschriften aus fast allen europäischen Ländern (*Sussmann 1995: 20*). Durch die starke Zunahme des internationalen Reiseverkehrs und der Gastarbeiter in den sechziger Jahren[21] gewann die Auslandspresse, deren Titelzahl bei Sussmann bis 1966 auf 133 Tages- und 161 Wochenzeitungen aus 26 Ländern angestiegen war (*Sussmann 1995: 28*), zunehmend an Bedeutung. Für viele internationale Titel, deren Käufer sich traditionsgemäß aus dem Business-Bereich rekrutieren, entwickelte sich in dieser Zeit der Bahnhofsbuchhandel zum wichtigsten Absatzweg in Deutschland. Aber auch der Personenkreis der inzwischen über sieben Millionen dauerhaft in Deutschland lebenden Ausländer ging frühzeitig dazu über, seinen Lesebedarf im Bahnhof zu decken. Hier hatte er gleichzeitig Gelegenheit, auf Landsleute zu treffen und sich zu unterhalten. Um 1970 herum entfielen etwa 8-10 Prozent der Bahnhofsbuchhandels-Umsätze mit Periodika auf die ausländische Presse (*Dorn/Vogel 2001: 184*). Im

[21] Der einmillionste Gastarbeiter kam 1964 in die Bundesrepublik. Vgl. Sussmann 1995: 26.

Jahr 1986 wurden 1.700 fremdsprachige Presseobjekte und 5.000 Taschenbuchtitel aus 27 Ländern im Münchener Hauptbahnhof präsentiert (*Sussmann 1995: 47*) und im Zeitraum 1989 – 1992 erreichten fremdsprachige Zeitungen, Zeitschriften und Bücher dann schon einen Anteil von 27 % am Gesamtumsatz von Sussmann.

In vielen Städten ist der Bahnhof nach wie vor die erste Anlaufstelle für internationale Presse, Fachzeitschriften und fremdsprachige Buch-Literatur. Manch anspruchsvoller Leser sucht unabhängig vom Reisebeginn oder -ende eine Bahnhofsbuchhandlung auf, um einen bestimmten Titel, den er anderweitig nicht finden kann, zu kaufen. So blieb der Trend zu größeren Sortimenten und Verkaufsflächen im Bahnhofsbuchhandel ungebrochen. Im Jahr 1995 brachte Sussmann in den drei Münchener Bahnhöfen 6.000 verschiedene Zeitungen und Zeitschriften sowie rund 60.000 Buchtitel ins Angebot (*Sussmann 1995: 61*). Seit dem Umbau des Kölner Hauptbahnhofs ist die Bahnhofsbuchhandlung Ludwig mit drei Verkaufsstellen vertreten. Auf 1.250 m² Verkaufsfläche werden neben 7.000 Zeitungen und Zeitschriften rund 15.000 Taschenbücher angeboten. Mehrere Jahre hatte die Deutsche Bahn AG darauf verwendet, den Mannheimer Bahnhof umzubauen. Seit September 2001 stehen Schmitt & Hahn 350 m² Verkaufsfläche in der Eingangshalle und im Basement für das Angebot von 4.300 Presse- und 15.000 Taschenbuchtiteln zur Verfügung (*dnv 7-8/2002: 30*). Mit einer Verkaufsfläche von etwa 470 m² und einem Sortiment von 3.200 Presseartikeln und 20.000 Buchtiteln eröffnete Schmitt & Hahn im Oktober 2001 den größten seiner drei Läden im total renovierten Nürnberger Hauptbahnhof. In ganz neue Dimensionen stieß Stilke im Hamburger Hauptbahnhof vor: Auf zwei Etagen mit 1.060 m² Verkaufsfläche für 7.000 deutsche und 1.800 internationale Pressetitel sowie 35.000 verschiedene Buchtitel betreibt Stilke nicht die umsatzstärkste, aber die bislang größte Bahnhofsbuchhandlung in Deutschland (*Distripress Gazette 9-10/1998: 56*).

4.3 Der Presse-Fachhandel und die weitere Spezialisierung des Bahnhofsbuchhandels

Der Fach- und Spezialhandel im grossobelieferten Presse-EH war bis Anfang der neunziger Jahre mit knapp 1.300 Angebotsstellen schwach ausgeprägt. Infolge der Kriterienverschärfung hatte bei steigender Nachfrage und steigenden Umsätzen mit internationaler Presse die Zahl der Bahnhofsbuchhandlungen rapide abgenommen.[22] Die Importfirma IP startete deshalb im August 1992 eine Marketing-Offensive, deren Kernidee die Schaffung von Schwerpunktverkaufsstellen für internationale Presse war (*dnv 8/1992: 44 f.*). Dieser Idee schlossen sich im Frühjahr 1995 der Wettbewerber der IP, die W.E. Saarbach GmbH, für die gleiche Objektgruppe (*Saarbach 1995*) und einzelne Grossofirmen in Norddeutschland (*Presse-Grosso 1995*) und Baden-Württemberg für das gesamte Presse-Sortiment an (*Presse-Grosso 1996 b: 96*). IP und Saarbach ging es mit den parallel praktizierten Projekten „Fachhändler für internationale Presse“ und „Press Point“ im Ergebnis darum, die Verbesserung der Absatzchancen der von ihnen vertriebsbetreuten, internationalen Titel zu verbessern. Ausgangspunkt der Überlegungen war die vielerorts zu beobachtende Situation im Presse-Einzelhandel, nach der eine begrenzte Verkaufs- und Präsentationsfläche einer immer größer werdenden Titelflut gegenüberstand. Durch die ab 1996 vom Bundesverband Presse-Grosso in die Wege geleitete Einzelhandels-Initiative sollte ein neues Netz von Fachhändlern mit umfangreichem Presseangebot und optimaler Präsentation entstehen. Sorgfältig aus den einzelnen Grosso-Gebieten ausgewählte Einzelhändler sollten sich in einem bundesweit einheitlichen Marktauftritt mit Fachhandels-Signet durch besondere Sortimentskompetenz, Beratung und Service aus der Vielzahl der allgemeinen Presse-Angebotsstellen hervorheben.

---

[22] Vgl. dazu Tabelle 6: Entwicklung der Umsätze, Pächter und Betriebe in Kap. III., S. 56.

Der Bahnhofsbuchhändler hat von jeher die Rolle des deutschen Presse-Fachhändlers gespielt. Von ihm wurde schon immer ein breites Titelangebot erwartet, das sich deutlich von der Palette eines allgemeinen Presse-Einzelhändlers abhebt (*Fürstner 1987: 1*). Mit durchschnittlich 2500 Präsenztiteln und über 15.000.- € Wochenumsatz liegt jeder Bahnhofsbuchhändler nach wie vor weit vor den umsatzstarken, grossobelieferten Zeitungs- und Zeitschriftenfachgeschäften mit dem „Blauen Globus" (ca. 2000.- € Umsatz je Woche), vor Verbraucher-/SB-Märkten ab 1000m² Verkaufsfläche (ca. 1800.- €) und den Waren- bzw. Kaufhäusern (ca. 1600.- €).

Die hohen Umsätze mit Auslandspresse und Taschenbüchern rechtfertigten es, dass sich zunächst in größeren Bahnhöfen einzelne Bahnhofsbuchhandlungen ausschließlich mit dem Angebot von fremdsprachigen Zeitungen, Zeitschriften und Büchern beschäftigten. Neben sehr früh erbauten eigenen Buchläden eröffnete rechtzeitig zur Weltverkehrsausstellung 1953 der erste Spezialkiosk für internationale Presse im Münchener Hauptbahnhof (*Sussmann 1991 b: 7*). Damals ahnten die Väter dieser Novität noch nicht, dass sie damit den Grundstein zu einer Marketing-Idee gelegt hatten, die etwa 30 Jahre später im Zuge der Umgestaltung der Bahnhöfe eine erfolgreiche Renaissance erlebte. Was auf 12m² über die Verkaufstheke begann, führte nach vier Umbauten zur erfolgreichsten deutschen Presse-Verkaufsstelle mit 3,6 Mio. € Umsatz p.a. und einem überproportionalen Ertrag (*Sussmann 1991 a: 3*). Mitte der achtziger Jahre, in der zweiten großen Umbauphase des deutschen Bahnhofsbuchhandels nach dem Krieg, setzte sich die Idee, das Presse-Sortiment weiter aufzufächern, endgültig durch (*dnv 4/2000: 106*). Neben eigenständigen Läden für „Internationale Presse", Bücher und Modernes Antiquariat entstanden erste Special-Interest-Verkaufsstellen für Eisenbahn-Literatur, Fachzeitschriften, Computer-Magazine, Mode und Comics.

Zuviele Titel pro Angebotsstelle, ungenügend strukturiert, sind für das Verkaufspersonal schwer zu bewältigen und für den Kunden unüberschaubar. Überschaubar wird ein mehrere tausend Objekte umfassendes Pressesortiment durch Zellteilung, die für neue Titel in anderen Läden Platz schafft und insgesamt zu einer besseren Präsentation für alle Presse-Segmente beiträgt. Neue Warengruppen erhalten so neue Chancen und die Spezialsortimente mit Fachgeschäfts-Charakter signalisieren Kompetenz und führen zu einem Imagegewinn für das Bahnhofsbuchhandels-Unternehmen. Die meist zentral gelegenen Bahnhöfe sind ideale Standorte, um eingefleischte Fans, Hobbyisten, Bücherwürmer und Anhänger bestimmter Themen aus der Stadt und der Region anzulocken. Natürlich sind aber auch der Standort und die Sichtbarkeit der Verkaufsstelle innerhalb des Bahnhofs, die Erkenntlichkeit der Produkte durch Innen- und Außenbeleuchtung, ein guter Zugang durch breite Türöffnungen, die Organisation der Verkaufsstelle und eine rasche Kaufabwicklung für hohe Frequenzzahlen wichtig. Neben langen Öffnungszeiten haben Bahnhofsbuchhandlungen den Vorteil, dass sie nahezu alle Presse- und Buchprodukte und andere Medien wie CDs, DVDs oder Videos zu einem bestimmten Thema anbieten können. Neben aktuellen Zeitschriften aus dem Massengeschäft zählen auch hochwertige und teure Magazine, Alben, Hardcover, Paperbacks und Merchandising-Artikel dazu, die andere Läden in der Regel nicht verkaufen.

Rund 700 Titel aus den Segmenten Computer, Wirtschaft, Auto, Reise, Eisenbahn, Sport und Kultur waren im Angebot, als im August 1983 Klaus Sussmann als erster deutscher Bahnhofsbuchhändler einen Special-Interest-Laden auf 23 m² eröffnete (*Sussmann 1995: 45*). Nach einem Umzug innerhalb des Bahnhofs erzielte der hausintern als „Fachpresse" bezeichnete Spezialladen 1991 auf 52 m² Verkaufsfläche einen Umsatz von 1,4 Mio. € p.a.. Spitzenreiter unter den angebotenen 1500 deutschen und internationalen Titeln sind mit über 30% Umsatzanteil die ca. 300 deutsch- und englischsprachigen Computer-Magazine sowie teure EDV-Bücher. Dieser alle Erwartungen übertreffende Erfolg veranlasste auch andere Bahnhofsbuchhändler wie Ludwig in Köln, Bauer in Frankfurt oder Schmitt & Hahn in Nürnberg hoch spezialisierte Angebotsstellen einzurichten. Ludwig eröffnete 1994 einen Computer-Fachpresseladen, dessen Sortiment nicht nur aus dem Bereich der Computer-Literatur stammte, sondern auch Zeitschriften mit CD-ROM- oder Videobeilagen sowie Software umfasste (*dnv 4/1995: 58*). Offeriert wurde neben niedrigpreisigen Anwenderprogrammen die gesamte Palette an PC-Software, die sich durch den separaten Auftritt überproportional entwickelte und das Gesamtergebnis der Kölner Bahnhofsbuchhandlung nachhaltig positiv beeinflußte.

Auch Comics und Cartoons sind seit ihrem Siegeszug in den sechziger Jahren zu einer festen Größe in den Bahnhofsbuchhandels-Sortimenten geworden. Nachdem zuerst vor allem Comic-Hefte für Kinder und Jugendliche im Alter zwischen 10 bis 18 Jahre den deutschen Markt dominierten, stießen bald auch Fantasy-Alben und -Bücher, Krimis, Comedys, Science Fiction, politische Cartoons und Manga bei erwachsenen Käufern auf Interesse. Nicht nur Sussmann und Ludwig waren davon überzeugt, dass das Marktsegment eigene Verkaufsstellen in Bahnhöfen verträgt, sondern auch Stilke, der das Spezialisierungs-Konzept adaptierte und 1991 die erste reine Comic-Filiale im Hamburger Hauptbahnhof eröffnete. Nachdem der Comic-Shop mit über 1500 Buch-, Alben- und 450 periodisch erscheinenden Presse-Titeln in der restaurierten Wandelhalle zum umsatzstärksten Comic-Fachgeschäft in Deutschland avancierte, eröffnete Stilke wenige Jahre später einen zweiten und dritten Laden dieser Art im Elbe-Einkaufszentrum (*dnv 12/1993: 18*) bzw. Dammtor-Bahnhof (*dnv 4-5/2002: 128*).

Nonplusultra der Spezialisierung im Bahnhofsbuchhandel ist ein Premiumladen für Modepresse im Münchener Hauptbahnhof, in dem Couturiers, Meisterschüler, Designer und Einkäufer von Modeboutiquen und Warenhäusern nicht etwa Handarbeitshefte, Strick-, Häkel- oder Brautmoden kaufen, sondern exotische und teure Sonderhefte, Haute Couture-Magazine, Fashion-Kataloge oder Hochglanz-Fachpublikationen für Trend-Frisuren, Kosmetik, Schmuck oder Schuhe zu erwerben suchen. Die Handelsspanne bei Modepresse liegt weit über dem Durchschnitt ebenso wie der Verkaufspreis pro Objekt und der Mehrfachkauf pro Kunde. Kassenzettel mit dreistelligen Beträgen sind eher die Regel als die Ausnahme und auch der Kreditkartenumsatz liegt doppelt so hoch wie im Buchladen nebenan. Während Presseläden in Bahnhöfen und Innenstädten in Titeln und Stückzahlen förmlich ertrinken, gibt es aufgrund der aperiodischen Erscheinungsweise bei vielen Mode-Titeln eher Beschaffungsprobleme (*Sussmann 1991 a: 6*).

4.4 Die Umsatzbedeutung einzelner Lieferanten für den Bahnhofsbuchhandel

Auf der Basis der IVW-Zahlen vom IV. Quartal 2003 setzten die 100 umsatzstärksten überregionalen Titel im Einzelverkauf durchschnittlich 54,9 Mio. € pro Woche um. Zu den Top-100-Titeln im Einzelverkauf zählen fünf Tageszeitungen, vier Wochenzeitungen und 91 Publikumszeitschriften, die von 14 verschiedenen Verlagen (inklusive Vertriebstöchter) und Nationalvertrieben angeboten werden und deren Anteil am Wochenumsatz der Top-100-Titel folgende Prozentwerte aufweist:

1.	Axel Springer AG	40,5 %
2.	VKG Verlagsvertriebs KG (Bauer Verlagsgruppe)	21,2 %
3.	Burda Medien Vertrieb GmbH	11,3 %
4.	MZV Moderner Zeitschriften Vertrieb (WASO)	7,9 %
5.	Gruner + Jahr	7,7 %
6.	Spiegel Verlag	3,0 %
7.	Egmont Ehapa Verlag	2,0 %
8.	Klambt-Verlag	1,8 %
9.	Verlag Frankfurter Allgemeine Zeitung	1,4 %
10.	Süddeutsche Zeitung	1,2 %
11.	Olympia-Verlag	0,8 %

12.	Motor-Presse Stuttgart	0,6 %
13.	Stella Distribution GmbH	0,3 %
14.	Jahreszeiten-Verlag	0,3 %

„Bild" ist mit 3,8 Mio. verkauften Exemplaren pro Tag, 11,6 Mio. € Umsatz pro Woche und 21 % Anteil am Umsatz der Top 100 mit weitem Abstand die Nr. 1 im inländischen Presse-Einzelhandel. Zahlen aus dem Grossogebiet der Firma Rübartsch + Reiners, Mönchengladbach zeigen, dass die Top-100-Zeitungs- und Zeitschriftentitel 87 % des gesamten Exemplar-Absatzes und gleichzeitig 69 % des gesamten Umsatzvolumens repräsentieren, d.h. dass auf die vielen übrigen Objekte im Auslieferungsprogramm dieses Grossisten nur 13 % Exemplaranteil und 31 % Umsatzanteil entfallen (*Rübartsch + Reiners 2002: 10*).

Ähnlich wie das Presse-Grosso und der von ihm belieferte Einzelhandel macht auch der Bahnhofsbuchhandel rund 80 % seiner Umsätze mit 20 % der Titel (*medien aktuell 17/1996*). Nur stellen die restlichen 80 % aller im Präsenzsortiment des Bahnhofsbuchhandels befindlichen Zeitungen und Zeitschriften eine wesentliche größere Objekt- und Exemplarzahl dar als im allgemeinen Presse-Einzelhandel. Und die obige Rangreihe der Lieferanten verändert sich erheblich, wenn nicht nur über die Top-100, sondern über die Gesamtzahl aller Titel gerechnet wird (*dnv 4/1994: 32 f.*). „Die Menge machts", sonst nur eine Redensart, bekommt im Bahnhofsbuchhandel tatsächlich einen Sinn. Denn durch die Vielzahl vertriebsbetreuter, kleiner Titel erhöht sich die Umsatzbedeutung der Nationalvertriebe und Importeure deutlich. Allein der führende Anbieter von ausländischen Zeitungen und Zeitschriften, W.E. Saarbach in Hürth, setzt mit dem Bahnhofsbuchhandel jährlich rund 20 Mio. € um. Dies verschafft Saarbach einen Umsatzanteil von rund 9 % und einen Rangplatz unter den vier wichtigsten Lieferanten, zu denen – in Abhängigkeit vom Standort der jeweiligen Bahnhofsbuchhandlung – auch die lokale bzw. regionale Tageszeitung zählt:

1.	Axel Springer AG (inkl. ASV Vertriebs GmbH)	15,2%
2.	Gruner + Jahr	11,2 %
3.	MZV Moderner Zeitschriften Vertrieb (WASO)	11,0 %
4.	W.E. Saarbach GmbH	9,2 %
5.	VU Verlagsunion	7,7 %
6.	Burda Medien Vertrieb GmbH	7,2 %
7.	VKG Verlagsvertriebs KG (Bauer Verlagsgruppe)	4,4 %
8.	IPV Inland Presse Vertrieb	4,2 %
9.	IPS Pressevertrieb	2,5 %
10.	Süddeutsche Zeitung	2,0 %
11.	Spiegel Verlag	1,9 %
12.	Partner Pressevertrieb GmbH	1,7 %
13.	SI Special Interest	1,6 %
14.	Stella Distribution GmbH	1,5 %

4.5 Direktbezug von den Verlagen und die Vergütung der Handelsleistung durch Funktionsrabatte

Der Bahnhofsbuchhändler ist Einzelhändler. Auf der Abnehmerseite stehen ihm nur Letztverbraucher gegenüber. Einzelhändler, die Zeitungen und Zeitschriften verkaufen, werden normalerweise vom örtlich zuständigen Presse-Grossisten zu den von den Verlagen gebundenen Preisen beliefert. Im Unterschied dazu bekommen Bahnhofsbuchhandlungen, und analog auch Flughafenbuchhandlungen, ihre Zeitungen und Zeitschriften direkt von den Verlagen. Diese räumen ihnen einen Rabatt ein, der in etwa dem entspricht, den die Verlage dem Grosso (15 %) und dem Einzelhandel (19%) insgesamt gewähren (*BB-Geschäftsbericht 1991/1992: 4*). Der Direktbezug des Bahnhofsbuchhandels von den Verlagen und seine höhere Rabattierung haben eine jahrzehntelange Tradition. Sie gründen sich auf die Argumentation, dass der Bahnhofsbuchhandel durch seine spezielle Funktion, Bahnreisende mit Zeitungen, Zeitschriften und Büchern zu versorgen, mit so hohen Kosten belastet ist, dass seine Existenz nur durch die bei Direktbelieferung gewährten höheren Rabatte gesichert werden kann (*Heibey 1998: 4*).

Der den Absatzmittlern im Pressevertrieb gewährte Rabatt ist ein Tätigkeits- oder Funktionsrabatt in Prozent vom Nettowarenwert, der Leistungen vergütet, die eine Sparte für einen Titel erbringt. Vom Funktionsrabatt zu unterscheiden ist die Handelsspanne, die sich als nachträglich, im Laufe eines Geschäftsjahres ermittelte, empirische Größe aus der Differenz zwischen den Ein- und Verkaufspreisen (Summe aller Roherträge) ergibt, und die der Kostendekkung und Gewinnerzielung dient. Soll dem Grundsatz eines echten Leistungsentgelts entsprochen werden, würde das eine Anpassung der Rabatte an die unterschiedlichen Leistungen einzelner Firmen bzw. Vertriebssparten bedeuten. Die meisten Verlage jedoch räumen allen Firmen einer Vertriebsbranche die gleichen Rabatte ein. Differenzierungen ergeben sich nur zwischen verschiedenen Objekten bzw. Objektgruppen. Problematisch ist der Presse-Funktionsrabatt damit im Hinblick auf solche Unternehmen einer Vertriebssparte, die zwar den vollen Rabatt ihrer Handelsstufe realisieren, nicht aber in gleicher Weise oder in vollem Umfang die ihrer Branche entsprechenden Funktionen ausüben (*Brummund 1985: 166*). Nachdem sich die den Bahnhofsbuchhändlern eingeräumten Rabatte von Verlag zu Verlag zunächst ganz erheblich unterschieden (Dorn/Vogel 2001: 167 f.), gab es bis in die siebziger Jahre hinein einen Einheitsrabatt von 37,74 % für Zeitungen und Zeitschriften. Dann brach Gruner + Jahr mit dem „Stern" aus dem Schema aus und kürzte den Rabatt trotz steigender Leistungen des Bahnhofsbuchhandels. Ab Anfang der achtziger Jahre bestimmte eine an die Lehre des Pythagoras erinnernde Formel, nämlich A + B = C, die Rabattgestaltung vieler Verlage: Grossorabatt + Einzelhandelsrabatt = Bahnhofsbuchhandelsrabatt (*medien aktuell 11/2003: 3*).

4.6 Grossorabatt (A) + Einzelhandelsrabatt (B) = Bahnhofsbuchhandelsrabatt (C)

Die Forderung des Bahnhofsbuchhandels-Verband nach grossogleichen, von verkauften Auflagen pro Objekt und Heftfolge abhängigen Verlags-Abgabepreisen stieß bei einigen Verlagen zunächst auf Widerstand. Diese hielten dem Verband entgegen, dass die Vertriebsleistungen mit der des Grosso, insbesondere mit der flächendeckenden Verteilungsfunktion für den Presse-Einzelhandel, nicht zu vergleichen sind und so eine Addition aus Grosso- und Einzelhandelsspanne nicht zu rechtfertigen ist. Dem hielt der Verband entgegen, dass der Bahnhofsbuchhandel mit Ausnahme der Warenverteilung auf einzelne Geschäfte alle wesentlichen Grossoleistungen erbringt, während die Vertriebsleistung des BB im Einzelhandel weit über das im allgemeinen Pressehandel übliche Leistungsspektrum hinausgeht. Die Mehrleistung auf der Einzelhandelsseite, saldiert mit der Minderleistung auf der Grossoseite, so die Betriebswirtschaftliche Kommission des Verbandes (BWK), rechtfertige mindestens A + B = C.

Andere Anbieter, unter ihnen Gruner + Jahr, forderten, dass der absolute Nutzen der Copy-Preise und auch der absolute Deckungsbeitrag (Nutzen multipliziert mit der Zahl der verkauften Exemplare) stärker berücksichtigt werden müsse. Der Importeur IP Internationale Presse rechnete der BWK des Verbandes unter Einsatz bahnhofsbuchhandelseigener Kalkulationen (Danzfuß 1995) vor, daß Springers „Bild" in einer bei Auslandspresse überdurchschnittlich engagierten Bahnhofsbuchhandlung[23] die dreißigfache Exemplarmenge pro Jahr, d.h. 300

[23] Beispielsfall war die Bahnhofsbuchhandlung Theodor Schulze's, Hannover.

Tage jeweils 2800 Exemplare verkaufen müßte, um den gleichen jährlichen Rohertrag wie das hochpreisige Objekt-Sortiment des Importeurs, dessen bundesweiter Marktanteil bei unter einem Prozent lag, zu erzielen. Hintergrund des Rechenexempels war die individuell nach der Zahl der von den einzelnen Firmen abgenommenen Objekte und die nach dem Jahresumsatz der jeweiligen Bahnhofsbuchhandlung differenzierte Rabattgestaltung des Importeurs, an der er aus Motivationsgründen für leistungsschwächere Bahnhofsbuchhandlungen festhalten wollte.[24]

Die Vertreter des Verbandes räumten ein, dass der Stücknutzen und die Umschlagshäufigkeit eines Presse-Objekts für die Kalkulation eines Bahnhofsbuchhändlers durchaus eine Rolle spielt. Sie weigerten sich aber, die für vernünftig gehaltenen Ansätze bei der Bemessung der Rabatthöhe weiterzuverfolgen (*dnv 4/1997: 22*) und hielten unbeirrt an ihrer Formel fest. Auch in solchen Fällen, in denen sie aufgrund von höheren als den geforderten Rabatten Renditeschmälerungen durch Handelsspannenkürzungen hinnehmen mussten (*dnv 4/1996: 4*). Für die Beharrlichkeit der BWK, mit der sie grossogleiche Rabatte für alle Mitglieder des Bahnhofsbuchhandels forderte, gab es drei Gründe:

1. Der Heinrich Bauer Verlag hatte dem Bahnhofsbuchhandel mittels Preisbindung die Formel A + B = C für seine Titel vorgegeben bzw. vorgeschrieben. Sie ermöglichte den Bahnhofsbuchhändlern allerdings erstmals, nachvollziehbare Rationalität in eine ansonsten willkürliche Rabattsituation zu bringen.

2. Der Bahnhofsbuchhandel hatte originär keine Möglichkeit, ein eigenes Rabatt-Modell aufzustellen, während das auflagenabhängige Spannenmodell des Presse-Grosso flächendeckend funktionierte und von den meisten Verlagen akzeptiert wurde.

3. Kein anderes als das „BWK-Tabelle" genannte Rabattmodell war leichter überprüfbar, weil das Grosso, anders als der Bahnhofsbuchhandel, Möglichkeiten besaß, über firmenindividuelle Marktanteile, zwischenbetrieblichen Informationsaustausch und Hochrechnungen die bundesweite Verkaufsauflage festzustellen und zu verifizieren (*dnv 4/1996: 24; dnv 4/1997: 22*).

Nachdem die verkaufsabhängige, nur für periodisch erscheinende Zeitschriften gültige, von 36 % Rabatt (über 500.000 Expl. Verkauf) bis 50 % Rabatt (bis 20.000 Expl. Verkauf) reichende BWK-Tabelle „bis auf ganz wenige Ausnahmen" auch für den Bahnhofsbuchhandel durchgesetzt war, sprach der Verband von einem Handelsbrauch, dem sich andere Verlage nicht ohne weiteres entziehen dürften (*dnv 4/1995: 18*). Daß die Grosso-Rabatte auch Ungereimtheiten aufweisen und Trittbrettfahren seine Tücken hat, bemerkte der Bahnhofsbuchhandel zuerst nach Einführung eines neuen Remissions-Verfahrens.[25] Tageszeitungen, die aufgrund großer Stückzahlen und vieler Titel pro Erscheinungstag sowie verschiedener Lokal- und Regionalausgaben einen überdurchschnittlichen Organisations- und Remissionsaufwand nach sich ziehen, unterlagen von jeher gesonderten, bilateralen Vereinbarungen mit den betreffenden Verlagen. Die für Zeitungen dem Grosso gewährten Rabatte lagen bei 38 % bis 45 % vom Verkaufspreis und wichen zum Teil deutlich von den Zeitschriften nach unten ab. Neben dem hohen Handlingsaufwand bei Zeitungen entstanden für das KR-Verfahren hohe Investitionen und Folgekosten für den Datenaustausch. Um die erhöhten Handlings- und Remissionskosten decken zu können, forderte der Verband Deutscher Bahnhofsbuchhändler auf seiner Jahrestagung 1998 – abweichend von den Grossokonditionen – einen Zeitungs-Rabatt von 50 %, wie er auch für Zeitschriften unter 20.000 Exemplaren pro Heftfolge galt (*dnv 6/1998: 11*).

Daß grossogleiche Konditionen auch Kürzungen der Bahnhofsbuchhandelsspanne zur Folge haben können, bekam die Branche erstmals im Frühjahr 1995 zu spüren. Während Rabatt-

---

[24] IP gewährte dem Bahnhofsbuchhandel für sein Sortiment ausländischer Zeitschriften kundenindividuelle Spannen zwischen 35% und 50%, die im Mittel einen Rabattsatz von 45 % bedeuteten. Vgl. auch Dorn/Vogel: 168 Fußnote 82.

[25] Beim Verfahren der Körperlosen Remission werden den Verlagen die unverkauften Exemplare nicht physisch zurückgereicht, sondern durch Datenübertragung (EDI-PRESS) gemeldet. Die Teilnahme am Verfahren ist Voraussetzung für die Verlags-Direktbelieferung.

kürzungen in früheren Jahren, als es die Ertragspacht noch gab, automatisch zu Pachtreduzierungen führten, schlugen diese aufgrund der Umsatzpacht jetzt unmittelbar auf den Ertrag durch (*dnv 4/1995: 18*). Mit Sorge sahen die Bahnhofsbuchhändler deshalb den zum Jahresende 1997 auslaufenden Vereinbarungen zwischen den großen Verlagen und dem Grosso über die bis dahin gültige Rabatt-Struktur entgegen. Die Verlage hatten früh signalisiert, dass sie aufgrund zu hoher Renditen im Grosso (*dnv 4/1996: 24*) die Rabatte drastisch zu kürzen planten, was sich kraft „Handelsbrauch" (A+B=C) auch auf die Bahnhofsbuchhändler auswirken musste. Die Veränderung in den Grosso-Konditionen mit Wirkung zum 1.1.1998 führte im Bahnhofsbuchhandel zu einem durchschnittlichen Verlust von 1 % Handelsspanne (*dnv 6/1998: 12*). Versuche des BB-Verband, eine eigene Rabatt-Tabelle zu entwickeln, die die Besonderheiten des Bahnhofsbuchhandels berücksichtigt, scheiterten an der Komplexität der Materie, weshalb das zwischen den Verlagen und dem Grosso ausgehandelte Modell übernommen wurde und die Rabattformel A+B=C bis zu den nächsten Rabattverhandlungen Gültigkeit behielt.

4.7 Erlöse, Kosten und Betriebsergebnisse einer Modell-Bahnhofsbuchhandlung

Um das Zahlengerüst für ein Bahnhofsbuchhandels-Unternehmen aufstellen zu können, haben wir die über viele Jahre veröffentlichten Daten aus der Branche gesammelt und anhand dieser Werte versucht, die aktuelle wirtschaftliche Situation eines durchschnittlichen Betriebes mit insgesamt 3 Filialen nachzubilden und zu analysieren. Der Wochenumsatz pro Filiale soll dem Branchenmittel von netto € 15.577,- entsprechen und die Öffnungszeit jeweils 100 Wochenstunden betragen. Die folgende Übersicht zeigt die Struktur der Betriebskosten der Modell-Bahnhofsbuchhandlung im Detail:

Tabelle 1: Gesamtbetriebskosten einer Modell-Bahnhofsbuchhandlung mit 3 Filialen

Kostenart	in €uro	in €uro	in % vom Nettoumsatz	in % der Gesamtkosten
Personalkosten ohne Unternehmerlohn		396.333	16,31	47,9
Kalkulatorischer Unternehmerlohn		65.367	2,69	7,9
Gesamtpersonalkosten		461.700	19,00	55,8
Garantierte Mindestpacht (80%)	194.400			
Pacht auf Umsatz (20% von 2.430.000 €)	48.600			
Gesamtpacht		243.000	10,00	29,3
Sachkosten für Räume		12.150	0,50	1,5
Werbung und Werbeumlage (1% von der Pacht)		4.860	0,20	0,6
Gewerbesteuer		12.150	0,50	1,5
KfZ-Kosten		7.290	0,30	0,9
Fremdkapitalzinsen		7.290	0,30	0,9
Eigenkapitalzinsen		6.804	0,28	0,8
Abschreibungen		24.300	1,00	2,9
sonstige Kosten		48.600	2,00	5,9
Gesamtbetriebskosten		828.144	34,08	100,0

Der Zwang, durchschnittlich 100 Stunden pro Woche und mehr dienstbereit sein zu müssen, erfordert einen entsprechenden Personalbestand für zwei bzw. drei Schichten pro Tag. Lange Öffnungszeiten – auch nachts und an Sonn- und Feiertagen – bedingen hohe Zuschläge zu Löhnen und Gehältern, und werden deshalb häufig mit Aushilfen bewältigt. Personalkosten und der kalkulatorische Unternehmerlohn machen 19 % (bei Großbetrieben bis 23 %) des Nettoumsatzes aus. Zwischen der Deutschen Bahn AG und dem Pächter unserer Modell-Bahnhofsbuchhandlung wurde ein Pachtzins von 10 % auf den Nettoumsatz vereinbart. Seit 1998 besteht die sich daraus ergebende Pachtsumme von 243.000 € aus einer vom Bahnhofsbuchhändler garantierten Mindestpacht (80% = 194.400 €) und einer prozentualen Umsatzmiete (20% = 48.600 €). Die Pachten sind nach dem Personalkostenblock die zweitgrößte Kostenart im Bahnhofsbuchhandel. In Kostenblöcke aufgeteilt, sind die Personalkosten mit 56 %, die Pachten, Sachkosten für Räume und Abschreibungen mit 34 % und die sonstigen Betriebskosten mit 10 % an den Gesamtbetriebskosten beteiligt.

Tabelle 2: Betriebswirtschaftliches Ergebnis einer Modell-Bahnhofsbuchhandlung mit 3 Filialen

	in €uro	in Prozent
Nettowarenwert (Netto-Umsatz)	2.430.000	100,0
Wareneinkauf	1.579.500	65,0
Rohgewinn bzw. Handelsspanne	850.500	35,0
steuerliche Kosten	755.973	31,1
steuerlicher Gewinn	94.527	3,9
kalkulatorischer Unternehmerlohn	65.367	2,7
Eigenkapitalverzinsung	6.804	0,3
Betriebsergebnis bzw. Umsatzrendite	22.356	0,9

Unter Einrechnung aller (auch kalkulatorischen) Kosten verbleibt vom Waren-Rohertrag bzw. von der Handelsspanne, die mit 35 % vom Nettowarenwert dem Grosso-Rabatt entspricht, ein Betriebsergebnis von rund 23.000 € bzw. eine Umsatzrendite von knapp 1 Prozent. Nur noch wenige Bahnhofsbuchhandlungen weisen Renditen von mehr als 1 % aus *(Gilgen/Güntert 1998: 6; FAZ v. 29.4.1997)*, die meisten liegen darunter oder erwirtschaften Verluste. Das seit 1998 gültige System, bei dem der Bahnhofsbuchhändler der DB AG 80 % seiner Pacht garantiert, ist wirtschaftlich nicht gerechtfertigt, weil es das Betriebsergebnis noch weiter beeinträchtigt und die Gesamtpacht bei fallenden Umsätzen prozentual erhöht.

Nehmen wir einmal an, dass die Umsätze der Bahnhofsbuchhandlung in unserer Beispielsrechnung wegen abnehmender Kundenfrequenzen infolge Umbau des Bahnhofsgebäudes um 30 % zurückgehen. Dann steigt die Gesamtpacht in Prozent vom Umsatz von 10 % auf 11,4 % an. Gleichzeitig steigen die Gesamtbetriebskosten von 34 % auf 46 % des Umsatzes und das Betriebsergebnis und die Umsatzrendite gehen ins Minus:

Tabelle 3: Betriebswirtschaftliches Ergebnis einer Modell-Bahnhofsbuchhandlung mit 3 Filialen bei 30 % Umsatzrückgang

	in €uro	in Prozent
Nettowarenwert (Netto-Umsatz)	1.701.000	100,0
Wareneinkauf	1.105.650	65,0
Rohgewinn bzw. Handelsspanne	595.350	35,0
steuerliche Kosten	707.373	41,6
steuerlicher Gewinn	-112.023	-6,6
kalkulatorischer Unternehmerlohn	65.367	3,8
Eigenkapitalverzinsung	6.804	0,4
Betriebsergebnis bzw. Umsatzrendite	-184.194	-10,8

Noch bedrohlicher wird die Situation, wenn die Bahn nach Ablauf der Pachtperiode, ermuntert durch einen forschen oder unerfahrenen Mitbieter, die Gesamtpacht prozentual von 10 % auf 13 % anhebt, ein neuer Pächter den Zuschlag erhält und der bisherige Bahnhofsbuchhändler eine seiner drei Filialen abgeben muß. Der Mehrumsatz, der notwendig wäre, um den Ausfall zu kompensieren, ist eine Illusion. Also muß der Bahnhofsbuchhändler Kosten sparen und umgehend Mitarbeiter entlassen, weil die Personal- und Gesamtbetriebskosten in Relation zum Umsatz weiter zunehmen und das betriebswirtschaftliche Ergebnis sonst einen negativen sechsstelligen Betrag anzunehmen droht:

Tabelle 4: Betriebswirtschaftliches Ergebnis einer Modell-Bahnhofsbuchhandlung mit 3 Filialen nach Schließung einer Filiale

	in €uro	in Prozent
Nettowarenwert (Netto-Umsatz)	1.620.000	100,0
Wareneinkauf	1.053.000	65,0
Rohgewinn bzw. Handelsspanne	567.000	35,0
steuerliche Kosten	707.373	43,7
steuerlicher Gewinn	-140.373	-8,7
kalkulatorischer Unternehmerlohn	65.367	4,0
Eigenkapitalverzinsung	6.804	0,4
Betriebsergebnis bzw. Umsatzrendite	-212.544	-13,1

4.8 Zwischen Skylla und Charybdis oder: Subventionieren die Verlage die Deutsche Bahn AG?

Der Bahnhofsbuchhandel ist nicht nur ein bedeutender Imageträger der Deutschen Bahn AG, er bringt ihr auch überdurchschnittlich hohe Pachteinnahmen ein. Das Euro-Handelsinstitut (EHI) hat für die insgesamt 4.700 Servicebetriebe mit einer Gesamtverkaufsfläche von 700.000 Quadratmetern einen Jahresumsatz von 1,5 Mrd. € ermittelt *(Hallier 1993: 21)*. Die Flächenleistung im Bahnhof beträgt mithin durchschnittlich 2.044.- € je Quadratmeter und Jahr. Bei einem jährlichen Pachtaufkommen von insgesamt 154,2 Mio. € liegt die durchschnittliche Pacht bei 220.- € je Quadratmeter.

Die an den Bahnhofsbuchhandel insgesamt verpachtete Verkaufsfläche wird vom Verband Deutscher Bahnhofsbuchhändler nicht erhoben. Man kann sich ihr aber über die in der Statuserhebung von 1994 ausgewiesene Durchschnittszahl von 72,4 Quadratmeter je Verkaufsstelle (*VDZ 1995: 4*) nähern, indem man durchschnittlich 15 % Wachstum durch die seit dieser Zeit realisierten Bahnhofsrenovierungen und -umbauten hinzuaddiert. Multipliziert mit der Zahl der Betriebe ergibt dies eine Verkaufsfläche von insgesamt 36.220 Quadratmetern. Darauf erzielt der Bahnhofsbuchhandel einen Jahresumsatz von 340 Mio. € und einen Quadratmeterumsatz von 9.400.- €, was die 4,5-fache Flächenleistung eines durchschnittlichen Servicebetriebes beträgt. Den guten Umsatzchancen mit Buch- und Presse-Produkten entsprechen die hohen Pachten der DB Station & Service AG: Auf 5 % der Fläche generiert der Bahnhofsbuchhandel jährlich 37 Mio. € Pacht für die Deutsche Bahn AG (*BB-Geschäftsbericht 2003: 12*). Das sind 24 % des Gesamtvolumens (*dnv 4/1999: 24*) und 1.021.- € Pacht je Quadratmeter, was verglichen mit den übrigen Servicebetrieben, die durchschnittlich 220.- € je Quadratmeter zahlen, ein absoluter Spitzenwert ist.

Den überdurchschnittlich hohen Pachtsatz für Zeitungen und Zeitschriften kennen natürlich auch die Verlage, die sich von Zeit zu Zeit die Frage stellen, ob die Pachten, die den Bahnhofsbuchhandlungen abverlangt werden, angemessen sind (*VDZ 1984: 6*). Denn schließlich können Pachten in dieser Höhe nur deshalb erwirtschaftet werden, weil durch den Direktbezug von den Verlagen eine wesentlich höhere Handelsspanne entsteht als beim Bezug vom Grosso. Um die Leistungsfähigkeit des Bahnhofsbuchhandels nicht nur zu erhalten, sondern gegenüber dem allgemeinen Einzelhandel weiter auszubauen und die besseren Konditionen kartellrechtlich rechtfertigen zu können, nehmen die Verlage direkt oder indirekt Einfluß auf die Geschäftsbeziehung zwischen Bahn und Bahnhofsbuchhandel. Angesichts der hohen Pachtbelastungen für den leistungsstärksten Verkäufer von Presseerzeugnissen in Deutschland hat der VDZ einige Male deutlich gemacht, dass die Verlage nicht bereit sind, die Bahn durch überhöhte Rabatte zu subventionieren. Die Bahn dürfe nicht das Ziel verfolgen, ihre Erlöse zu maximieren, wenn dadurch die Leistungen des Bahnhofsbuchhandels Schaden nehmen. Die Bahn sauge einen Großteil der für die Mehrleistungen gewährten Rabatte ab und wirke dadurch den Interessen der Verlage entgegen. Da der Bahnhofsbuchhandel durch die Forderungen der Bahn und Veränderungen in den Grosso-Konditionen durchschnittlich zu stark belastet wird, haben sich die Verlage verschiedentlich für eine Reduzierung der Pachten eingesetzt und diese auch erreicht. So führte beispielsweise 1998 die Absenkung der Grosso-Rabatte zu einer durchschnittlichen Kürzung der Handelsspanne von 1 % im Bahnhofsbuchhandel, auf die die Deutsche Bahn AG in einzelnen Fällen mit leichten Pachtzins-Reduzierungen reagierte (*medien aktuell 20/1998*). Mit diesem Angebot war der Bahnhofsbuchhandel jedoch insgesamt nicht zufrieden, weil der mit der Spannenabsenkung verlorengegangene Waren-Rohgewinn damit bei weitem nicht kompensiert werden konnte (*dnv 6/1998: 12*).

Der Bahnhofsbuchhandel ist nach vielen Jahren auskömmlicher Existenz in die Klemme geraten, zwischen „Skylla und Charybdis", wie der langjährige Verbandsvorsitzende, Konrad Wittwer, dies einmal in Anlehnung an Homer formulierte.[26] Er befindet sich in einer Zwickmühle von steigenden Pachten und tendenziell fallenden Handelsspannen, d.h. er hängt an einem seidenen Faden, den nicht er, sondern seine Geschäftspartner, Deutsche Bahn AG und Verlage „spinnen". Von Konrad Wittwer stammt auch der Satz: „Wer (...) in die Zukunft investieren will, braucht ... ein betriebswirtschaftliches Ergebnis mit einem Plus vor der Zahl und mindestens einer vier vor dem Komma." (*Wittwer 1990: 53*) Davon ist der Bahnhofsbuchhandel heute weiter entfernt als jemals zuvor. Betrachtet man die Entwicklung seiner Handelspanne, stellt man fest, dass sie über lange Zeit relativ konstant geblieben ist (*dnv 4/1986: 64 ff.;*

[26] Skylla und Charybdis waren nach der griechischen Mythologie zwei Ungeheuer, die Odysseus jeweils zu einer Seite der Meerstrasse von Messina bedrohten.

Wittwer 1990: 52 ff; BB-Geschäftsbericht 1991/1992: 4). Rabattabsenkungen konnten durch Ausweitung des Buchbereichs, später durch die Formel A+B=C ausgeglichen werden.

Mitten im Internet- und Online-Boom, nach Abschluß des Geschäftsjahres 1997, stellte der Bahnhofsbuchhandel ein flächenbereinigtes Umsatzminus von 3 % und einen Rückgang der Kundenfrequenz um 4 % fest. Dies war der erste (nominelle) Rückgang der umsatzverwöhnten Branche seit 50 Jahren! Ein Jahr später musste der Bahnhofsbuchhandel das zweite flächenbereinigte Umsatzminus (2%) in Folge hinnehmen. Eine Umfrage unter den Verbandsmitgliedern ergab, dass die Rückgänge sowohl den Presseverkauf als auch das Buchsegment betrafen. Auf der Jahrestagung in Ulm informierte der Verband, dass der Umsatz des Bahnhofsbuchhandels im Jahr 2000 um 1,25 % gegenüber dem Vorjahr zurückgegangen ist und in den ersten drei Monaten des Jahres 2001 sogar um minus 3,4 Prozent.

Das Ende der Boomphase im „Neuen Markt" ab der zweiten Jahreshälfte 2000 hatte deutliche Spuren im Anzeigengeschäft der Verlage, aber auch im Bahnhofsbuchhandel hinterlassen. Rezession, Kaufzurückhaltung und nachgebende Fahrgastzahlen bei der Deutschen Bahn AG führten 2002 zu weiteren Umsatzrückgängen um durchschnittlich 6,5 Prozent (*dnv 24/2002: 14*). Gestiegene Personalkosten und ein neuer Überwälzungs-Modus für die Raum-Nebenkosten, die bei schwindenden Buch- und Presseumsätzen zu Mehrbelastungen von 25 Mio. € bzw. einer durchschnittlichen Pachterhöhung von 20% geführt hätten (*medien aktuell 20/2000: 3*), signalisierten allen Beteiligten, dass die Existenz vieler Bahnhofsbuchhändler bedroht ist und die Zukunft der gesamten Sparte auf des Messers Schneide steht.

Besonders die Betriebsergebnisse der kleineren, inhabergeführten Firmen unter 1 Mio. € Umsatz p.a. waren kritisch. Ihre Ertragssituation hatte sich in den Jahren nach der Bahnreform kontinuierlich verschlechtert. Betriebswirtschaftliche Auswertungen ergaben, dass einige Firmen Pachten bis zu 15 % vom Umsatz bezahlten. Der von Harm Bretz initiierte „Arbeitskreis Unternehmensentwicklung" forderte, die Pachtzinssätze um fünf bis sechs Prozent zu senken, was in Einzelgesprächen mit der Bahn auch gelang (*BB-Geschäftsbericht 1998: 12*). Dennoch fürchtete der Arbeitskreis, dass es infolge der Kostenexplosion und Belastung durch die Erfüllung der von den Verlagen geforderten Leistungskriterien bei gleichzeitig sinkenden Spannen in ein paar Jahren keine kleinen Bahnhofsbuchhandlungen mehr geben wird (*dnv 6/1998: 14*), wenn nicht umgehend Gegenmaßnahmen eingeleitet werden.

Hochauflagige Boulevard-Titel wie „Bild" gewährten bis Ende 2002 einen Rabatt von 13,30 % für das Grosso und 18,31 % für den Einzelhandel, also eine Gesamtvergütung von 31,61 %, die auch für den Bahnhofsbuchhandel galt. Als der Springer Verlag im April 2002 auf drei regionalen Vertriebstagungen dem Presse-Grosso seine Vorstellungen für die Neugestaltung seiner Zeitungs- und Zeitschriften-Rabatte präsentierte, wurde nicht allein das Grosso, sondern auch der Bahnhofsbuchhandel geschockt (*dnv 10/2002: 68*). Dessen Verband änderte die Strategie und forderte die Aufrechterhaltung der bisherigen Rabatt-Struktur unabhängig davon, welche Vereinbarungen zwischen den Verlagen und dem Presse-Grosso getroffen werden. Wenn dadurch eine Abkoppelung von der bisherigen Rabattformel A+B=C erfolge, müsse dies hingenommen werden, weil die Kosten im Bahnhof fix seien und die wirtschaftliche Situation der Branche eine weitere Ergebnisschmälerung nicht zulasse (*BB-Geschäftsbericht 2002: 10 f.*). Der Verbands-Vorsitzende Stirnberg erklärte sich mit dem Presse-Grosso solidarisch und forderte die Verlage auf, die gültigen Rabatte unangetastet zu lassen, „um nicht das gesamte Vertriebsystem von Zeitungen und Zeitschriften (...) ins Wanken zu bringen." (*G. Stirnberg, zitiert in medien aktuell 18/2002: 11*).

Der Appell des Verband Deutscher Bahnhofsbuchhändler stimmte viele Verlage nachdenklich. Relativ unbeeindruckt hingegen reduzierte Axel Springer den Grosso-Rabatt für „Bild" mit Wirkung zum Jahresbeginn 2003 von 13,30 % auf 10,60 % (*dnv 3/2003: 3*), nachdem er bereits im Dezember 2002 die Zeitschriften-Rabatte gekürzt und auch im Bahnhofsbuchhandel auf eine Sonderregelung für „Bild" bestanden hatte (*dnv 6-7/2003: 21*). Allein die Spannenabsenkung bei „Bild“ bedeutete einen jährlichen Rohertragsverlust von 9,7 Mio. € für das Grosso. Für den Bahnhofsbuchhandel fiel er mit rund 200.000 € aufgrund des nur 2%igen Anteils der Sparte am Bild-Umsatz verhältnismäßig gering aus. Für alle anderen Springer-Titel und mit allen anderen Verlagen gelang es dem Verband Deutscher Bahnhofsbuchhändler, die Rabatte bis auf weiteres auf dem alten Niveau einzufrieren, nachdem der Vorstand in persönlichen Gesprächen und mit einem Positionspapier auf die existenzbedrohenden Konsequenzen einer Rabattkürzung aufmerksam gemacht hatte (*dnv 24/2002: 7*). Mit dem Moratorium folgten die Verlage den Argumenten des Vorstands und verschafften den Bahnhofsbuchhändlern so eine Verschnaufpause bis zur Entscheidung über ein neues Rabatt-Modell (*BB-Geschäftsbericht 2002: 16*).

II. BAHNHOFSBUCHHANDELS-KRITERIEN

Im Vergleich zum grossobelieferten, allgemeinen Einzelhandel nimmt der Bahnhofsbuchhandel aufgrund seiner Direktbelieferung eine konditionenmäßige Besserstellung ein. Obwohl dieses Privileg im Prinzip nie angegriffen wurde, ergaben sich bei der Abgrenzung des Bahnhofsbuchhandels dennoch vielfältige Probleme, die erheblichen kartellrechtlichen Zündstoff enthielten. Verlage als preisbindende Unternehmen dürfen gemäß § 20 Abs. 1 GWB ihre Abnehmer ohne sachlich gerechtfertigten Grund nicht unmittelbar oder mittelbar unterschiedlich behandeln. Sie unterliegen in ihrer Preis- und Verwendungsbindung der Missbrauchsaufsicht des Bundeskartellamtes (§ 17 GWB). Wenn auch Einzelhandelsfirmen, die – wie Spezialverkaufsstellen – die Kriterien für eine Bahnhofsbuchhandlung nicht erfüllen, direkt beliefert werden, kann hierin eine Diskriminierung der grossobelieferten Einzelhändler liegen (*Wallenfels 1974: 3*).

Presse-Einzelhändler dürfen nur dann einen höheren als den üblichen Rabatt gewährt bekommen, wenn es für die Konditionendifferenzierung sachlich gerechtfertigte Gründe wie z.B. einen wesentlichen Leistungsunterschied gibt, der auch eine spezifisch belastende Kostenstruktur nach sich zieht. Hält ein Verlag es für sinnvoll, auch Einzelhändler, die nicht Bahnhofsbuchhändler sind, direkt zu beliefern, so steht ihm diese Entscheidung frei. Weicht der Verlag jedoch von dem im Pressevertrieb üblichen System einer Belieferung des allgemeinen Einzelhandels über das Presse-Grosso ab, so kann er nach dem Gleichbehandlungsgrundsatz von gleichartigen Einzelhandelsfirmen ebenfalls zu einer direkten Belieferung gezwungen werden. Es bleibt der Entscheidung eines einzelnen Verlages überlassen, ob und welche Zeitungen und/oder Zeitschriften er direkt an den Einzelhandel liefert. Dies kann jedoch zur Konsequenz haben, dass er alle Einzelhändler direkt beliefern muß.

Das Bundeskartellamt hatte bereits Mitte der sechziger Jahre die Direktbelieferung und die höheren Verlagsrabatte zum Gegenstand einer Untersuchung gemacht *(Vgl. Geschäfts-Nr. B4-745100-V-215/66)*. Nach Abschluß der Prüfung musste es einräumen, dass die aus der Sortimentsfunktion, längeren Öffnungszeiten, den Auflagen der Deutschen Bundesbahn und der damit zusammenhängenden spezifischen Kostenstruktur argumentierte Besserstellung des Bahnhofsbuchhandels gegenüber allgemeinen Presse-Einzelhändlern nicht diskriminierend, sondern sachlich gerechtfertigt ist (*Brummund 1985: 86*). Ein Wegfall der Direktbelieferung hätte einen derartigen Verlust an Servicequalität im Bahnhof bedeutet, dass auch das Bundeskartellamt das Interesse der Verlage und der Bahn anerkannte, dass der Bahnhofsbuchhandel mittels höherer Rabatte wirtschaftlich in der Lage sein muß, die mit der Erfüllung der Auflagen verbundenen Kosten zu tragen.

1. Aktion „Käseglocke" (Die Entwicklung von 1969 bis 1975)

Die Umstände der in den sechziger Jahren zum Teil noch völlig ungeordneten Pressevertriebsverhältnisse ermöglichten es einer kleinen Anzahl von Einzelhändlern, mit Zustimmung der Verlage einen Sonderstatus zu erlangen und auf diese Weise in den Genuß der höheren Bahnhofsbuchhandelsspanne zu kommen (*Dreppenstedt 1969: 245 f.*). Im Jahre 1969 gründete der Frankfurter Bahnhofsbuchhändler Hermann Montanus zusammen mit der Luxemburger Beteiligungsgesellschaft General Shopping die Montanus Aktuell GmbH & Co. KG, die nach Frankfurt und München sehr schnell 16 weitere Läden, sogenannte „Informationszentren", eröffnete, und nach einem damals völlig neuartigen Selbstbedienungskonzept Bücher, Presse und Tonträger in einem Verkaufsraum nebeneinander platzierte (*Distripress Congress News 2/1970: 49 ff.*).

Wiederholte Beschwerden der Presse-Grossisten wegen Grossierens durch Bahnhofsbuchhändler, d.h. Versuche, eigene Stadtgeschäfte oder Wiederverkäufer aus den Bahnhofsbuchhandels-Kontinuationen zu beliefern, führten im Dezember 1969 zu einer, „Käseglockenregelung" genannten, Vereinbarung, mit der die Verlage und die Verbände der Grossisten und Bahnhofsbuchhändler den Status quo des Bahnhofsbuchhandels einzufrieren versuchten (*Kripahle 1975: 2*). Buchhandlungen auf U-Bahngelände, auf S-Bahngelände und in Flughäfen konnten ebenso wie Einzelhändler auf bahneigenem Gelände, Omnibusbahnhöfen und in öffentlichen Gebäuden direkt beliefert werden, wenn ein Pachtvertrag mit der Bahn oder mit einer Stadt- bzw. Flughafenverwaltung bestand. War dies nicht der Fall, mußte die Belieferung, auch bei der Einrichtung oder Übernahme allgemeiner Einzelhandelsgeschäfte durch Bahnhofsbuchhändler, indirekt übers Grosso erfolgen.

Diese Kompromissformel brachte keine dauerhafte Klärung, weil sie rein formal auf das Vorliegen (irgend) eines Pachtvertrages abstellte, sich aber nicht am Inhalt der Verträge hinsichtlich der spezifischen Kostenbelastung des Bahnhofsbuchhandels orientierte. Einzelne Missbräuche und die Sorge, dass die Direktbelieferung der sog. Stadtgeschäfte der Bahnhofsbuchhändler, die schon vor dem Kompromiß bestanden, kartellrechtlichen Angriffen infolge der Aufhebung der Preis- und Verwendungsbindung für Markenartikel und einer möglichen Verschärfung der Missbrauchsaufsicht nicht standhalten könnte (*Kripahle 1975: 2 f.*), führte auf Anregung des Verband Deutscher Bahnhofsbuchhändler zu einem Gutachten, das die kartellrechtlichen Gesichtspunkte dieser Frage untersuchte (*Wallenfels 1974*).

Frühere Ermittlungen des Bundeskartellamtes hatten zu dem Ergebnis geführt, dass der Bahnhofsbuchhandel im Hinblick auf die Sortimentsbreite, die Öffnungszeiten und die -spezifische Kosten verursachenden- Auflagen der Bahn zusätzliche Leistungen erbringt, die eine Sonderstellung und unterschiedliche Behandlung gegenüber dem grossobelieferten Einzelhandel sachlich rechtfertigen (*Brummund 1985: 86, Fußnote 1*). Ziel des neuerlichen Anlaufs, eine kartellrechtliche Risiken vermeidende Begriffsbestimmung für den Bahnhofbuchhandel zu finden, war es, zusätzliche pachtvertragliche Leistungen des Bahnhofsbuchhändlers im Interesse der Reisenden zu begründen, um den Direktbezug von den Verlagen rechtlich zu stützen. Danach sollte es allein auf die durch die Funktion des Bahnhofsbuchhandels bedingte Sonderstellung mit entsprechend ungünstiger Kostenstruktur und nicht auf formale Begriffe wie die örtliche Lage des Geschäftes oder die Geltung des Ladenschlussgesetzes ankommen.

In ihrem Gutachten für den Verband Deutscher Bahnhofsbuchhändler kamen Dieter Wallenfels und Harald Wauschkuhn unter Berücksichtigung der Stellungnahme des Bundeskartellamtes zu dem Ergebnis, dass die preisbindenden Verlage diejenigen Verkaufsstellen ohne Verstoß gegen das Diskriminierungsverbot (des § 26 Abs. 2 GWB a.F.) zu Konditionen des Bahnhofsbuchhandels beliefern können, die als Nebenbetriebe der Deutschen Bundesbahn geführt werden und entsprechende Pachtverträge mit der Bahn nachweisen. Das Gleiche gelte für die Belieferung von Verkaufsstellen auf Flughäfen, auf S-Bahn- und U-Bahnhöfen sowie auf kommunalen Verkehrseinrichtungen, wenn der Pächter nachweist, dass ihm zur Versorgung der Reisenden vertraglich gleichgeartete zusätzliche Verteilerleistungen auferlegt werden (*Wallenfels 1974: 9f.*). Die Abgabe von Presseerzeugnissen zu Bahnhofsbuchhandels-Konditionen hingegen, die in anderen Angebotsstellen zum Verkauf kommen, stelle einen Verstoß gegen § 26 Abs. 2 GWB a.F.[27] und damit eine Gefährdung der Preisbindung dar (*Wallenfels 1974: 12*).

Weil nur bei Beachtung der im Wallenfels-Gutachten genannten Kriterien durch die Verlage damit zu rechnen war, dass das Bundeskartellamt die Vertriebs- und Verwendungsbindung nicht in Frage stellt, ergaben sich für den Bahnhofsbuchhandel Härten und Einschränkungen. Die bisherige Praxis war zu großzügig gehandhabt worden und einige Bahnhofsbuchhändler (Bettenhausen, Montanus, Wittwer, Schmitt & Co. u.v.a.) hatten auch für ihre Stadtgeschäfte von dem Vorteil des Direktbezuges profitiert.[28] Nach Vorlage des Gutachtens wurden sämtliche Mietgliedsverlage der Fachgruppe Allgemeine Zeitschriften im VDZ und der Verband Deutscher Bahnhofsbuchhändler aufgefordert, „zur Erhaltung der Preisbindung möglichst schnell klare Verhältnisse (zu) schaffen“ (*Kripahle 1975: 10*). Bahnhofsbuchhändlern mit Stadtgeschäften, die die Kriterien nicht erfüllten, wurde mitgeteilt, dass sie ab 1.7.1975 ihren Bedarf für die von der Maßnahme betroffenen Verkaufsstellen durch den zuständigen Grossisten beziehen müssen (*Staudenmaier 1975: 2*).

Davon betroffen waren 27 Bahnhofsbuchhandlungen mit über 90 Angebotsstellen, deren Anteil am Gesamtverkauf teilweise bis zu 70 % betrug und deshalb erheblichen Widerstand bei einzelnen BB-Unternehmen auslöste. Der Anwalt des Kölner Bahnhofsbuchhändlers Gerhard Ludwig erwiderte auf die Mitteilung der Verlage, die Liefermengen für zwei Stadtgeschäfte künftig beim zuständigen Grossisten abfordern zu müssen, dass die aus dem Wallenfels-Gutachten gezogenen Forderungen nicht zuträfen. Für beide Verkaufsstellen bestünden langjährige Lieferbeziehungen, auf deren Fortsetzung vertraut werden könne, zumal sich an der Rechtslage seit Inkrafttreten des Kartellgesetzes nichts geändert habe. Noch schwerwiegender empfand Ludwig den Umstand, dass er gezwungen wäre, ein und dasselbe Produkt statt wie bisher bei einem, künftig bei zwei verschiedenen Lieferanten zu beziehen. Zu berücksichtigen sei auch, dass die Durchsetzung der Verlagsforderung dazu führen würde, dass der Bahnhofsbuchhändler praktisch bei seinem Konkurrenten beziehen müsse, der selbst eigene Geschäfte im Kölner Stadtgebiet betreibe.

Zunächst sah Ludwig keinen Anlaß, allein aufgrund des Gutachtens von den langjährig bestehenden Gegebenheiten abzugehen (*Tessin 1975: 3*), denn sein Kollege Pattloch aus Aschaffenburg argumentierte in die gleiche Richtung: Der Anlass für die Umstellung auf Grossobelieferung sei nicht im Diskriminierungsverbot zu suchen, sondern auf „Beschwerden aus dem Bereich des Zeitschriftengroßhandels“ zurückzuführen (*Kunze 1975: 3*). Liefervereinbarungen würden deshalb getroffen, damit die Beteiligten eine Grundlage für ihr wirtschaftliches und rechtliches Handeln hätten, und nicht, um auf den Druck eines an Gewinnmaximierung interessierten Großhandels einseitig abgeändert zu werden. Eine Reihe von Grossisten betreibe Stadtgeschäfte in eigener Regie und es sei undenkbar, dass eine Vertriebsbindung zu Lasten weniger auf Kosten einer jahrzehntelangen Übung und Vertragspraxis durchgesetzt werden könne, die der daran interessierte Großhandel selbst nicht einhalte (*Kunze 1975: 10*). Pattloch lehnte eine Belieferung seiner Stadtgeschäfte durch den gebietszuständigen Würzburger Presse-Grossisten kategorisch ab und stellte angesichts latenter Drohungen, die er der Diktion des Wallenfels-Gutachtens zu entnehmen glaubte, in Aussicht, das Bundeskartellamt über den

---

[27] Das Gesetz gegen Wettbewerbsbeschränkungen wurde durch die 6. GWB-Novelle von 1998 grundlegend verändert. § 26 Abs. 2 in der alten Fassung ist § 20 Abs. 1 geworden.

[28] Dies traf in besonderem Maße auf die Firma Stilke zu, die insgesamt 40 Geschäfte im Stadtgebiet von Hamburg und Berlin aus den Kontinuationen ihrer Bahnhofsbuchhandlungen bediente. Vgl. Kripahle 1975: Liste 2.

Vorgang zu informieren (*Kunze 1975: 10*). Weitere betroffene Bahnhofsbuchhändler vermieden die direkte Konfrontation mit den Verlagen und reagierten abwartend auf den Ausgang des Konflikts in Köln und Aschaffenburg.

Nachdem mehrere Verlage bzw. deren Rechtsabteilungen den Bahnhofsbuchhändlern klarzumachen versucht hatten, dass ihre Ausführungen angreifbar sind und ihr juristischer Standpunkt einer gerichtlichen Überprüfung nicht standhalten würde, gaben sie ihren Widerstand gegen die Lieferumstellung sukzessive auf. Ludwig, der nachträglich, wenn auch letztlich vergebens für seine Stadtgeschäfte einen Pachtvertrag mit der Bahn abzuschließen versucht hatte, gab eines der Geschäfte auf und ließ das zweite ab 1.1.1976 durch den zuständigen Kölner Grossisten beliefern (*Ludwig 1975: 1*).

1.1 Montanus Aktuell

Das Management der Firmengruppe Montanus, die Ende 1970 über rund 50 Bahnhofsbuchhandlungen, Sortimentsbuchhandlungen und Informationszentren verfügte, plante für die kommenden Jahre die Einrichtung von 15 bis 20 weiteren Outlets pro Jahr (*Distripress Congress News 2/1970: 49*). Hermann Montanus glaubte, dass etwa 80 bis 100 kombinierte Presse-, Buch- und Schallplatten-Läden in Deutschland über eine Basis verfügten, die eine gesunde Ertragskalkulation gestattet. Montanus spielte für Verlage mit kleinen und mittleren Auflagen und Verleger von Special-Interest-Titeln eine wichtige Rolle für vertriebliche, werbliche und verkaufsfördernde Dispositionen, weil nur in den „Montanus Aktuell" - Pressezentren alle Zeitungen und Zeitschriften in Vollsicht angeboten wurden. Montanus Buch- und Presseläden in den Zentren großer und mittlerer deutscher Städte galten als Ausstellungsorte für die wichtigsten deutschen und internationalen Zeitungen, Zeitschriften und Bücher. Sie waren eine notwendige und logische Ergänzung zum Kiosk, der als Schnelleinkaufsstätte mit relativ kleiner Auswahl angesehen wurde. Durch die Zusage an die Verlage, ihren Titeln im Rahmen des Gesamtkonzeptes einen repräsentativen Platz einzuräumen, gelang es Hermann Montanus, auch in den Pressezentren zu Bahnhofsbuchhandels-Konditionen direktbeliefert zu werden.

Die von ihm erdachte Konzeption einer Einzelhandels-Filial-Kette nach den Bedingungen des mit starker Passantenfrequenz rechnenden Bahnhofsbuchhandels wurde jedoch sehr bald zum eigentlichen Problem von „Montanus Aktuell". Die Organisationsstrukturen des Bahnhofsbuchhandels erwiesen sich für ein schnell wachsendes und bundesweit operierendes Filialunternehmen als nicht geeignet. Das führte dazu, daß Montanus Partner, General Shopping, seine Anteile 1971 an den Constanze-Verlag John Jahr KG verkaufte (*Brummund 1985: 102*). John Jahr, dessen Beteiligung bis 1978 durch Kredite, die später in Kommanditanteile umgewandelt wurden, auf 83 % angewachsen war, verkaufte 1979 an Hussel. Montanus Aktuell verfügte Ende 1979 über 45 Filialen und erzielte einen Jahresumsatz von rund 26 Mio. Euro. Die kapitalkräftige und über umfangreiches Know-how im Filialgeschäft verfügende Hussel Holding AG trat im Juli 1979 nach einer Veränderung der Gesellschaftsverhältnisse mit einer Beteiligungsquote von 75 % bei Montanus Aktuell ein. Die übrigen 25 % wurden vom bisherigen Hauptgesellschafter, der John Jahr KG, übernommen.[29] Hermann Montanus schied aus dem Unternehmen aus und ging im November 1982 zu allem Übel auch noch mit der Bahnhofsbuchhandlung (11 Filialen im Hauptbahnhof Frankfurt und 5 Filialen im Rhein-Main-Flughafen) in Konkurs (*Schmitt/Hahn 1991: 148*).

Daß der Firmengründer aus dem Unternehmen ausscheiden musste, rührt daher, daß die großen deutschen Zeitungs- und Zeitschriftenverlage ihre Direktbelieferungszusage sukzessive

---

[29] Im Zuge einer konzernweiten Beteiligungsoptimierung kaufte die Hussel-Nachfolgerin, die Douglas AG, im Jahr 1999 auch die restlichen 25 Prozent. Vgl. dnv 3/1999: 48.

zurücknahmen und auf den Bezug über den jeweils zuständigen Presse-Grossisten verwiesen (*Brummund 1985: 103*). In einigen Fällen lehnte Montanus dies ab und verlangte die Wiederaufnahme der Direktbelieferung zu BB-Konditionen, weil das Unternehmen meinte, im Vergleich zum allgemeinen Presseeinzelhandel besondere Leistungen (umfangreiches Presseangebot mit 1300 Titeln, davon 700 aus dem Ausland, vollflächige Präsentation usw.) zu erbringen. Als Gruner + Jahr Montanus Aktuell ab 1.7.1976 zum Grossobezug aufforderte, beantragte das Filialunternehmen eine Untersagungsverfügung beim Bundeskartellamt (*Brummund 1985: 103*). Der Verlag konnte jedoch als sachlich gerechtfertigten Grund geltend machen, dass bei einer Wiederaufnahme der Direktbelieferung mit Gleichbehandlungsansprüchen anderer Einzelhandels-Filialisten zu rechnen sei.

2. Leistungserwartungen an den Bahnhofsbuchhandel (Die Entwicklung ab 1981)

Der Bahnhofsbuchhandel ist ein auf Presseerzeugnisse spezialisierter Einzelhandel mit hoher Umsatzbedeutung. Der Bahnhofsbuchhandel ist für alle, im wesentlichen aber für alle kleinen und mittleren Zeitungs- und Zeitschriftentitel von eminent wichtiger Bedeutung. Wo sonst sollten sie angeboten, wo sonst verkauft werden können, wenn nicht in diesen kunden- bzw. umsatzstarken Verkaufsstellen? Trotz der Überlegenheit des Bahnhofsbuchhandels gegenüber dem allgemeinen Presse-EH war die Sicherstellung des Angebots kleinauflagiger Objekte bis tief in die achtziger Jahre hinein nicht an allen Orten gewährleistet. Zwar boten die meisten BB-Firmen aufgrund ihrer Käuferstruktur ein wesentlich breiteres Presseangebot als der örtliche Einzelhandel an, kleinauflagige Objekte und Newcomer wurden aber längst nicht alle und nicht von allen Bahnhofsbuchhändlern ins Sortiment aufgenommen oder waren nur durch zusätzliche Rabatte oder anderweitige Zugeständnisse ins Angebot zu bekommen (*Sondermann 1973: 264*). Wie in jedem anderen, nach kaufmännischen Gesichtspunkten geführten Einzelhandelsbetrieb, wurde auch im Bahnhofsbuchhandel jedes Produkt nach seinen Verkaufschancen und dem angebotenen Rabatt überprüft. Schien dem Bahnhofsbuchhändler beides nicht zu genügen, nahm er ein entsprechendes Presseerzeugnis gar nicht erst auf. Auch gegenüber größeren Verlagen, die häufig über eine Niedrigpreis-Strategie versuchten, Wettbewerbern EV-Käufer abzujagen, verhielten sich die Bahnhofsbuchhändler reserviert, indem sie Vorschläge zur Liefermengenerhöhung ablehnten oder Titeln mit hohem Stücknutzen die besseren Regalplätze einräumten. Überdies wurde das zwischen Presse-Grosso und dem allgemeinem Einzelhandel seit 1972 praktizierte Verfahren der Körperlosen Remission erst von wenigen Bahnhofsbuchhandelsfirmen angewendet, weshalb eine regelmäßige wöchentliche, exakt an den Verkäufen nach Tagen bzw. Heftfolgen orientierte Regulierung der Bezüge für Zeitungen und Zeitschriften nicht möglich war. Dadurch entstanden entweder zu hohe Remissionen oder vorzeitige Ausverkäufe an einzelnen Orten (*FAZ-Kontakte 1983: 5*).

Wie in allen Vertriebssparten, so gab es auch im Bahnhofsbuchhandel kein einheitliches Leistungsbild, sondern ein mehr oder minder starkes Gefälle zwischen leistungsfähigen und leistungsschwächeren Firmen, weshalb die Verlage im Jahre 1981 „Leistungserwartungen an den Bahnhofsbuchhandel" formulierten und verabschiedeten, mit denen sie eine qualifizierte Unternehmensführung, eine solide Unternehmensfinanzierung, eine zeitgemäße, verkaufsgerechte Ladeneinrichtung und die Bereitstellung von verkäuferisch geschultem Personal forderten (*VDZ 1981: 1*). Die Verlage verlangten von den Bahnhofsbuchhändlern, dass sie auf ihrem besonderen Markt eine optimale Marktversorgung erreichen. Die Ladenorganisation und -einrichtung sollte so beschaffen sein, dass der BB-Kundschaft ein am Bedarf der Reisenden orientiertes Vollsortiment über die gesamte Angebotsdauer gezeigt werden kann. Die von den Verlagen festgesetzten Erstverkaufstage sollten eingehalten werden und Vorverkäufe vor dem allgemeinen Presse-Einzelhandel unterbleiben. Um die Versorgung der Reisenden mit Presse sicherzustellen, sollten die von der Bahn vorgeschriebenen verlängerten Öffnungszeiten verbindlich gelten. Um ein ausgewogenes Verhältnis zwischen Remissionen und Ausverkäufen herzustellen, sollte die Liefermengendisposition künftig nur noch Sache des Verlages sein. Die bisherige Handhabung, nur Objektinformationen ohne Bezugsvorschlag zu versenden, hatte im Laufe der Jahre bzw. mit Ausuferung der Titelzahlen dazu geführt, dass sich immer weniger Bahnhofsbuchhändler dazu bereit erklärten, neuen Produkten den Marktzutritt zu gewähren. Die Verlage verlangten deshalb, dass künftig jedem neuen Presseerzeugnis der Markt der Bahnhofsbuchhandlungen offen steht, Periodika ebenso wie Sonderausgaben (*VDZ 1981: 3*).

Da eine bedarfsnahe Disposition nur dann erfolgen kann, wenn die einzelnen Angebotsstellen die unverkauft gebliebenen Exemplare schnell, vollständig und genau retournieren, wurde gefordert, die Remissionen künftig in der Folgewoche nach Ende der Angebotszeit an die Verlage zu melden. Von Filialbetrieben wurde die Einführung eines maschinellen Bezugsregulierungssystems erwartet. Große Bahnhofsbuchhandlungen sollten die Verkaufsdaten auf Wunsch der Verlage in maschinenlesbarer Form zur Verfügung stellen (*VDZ 1981: 5*). Vom Verband Deutscher Bahnhofsbuchhändler wurde angestrebt, ein von der IVW genehmigtes, vereinfachtes Remissionsverfahren für die Mitgliedsfirmen einzuführen (*Mayer 1984: 1*). Die Verlage waren jedoch der Auffassung, dass (bei gleichen Rabatten) für den Bahnhofsbuchhandel grundsätzlich dieselben Voraussetzungen bei der Einführung der Körperlosen Remission gelten müßten wie im Presse-Grosso. Da in Bezug auf die Datentransparenz grossoähnliche Leistungen erwartet wurden, mussten sich die Bahnhofsbuchhändler, insbesondere die Filialbetriebe, schon allein zur Absicherung der Zukunft ihrer Unternehmen um vergleichbare, EDV-gestützte Warenwirtschaftssysteme kümmern, die für einige Firmen erhebliche Investitionen bedeuteten. Mit der praktischen Umsetzung der Verlagsforderungen sollte unverzüglich begonnen, ihre Verwirklichung in zwei bis drei Jahren abgeschlossen werden.

2.1 Das Zahlungsverhalten und die Formulierung konkreter Bedingungen für den Bahnhofsbuchhandels-Status

Erschwerend für den Bahnhofsbuchhandel kamen im Herbst 1982 die Insolvenzen der Firmen Montanus, Frankfurt, Mari, Donauwörth und Albin, Duisburg hinzu (*Schmitt/Hahn 1991: 148*). Diese veranlassten den VDZ, mit dem Vorstand des Verbandes Deutscher Bahnhofsbuchhändler und der Zentralverwaltung der Deutschen Bundesbahn Gespräche über das Zahlungsverhalten einer Reihe von Bahnhofsbuchhändlern zu führen (*Fürstner 1983: 1*). Die Verlagsseite beklagte, dass immer wieder die gleichen Firmen ihr Zahlungsziel besonders gegenüber mittleren und kleineren Verlagen, die oft nicht in der Lage seien, ihre Forderungen durch Androhung oder Durchführung von Liefersperren zu realisieren, um viele Monate überziehen und damit die Frage nach ihrer Liquidität aufwerfen. Um die Verlage vor Forderungsausfällen wie Montanus und Mari zu schützen, hielt der VDZ eine Bürgschaft der Bahn für geboten. Diese betonte, keine Garantie für Leistungsverpflichtungen des Bahnhofsbuchhandels übernehmen zu können, bot jedoch an, einen Pächter auszuwechseln, wenn mehrere Verlage gemeinsam die Belieferung verweigern und bat darum, ihr künftig diejenigen Firmen namhaft zu machen, die auch weiterhin ihren Zahlungsverpflichtungen nicht pünktlich nachkommen (*Fürstner 1983: 1*). Die Deutsche Bundesbahn nahm die Beschwerden über das Zahlungsverhalten der Bahnhofsbuchhändler schließlich zum Anlaß, alle BB-Firmen zur Einhaltung ihrer Zahlungsverpflichtungen gegenüber den Verlagen aufzufordern. Ein derartiges Verhalten, das zur Liefereinstellung führen könne, verstoße nicht nur gegen Vereinbarungen im Pachtvertrag, sondern gefährde auch die Sonderstellung des Bahnhofsbuchhandels (*Deutsche Bundesbahn 1983: 1*).

Aufgrund dieser Ereignisse, und um der Branche eine dauerhafte Perspektive zu vermitteln, veranlasste der VDZ die Zentralverwaltung der Deutschen Bundesbahn ab 1983 zur Formulierung konkreterer Bedingungen für den Bahnhofsbuchhandels-Status als im Wallenfels-Gutachten (*dnv 11/1983: 25*). Zwischen den Verbänden und der Bahn fanden in der Folgezeit grundsätzliche Gespräche statt, die u.a. dem Ziel dienten, kartellrechtliche Bedenken gegen die Zulässigkeit des Bahnhofsbuchhandels auszuräumen. Definitorisch waren Bahnhofsbuchhandlungen fortan Nebenbetriebe der Deutschen Bundesbahn, die auf jeweils einem Personenbahnhof die in § 41 Bundesbahngesetz vorgeschriebene Versorgungsfunktion für Reisende erfüllten und einem gesetzlichen Betriebszwang unterlagen. Sie konnten von Verlagen zu Bahnhofsbuchhandelskonditionen beliefert werden, wenn sie durch Pachtverträge mit der Bahn verpflichtet waren,

1. ihr Geschäft an sieben Tagen der Woche zu öffnen,
2. ihr Geschäft auch an Feiertagen zu öffnen,
3. keine Betriebsferien zu machen,
4. ihre Öffnungszeiten an den Bedürfnissen des Reiseverkehrs auszurichten,
5. ihr Geschäft deutlich länger offen zu halten als der stationäre Einzelhandel,
6. sich in ihrem äußeren Erscheinungsbild eindeutig als Verkaufsstelle mit Schwerpunkt „Presseerzeugnisse" darzustellen und
7. ein verkäufliches Vollsortiment zu führen (*BB-Kriterien 1984: Anlage 1*).

Im Verlaufe der Diskussionen zeigte sich, dass eine einheitliche Auffassung über die Auslegung des 4. Kriteriums („Öffnungszeiten") nicht erreicht werden konnte. Die Bahn stimmte der Verlagsseite zu, dass die Öffnungszeiten der Bahnhofsbuchhandlungen „deutlich über den zulässigen Öffnungszeiten des stationären Presseeinzelhandels" liegen müßten. Eine starre, vom Axel Springer Verlag geforderte, 100-Stunden-Mindestregelung lehnte sie jedoch ab. Nach Auffassung der Bahn sollte sich die Öffnungszeit an dem Verkehr relevanter Züge orientieren, d.h. es musste zu einer Versorgung der Reisenden im Sinne des § 41 Bundesbahngesetz kommen können. Der Bahnhofsbuchhandels-Verband befürchtete, dass eine 100-Stunden-Regelung zu erheblichen Strukturveränderungen innerhalb der Branche führen könnte und etwa 110 Bahnhofsbuchhandlungen auf Grosso-Belieferung umgestellt werden müssten, wenn sie die wirtschaftlichen Konsequenzen der längeren Öffnungszeiten nicht auf sich nehmen könnten.

2.2 Die Vergabe neuer Pachtverträge nach Muster III ab 1.1.1986

In den Verhandlungen, deren Ziel es war, Kriterien zu formulieren, die den kartellrechtlichen Erfordernissen Rechnung tragen und die Verlage vor einer Diskriminierungsklage aus dem allgemeinen Presse-Einzelhandel abzusichern, hatte die Deutsche Bundesbahn zugesagt, spätestens zu Beginn der neuen Pachtperiode ab 1.1.1986 die Erfüllung der Kriterien sicherzustellen. Presseverkaufsstellen, die bisher als Bahnhofsbuchhändler gegolten hatten, inzwischen aber keinen Pachtvertrag mehr nach dem Muster III (Bahnhofsbuchhandlung) erhalten hatten, sollten die Verlagsprodukte nicht länger zu den besseren Bahnhofsbuchhandelskonditionen beziehen können. Die Verlage kritisierten, dass einzelne Bundesbahn-Direktionen bereits vor dem Beginn der neuen Pachtperiode Verträge nach Muster III vergeben hatten, obwohl die o.g. Kriterien nicht erfüllt waren. Bemängelt wurde besonders, dass einige Pachtverträge Öffnungszeiten vorsahen, die sich nicht nach der Zuglage richteten bzw. nicht deutlich über denen des stationären Einzelhandels lagen. Die Bahn erklärte dazu, dass sämtliche Bahnhofsbuchhandlungen entsprechend dem mit den Verlagen vereinbarten Zeitplan im Jahr 1985 auf die neuen Kriterien ausgerichtet würden. 45 Presseverkaufsstellen von Filialunternehmen seien bereits als Bahnhofsbuchhandlungen (Pachtvertrag Muster III) entfallen, 17 weitere, ehemalig selbständige Bahnhofsbuchhandlungen seien wegen des Fehlens der erforderlichen Kriterien in „Sonstige Verkaufsstellen mit Mischsortiment" (Pachtvertrag Muster II) umgewandelt worden (*Deutsche Bundesbahn et al. 1985: 3*).

Die Verhandlungen mit der Zentralverwaltung der Deutschen Bundesbahn führten letztlich dazu, dass auch Presseverkaufsstellen auf Bahngelände, die die genannten Kriterien erfüllten, den Status eines Bahnhofsbuchhändlers nach dem Vertragsmuster III erhielten. Basierend auf einer Vereinbarung mit dem VDZ berief die Zentralverwaltung der Bahn Einzelhändler zu Bahnhofsbuchhändlern, deren Direktbelieferung eingestellt werden sollte, weil kein Pachtvertrag III bestand, bei denen jedoch wegen der Erfüllung der zentral vereinbarten Kriterien ein Pachtvertrag III angebracht war. Zusätzlich regte der Axel Springer Verlag an, die Bahnhofsbuchhandelskriterien einer prozessualen bzw. kartellamtlichen Überprüfung zu unterziehen, weil neben der Mindestöffnungszeit im Bahnhofsbuchhandel auch für die Direktbelieferung der Berliner und Hamburger S- und U-Bahn-Verkaufsstellen zu Bahnhofsbuchhandels-Konditionen Klärungsbedarf (sachlich gerechtfertigter Grund nach § 26 Abs. 2 GWB a.F.) bestand. Würden U-Bahn- und S-Bahn-Verkaufsstellen den selben Kriterien unterworfen wie Bahnhofsbuchhandlungen, würde nach Ansicht des VDZ ein sachlich gerechtfertigter Grund für eine Besserstellung der U-Bahn- und S-Bahn-Verkaufsstellen gegenüber dem grossobelieferten Einzelhandel gegeben sein (Analogieschluß).

2.3 Belieferung der Berliner und Hamburger S-Bahn- und U-Bahn-Verkaufsstellen in Analogie zum Bahnhofsbuchhandel

Die Firma Stilke war bereits seit der Eröffnung der Berliner Stadtbahn im Jahre 1882 als Bahnhofsbuchhändler auf S-Bahn-Gelände aktiv. Im Jahr 1909 kamen weitere Verkaufsstellen auf der ersten Hamburger S-Bahn-Strecke Ohlsdorf-Blankenese hinzu. Neben Stilke bewirtschaftete die Bahnhofsbuchhandlung BZVG Lux & Co. seit 1945 insgesamt 47 Verkaufsstellen auf Berliner U- und S-Bahngelände (*dnv 4/1993: 84*). Beide Firmen wurden seit eh und je direkt von den Verlagen beliefert und dementsprechend konditionenmäßig günstiger gestellt als der übrige Presse-Einzelhandel.

Zur Stilke-Gruppe, die mit insgesamt 1.300 Mitarbeitern Anfang der siebziger Jahre rund 50 % des gesamten Bahnhofsbuchhandels-Umsatzes (82,4 Mio. €) realisierte, gehörten neben dem Stammhaus, der Kiosk und Laden GmbH, Berlin, die als Holding die Beteiligungen an drei Berliner Sortimentsbuchhandlungen, Einzelhandelsgeschäften im Stadtgebiet von Berlin, Verkaufsständen auf U-Bahnhöfen und Flughäfen in Berlin hielt (*dnv 1/1976: 7*), noch folgende Firmen:

- die Stilke Kiosk und Laden GmbH, Hamburg, die als Pächterin von Geschäften auf Hamburger Flughafen-, Hochbahn-, S-Bahn- und U-Bahngelände in Erscheinung trat und als Filialkette für Presseerzeugnisse und Reisebedarf ihre Waren von der Conwa Grossovertrieb Hamburg bezog (*dnv 1/1976: 6*);
- die Georg Stilke GmbH Berlin mit Bahnhofsbuchhandlungen auf Berliner Bahnhöfen;
- die Georg Stilke GmbH Hamburg, die Bahnhofsbuchhandlungen auf dem Gelände der Deutschen Bundesbahn in Hamburg und Schleswig-Holstein sowie einer Reihe weiterer Städte betrieb und ihre Waren ebenfalls von der Conwa Grossovertrieb GmbH Hamburg bezog (*dnv 1/1976: 6)*;
- die Georg Stilke GmbH Köln, die Verkaufsstellen und Bordläden auf Schiffen unterhielt;

- die Ludwig Röhrscheid GmbH in Bonn als eine der größten deutschen Sortimentsbuchhandlungen;
- die Landkartengroßhandlung und alleinige Auslieferungsstelle amtlicher Flugkartenwerke des Bundesamtes für Flugsicherheit in Braunschweig, die R. Eisenschmidt GmbH in Frankfurt und
- die vier Großhandelsfirmen Zeitungszentrale München mit zwei Presseverkaufsstellen und einem Duty-Free-Shop im Flughafen München-Riem und die Conwa Grossovertriebs GmbHs mit Sitz in Berlin, Hamburg und Frankfurt.

Auch wenn stets von einer traditionellen Direktbelieferung des Bahnhofsbuchhandels gesprochen wurde, traf dies entgegen der soeben getroffenen Aussage zumindest in logistischer Hinsicht nicht auf Stilke in Hamburg und nicht auf die Berliner Bahnhofsbuchhandlungen zu. Seit der Maueröffnung belieferte die BHG alle ihre Filialen mit 13 Auslieferungsfahrzeugen selbst (*dnv 8/1991: 13*). Die Warenanlieferung für Lux erfolgte ebenfalls nicht an jeden einzelnen S- oder U-Bahnhofskiosk, sondern an die Zentrale der BZVG Lux & Co., die dann die Verlagserzeugnisse an die einzelnen Verkaufsstellen weiterleitete. Das durch den Ostberliner Grossisten PVB an die PSG gelieferte Sortiment wurde für eine kurze Zeit durch die hauseigene Agentur „Buch und Presse im Bahnhof" an die einzelnen Verkaufsstellen verteilt. Bei Stilke wurden die auf den Bundesbahnhöfen befindlichen Verkaufsstellen der Georg Stilke GmbHs direkt und die Verkaufsstellen der Kiosk und Laden GmbHs im Bereich der Berliner und Hamburger Stadtverkehrsbetriebe indirekt von der Conwa Grossovertriebs GmbH versorgt. Die Conwa war integrierter Bestandteil der Stilke-Gruppe und Mitglied im Bundesverband Presse-Grosso. Bücher kaufte sie ebenso wie die rund 1200 Zeitungs- und Zeitschriftentitel zu Grosso-Konditionen bei den Verlagen ein (*dnv 1/1976: 8*), Tabak- und Süßwaren von anderen Herstellern. Mit diesen Produkten belieferte die Conwa in Hamburg 125 eigene Presse-Verkaufsstellen auf Verkehrseinrichtungen und 80 selbständige Bahnhofsgaststätten und Verkaufsstellen auf Bahnhofsgelände außerhalb des Stadtgebiets (*dnv 1/1976: 6*). Wohl in Vorahnung davon, was durch die Leistungserwartungen der Verlage auf einen Großteil des Bahnhofsbuchhandels zuzusteuern drohte,[30] verkaufte die Familie des 1972 verstorbenen Dr. Georg Stilke rückwirkend zum 1.1.1982 fünfundsiebzig Prozent des Unternehmens an die Hagener Hussel Holding AG, zu der bereits die Buchhandlungen des ehemaligen Bahnhofsbuchhändlers Hermann Montanus gehörten.

Nach der Übernahme durch die Hussel Holding AG wurde die Stilke-Firmenstruktur durch Zusammenlegungen gestrafft. Die Stilke Kiosk und Laden GmbH und die Georg Stilke GmbH wurden von der Stilke Buch- und Zeitschriftenhandelsgesellschaft mbH, Hamburg übernommen, deren Verkaufsstellen fortan als „Stilke Aktuell" firmierten (*dnv 10/1991: 38*). Mit Wirkung zum 1. Oktober 1984 folgte die Weiterveräußerung der Berliner Stilke-Niederlassung mit 56 Verkaufsstellen an die BHG Bahnhofs-Handels GmbH & Co. (*dnv 4/2000: 54*) und Ende 1985, nachdem die Conwa Grossovertrieb GmbH ab 1.7.1985 über 200 eigene und fremde Verkaufsstellen auf U-Bahn- und S-Bahngelände an den Hamburger Grossisten Buch und Presse abgegeben hatte, der Rückzug aus dem Großhandelsgeschäft mit Zeitungen, Zeitschriften, Tabak und Süßwaren (*dnv 2/1986: 34*). Unterdessen hatte der Axel Springer Verlag angekündigt, auch die Berliner Bahnhofsbuchhandlung BZVG Lux & Co. zum Ablauf des Jahres 1985 nicht mehr beliefern zu wollen und auch die Direktbelieferung der BHG Bahnhofs-Handels GmbH einzustellen, sofern die Bahnhofsbuchhandels-Kriterien nicht durch eine entsprechende Geschäftsumstellung erfüllt würden (*Senator für Wirtschaft und Verkehr 1984: 9*).

[30] Schon 1975 hatten die Juristen der Verlage Axel Springer, Heinrich Bauer, Gruner + Jahr und Jahreszeiten über den „Fall Conwa" beraten.

2.4 Androhung der Liefereinstellung durch den Axel Springer Verlag

Gegen die Ankündigung des Axel Springer Verlages, die Direktbelieferung der Berliner Bahnhofsbuchhandelsfirmen einstellen zu wollen, legte die Firma Lux Beschwerde bei der zuständigen Landeskartellbehörde ein. Springer hatte seine Absicht damit begründet, dass Lux die Ende 1983 festgelegten neuen Kriterien für den Bahnhofsbuchhandel nicht mehr erfüllen und durch die Beibehaltung der Direktbelieferung der normale Presseeinzelhandel im Sinne des § 26 Abs. 2 GWB a.F. diskriminiert werden würde (*Senator für Wirtschaft und Verkehr 1984: 1*).

In ihrer Stellungnahme vom 23.10.1984 kam die Landeskartellbehörde Berlin zu dem Ergebnis, dass „die bisher praktizierte Ungleichbehandlung des Presseeinzelhandels und der Firma BZVG Lux" nicht gegen § 26 Abs. 2 GWB verstößt. Normale Presseeinzelhändler, eingeschlossen (Groß-) Filialisten, können unter Berufung auf die Behandlung der Firma BZVG Lux aus § 26 Abs. 2 GWB keinen Anspruch auf Direktbelieferung herleiten." (*Senator für Wirtschaft und Verkehr 1984: 12*) Für die Ungleichbehandlung der Firma Lux und des übrigen Presseeinzelhandels sei der sachlich gerechtfertigte Grund darin zu sehen, dass die Bahnhofsbuchhandlung nicht ausschließlich nach ökonomischen Gesichtspunkten geführt werde, sondern sie durch Bindungen an die Berliner Verkehrs Gesellschaft (BVG) wesentlichen Einschränkungen unterworfen sei. Lux habe die zu betreibenden Verkaufsstellen nicht unter Wirtschaftlichkeits-Gesichtspunkten auswählen können, sondern sie von der BVG zur Versorgung der Fahrgäste überlassen bekommen. Dem aus der Betriebssatzung resultierenden Versorgungsauftrag der BVG entsprechend könne Lux nicht ohne Zustimmung des Verpächters eigenmächtig einzelne Verkaufsstellen schließen, sondern müsse sämtliche Kioske mindestens acht bis zehn Stunden offen halten, wobei die besonderen Bedürfnisse des Berufsverkehrs zu beachten seien. Andere Presseeinzelhändler in Berlin erfüllten vergleichbare Versorgungsfunktionen nicht und unterlägen nicht entsprechenden Reglementierungen und wirtschaftlichen Belastungen, weshalb es zum Ausgleich hierfür sachlich gerechtfertigt erscheine, wenn Lux von den Verlagen günstigere Konditionen erhalte als der allgemeine Presse-Einzelhandel (*Senator für Wirtschaft und Verkehr 1984: 4*).

Da die Landeskartellbehörde für ein weiteres Tätigwerden in dieser Angelegenheit keine Veranlassung sah, kam es für die Berliner Firmen Lux und BHG zu einer gesonderten Regelung, die es ihnen erlaubte, analog zum Bahnhofsbuchhandel auch weiterhin Direktlieferungen von den Verlagen zu beziehen. Die Landeskartellbehörde Berlin und die Zentralverwaltung der Deutschen Bundesbahn anerkannten das Interesse der Verlage, die Kriterien für den Bahnhofsbuchhandel lückenlos anzuwenden, um den Bahnhofsbuchhandel eindeutig gegenüber dem allgemeinen Presse-Einzelhandel abzugrenzen. Offensichtlich wurde während dieses Bereinigungsprozeß aber auch das Interesse der Verlage, durch die Neufassung der Kriterien vor allem die absolute Zahl der direktbelieferten Bahnhofsbuchhändler aus Kostengründen zu reduzieren. Aus der nachfolgenden Übersicht wird deutlich, dass die Verschärfung der Bahnhofsbuchhandels-Kriterien kaum zu einer Reduzierung der Gesamtzahl an Presseverkaufsstellen auf Bahnhöfen geführt, aber eine spürbare Verlagerung vom Verlags-Direktbezug zur Grossobelieferung ausgelöst hat (*VDZ 1987: 5*):

Tabelle 5: Verlagerung vom Verlags-Direktbezug zur Grossobelieferung

BASTRA	Verkaufsstellen gesamt	davon in Verlagsbelieferung	davon in Grossobelieferung
1978	989	840	149
1983	989	739	250
1987	939	532	407

In den Jahren 1987 und 1990 wurden Erhebungen bei allen Bahnhofsbuchhandlungen durchgeführt, um festzustellen, ob die dem Vertragsmuster III („echte" Bahnhofsbuchhandlungen) zugrundeliegenden Kriterien auch tatsächlich eingehalten werden. Dabei stellte sich heraus, dass etliche Angebotsstellen die Verpflichtung, sich im äußeren Erscheinungsbild als „Verkaufsstelle mit Schwerpunkt Presseerzeugnisse" darzustellen, nicht erfüllten. Die BASTRA 1990 förderte zutage, dass 24 Bahnhofsbuchhandlungen weniger als 35 % der Verkaufsfläche dem Presseangebot zur Verfügung stellten, 91 Betriebe weniger als 50 % ihres Umsatzes mit Zeitungen und Zeitschriften erzielten, 38 Verkaufsstellen weniger als 500 Titel anboten (*VDZ 1990: 6*) und 51 Angebotsstellen unter den zulässigen Öffnungszeiten des stationären, grossobelieferten Einzelhandels lagen (*VDZ 1990: 36*). Folgerichtig verwiesen die Verlage auf mögliche negative Auswirkungen einer durch die Verwirklichung des Europäischen Binnenmarktes ausgelösten Liberalisierung des deutschen Ladenschlussgesetzes, durch die auch andere Handelssparten längere Ladenöffnungszeiten anbieten und Anspruch auf BB-Konditionen erheben könnten. Da die, die Direktbelieferung des Bahnhofsbuchhandels sicherstellenden „BB-Kriterien" nach einer Liberalisierung der Ladenschlusszeiten keine rechtlich gesicherte Grundlage für die Abgrenzung zum allgemeinen Einzelhandel mehr darstellte, wurde erneut über eine Neuformulierung der Kriterien nachgedacht und darüber, welche Möglichkeiten bestehen, die für den Pressevertrieb und die Pressevielfalt so wichtige Sonderstellung des Bahnhofsbuchhandels zu erhalten.

3. Neufassung der Bahnhofsbuchhandels-Kriterien für die Zeit nach der Privatisierung der DB

Mitte 1993 faßten die Verlage, der Verband Deutscher Bahnhofsbuchhändler und die Deutsche Bundesbahn die Kriterien für den Bahnhofsbuchhandel neu. Um die Sonderstellung des Absatzweges „Bahnhofsbuchhandel" auch in Zukunft, d.h. nach dem Wegfall des Ladenschlussgesetzes bzw. der Strukturreform der Bundesbahn zu sichern (*Wolff 1992*), mußten sie die Kriterien den veränderten Bedingungen anpassen. Besonders die Privatisierungspläne der Bahn, durch die die gesetzlich vorgeschriebene Versorgungsfunktion für Reisende in § 41 Bundesbahngesetz entfiel, und auf der der Betriebszwang der Bahnhofsbuchhandlungen basierte, hätte die Sonderstellung dieser Vertriebssparte gefährden können. Deshalb wirkten die Verbände darauf hin, dass die Rechtsfolge des § 8 Abs. 1 Ladenschlußgesetz[31] beibehalten wird, um auf diesem Wege die Befreiung des Bahnhofsbuchhandels von den Ladenschlusszeiten weiterhin garantieren zu können. Daneben wurde das gesamte Auflagengeflecht für den Bahnhofsbuchhandel nicht nur beibehalten, sondern verschärft, um die Sonderkonditionen auch weiterhin sachlich rechtfertigen zu können.

Der an die Anforderungen von 1984 anknüpfende, teils erweiterte, teils modifizierte Kriterienkatalog sollte eine weitere Konkretisierung des Leistungsabstands des Bahnhofsbuchhandels gegenüber dem allgemeinen Presse-Einzelhandel bringen. In den Gesprächen zwischen den Verbänden und der Bahn wurden allerdings auch unterschiedliche Interessen deutlich. Die von den Verlagen eher restriktiv vertretene Linie, welche die Anforderungen für die Direktbelieferung enger als bisher definierte, ließ im Bahnhofsbuchhandel Befürchtungen entstehen, dass die Verlage die Neufassung der Kriterien dazu missbrauchen würden, um die Sparte Bahnhofsbuchhandel vom Markt zu drängen oder auf einen kleinen Kern zu reduzieren (*A.-C. Eckert, zitiert in dnv 4/1997: 20*). Der BB-Verband suchte nach einer Lösung, die an den alten Kriterienkatalog anknüpfen, für die Zukunft aber mehr leistungsbezogene Merkmale zur Abgrenzung gegenüber dem allgemeinen Presseeinzelhandel heranziehen sollte. Die DB wieder-

[31] Abweichend von den Vorschriften des § 3 Abs. 1 Ladenschlußgesetz dürfen Verkaufsstellen auf Personenbahnhöfen der Deutschen Bahn AG an allen Tagen während des ganzen Tages geöffnet sein.

um wollte vor allem leicht zu handhabende Bahnhofsbuchhandels-Kriterien, um möglichst schon im Planungsstadium eindeutige Aussagen zur Direktlieferung und damit zur Pachthöhe machen zu können (*dnv 4/1993: 24*). Seit dem Abschluß dieser Gespräche kann eine Bahnhofsbuchhandlung von den Verlagen direkt beliefert werden, wenn zusätzlich zu den seit 1984 gültigen Punkten folgende sieben Voraussetzungen erfüllt werden:

1. Die Öffnungszeiten betragen in der Regel mindestens 100, jedoch nicht weniger als 90 Stunden pro Woche, wenn dies der relevanten Zuglage entspricht.
2. Die Angebotsfläche für das Buch- und Pressesortiment muß mindestens 70% der Gesamtfläche betragen.
3. Eine Bahnhofsbuchhandlung ist grundsätzlich verpflichtet, jedem neuen Presseerzeugnis Marktzugang zu gewähren.[32]
4. Im tatsächlichen Angebot (Präsenzsortiment) sind mindestens 1000 Titel zu führen.
5. Die Bahnhofsbuchhandlung erzielt wesentliche Anteile am Gesamt-Umsatz aus dem Verkauf von Presseerzeugnissen.
6. Die Bahnhofsbuchhandlung installiert eine zeitgemäße, verkaufsgerechte Ladeneinrichtung, die die Präsentation des Presse-Sortiments über den Angebotszeitraum sicherstellt.
7. Die Bahnhofsbuchhandlung nimmt am KR- und ISPC-Verfahren teil (*VDZ 1993*).

Der Forderung des Axel Springer Verlag nach einer Mindestöffnungszeit von 100 Stunden hatte die Bahn in der Verhandlungsrunde 1984 noch widersprochen. Dieser stimmte sie jetzt zu, nachdem Springer seine Auffassung dahingehend präzisiert hatte, dass sich die Direktbelieferung zu BB-Konditionen an der Zeitspanne vom ersten bis zum letzten relevanten Zug orientieren muß. Nur an Orten, an denen die Zuglage zu einer geringeren Wochenöffnungszeit führe, bestünde die Möglichkeit einer individuellen Beurteilung, wobei auch in diesen Fällen keine DB-Verkaufsstelle unter 90 Stunden wöchentlicher Öffnungszeit zur Direktbelieferung vorgeschlagen werde. Für Bahnhofsbuchhandlungen, die den genannten Anforderungen, die kumulativ zu erfüllen waren (*Riedl-Klaffke 1993 a: 1*), nicht nachkamen, war eine Übergangsregelung bis zum 30.6.1996 vorgesehen. Sollte der Nachweis bis zu diesem Zeitpunkt nicht erbracht werden, sahen die neuen Kriterien eine Kündigungsmöglichkeit für die Direktbelieferung zum 31.12.1997 vor (*VDZ 1993: 2*).

Vor Inkraftsetzung am 1.7.1993 wurde der Kriterienkatalog mit dem Bundeskartellamt erörtert und -nachdem die Vertreter der Behörde keine Einwände dagegen erhoben- den Verlagen zur Kenntnis und praktischen Umsetzung übergeben (*Riedl-Klaffke 1993 a*). Das Kartellamt nahm zustimmend zur Kenntnis, dass die Verlage die Kriterien als Handelsbrauch zu deklarieren beabsichtigten, und forderten diese auf, die lückenlose Erfüllung der Kriterien als Voraussetzung für die Direktbelieferung durchzusetzen. Dieser Vorgabe sind die Verlage in der Folge mit verschiedenen Maßnahmen wie Statuserhebungen, KR-Prüfungen, Beratungsgesprächen, Konsultationen des Bahnhofsbuchhandels-Verband und der Deutschen Bahn AG nachgekommen. Die Zeitschriftenverlage beauftragten die „Projektgruppe Bahnhofsbuchhandel" mit der Entwicklung eines Kontrollsystems, das einen jederzeit aktuellen Überblick über die Kriterienerfüllung ermöglicht (*VDZ 1996: 6*). Eine von der Projektgruppe erstellte Datenbank, die für jede Bahnhofsbuchhandlung in Deutschland die für die BB-Kriterien relevanten Informationen bereithält, wird kontinuierlich aktualisiert.

[32] Soweit sie nicht gegen Strafgesetze verstoßen oder öffentlichen Ärger erregen.

3.1 Körperlose Remission und EDI-PRESS-Verfahren als Stolpersteine auf dem Weg zur Direktlieferung

Nach der Verabschiedung der neuen Bahnhofsbuchhandels-Kriterien waren sich alle Beteiligten im klaren darüber, dass die termingerechte Erfüllung mit größeren organisatorischen Anstrengungen und erheblichen Invesitionen verbunden sein würde. Beherrschendes Thema war die Teilnahme aller Bahnhofsbuchhandlungen an den Verfahren der „Körperlosen Remission" und der „ISPC-Datenübermittlung". Die Idee der körperlosen Remission ist es, den Transport von Ganzstücken, Kopfleisten oder Titelseiten zum Nachweis der unverkauft gebliebenen Exemplare entbehrlich zu machen. Voraussetzung für die Durchführung der körperlosen Remission ist ein einwandfrei funktionierendes Warenwirtschaftssystem, das eine nachvollziehbare Abrechnung der unverkauften Exemplare und ein Warenfluß-Protokoll nach ganz bestimmten, auch von der IVW genehmigten Spielregeln, gewährleistet (*VDZ/Presse-Grosso/BDZV 1977*).

Da in Bezug auf Datentransparenz grossogleiche Leistungen erwartet wurden, mussten sich die Bahnhofsbuchhändler, insbesondere die Filialbetriebe, schon allein zur Absicherung der Zukunft ihrer Unternehmen, um vergleichbare, EDV-gestützte Warenwirtschaftssysteme kümmern. Die Einführung der KR und die damit verbundene Notwendigkeit, sich in EDV und in Datenübertragungssystemen zu engagieren, bedeuteten für jede einzelne, besonders aber für die umsatzschwächeren Bahnhofsbuchhandelsfirmen eine schwere Hypothek. Die Hard- und Softwarekosten für eine durchschnittliche BB-Firma mit einem Geschäft vor Ort beliefen sich auf rund 25.000 €. Die Folgekosten in Form von Drittkontrollabrechnung, Softwarewartung, Hardware-Abschreibung und Ersatz summierten sich auf einen ähnlichen Betrag, so dass die Dauerbelastungen für eine Bahnhofsbuchhandlung, unabhängig vom Umsatz, bei rund 25.000 € bis 40.000 € lagen (*A.-C. Eckert in dnv 4/1998: 22*).

Zu den Voraussetzungen für die Direktbelieferung gehörte auch die ständige Überwachung der relevanten Einzelverkaufsdaten pro Bahnhofsbuchhandlung, von deren Übermittlung per ISPC-Verfahren sich die Verlage eine erhöhte Datentransparenz, verbesserte Dispositionsmöglichkeiten und Mehrverkäufe versprachen.[33] Die schnelle und systematische Übermittlung von Verkaufsdaten per Datenfernübertragung war jahrelang eine ausschließlich von Presse-Grossisten und ausländischen Importeuren für den Geschäftsverkehr mit deutschen Verlagen, Nationalvertrieben und Exporteuren genutzte Technologie. Die Kosten für die Übermittlung der KR- und MBR-Daten zahlten bis zum Wechsel des ISPC-Verfahrens auf das fortschrittlichere EDI-PRESS-Verfahren, das ab 1996 den Datenaustausch in beide Richtungen ermöglichte, die Verlage. Die Präsentation des neuen Verfahrens und die Aussage der ISPC GmbH, dass neben einer Jahresgebühr pro Firma weitere Gebühren für die Übermittlung von Erstverkaufstags-Kalendern, Verlagsrechnungen, Versand- und Packparametern sowie Objektstammdaten anfallen, führte unter den Bahnhofsbuchhändlern zu Befürchtungen vor einer weiteren Kostenexplosion.

Die Gespräche zwischen Verlagen und Bahnhofsbuchhandel ergaben, dass erheblicher Beratungsaufwand bestand. Der Bahnhofsbuchhandels-Verband und die VDZ-Projektgruppen „Bahnhofsbuchhandel" und „Vertriebstechnik" befassten sich dementsprechend intensiv mit der Einführung der körperlosen Remission und dem EDI-PRESS-Verfahren und versuchten, durch Seminare und Informationsveranstaltungen eine flächendeckende Durchdringung dieser beiden Kriterien bis zum Stichtag zu erreichen (*Grimm 1995: 23*). Auf verschiedenen Veranstal-

[33] Weil alle Filialen einer Bahnhofsbuchhandels-Kette zusammen gemeldet wurden, handelte es sich bei der ISPC-Datenübermittlung von Firmen mit mehr als einer Verkaufsstelle zunächst nur um eine Abwicklungserleichterung buchhalterischer Art. Um zuverlässige Verkaufsvorhersagen pro Angebotsstelle machen zu können, verständigten sich die Verlage und der Verband Deutscher Bahnhofsbuchhändler Jahre später branchenweit auf einen filialbezogenen Datenaustausch. Vgl. VDZ 2002: 1.

tungen wurden jeweils einer Gruppe von BB-Firmen die Angebote externer Dienstleister vorgestellt, die bereits Warenwirtschafts-Programme für den Bahnhofsbuchhandel entwickelt und installiert hatten (*dnv 12/1994: 27*). Nach anfänglichen Schwierigkeiten fanden sich auch verschiedene Grossofirmen bereit, in diesem speziellen Punkt mit dem Bahnhofsbuchhandel zu kooperieren (*Grimm 1994: 47*). Beispielgebend war die Zusammenarbeit zwischen den Firmen Stilke bzw. Grauert und den örtlichen Presse-Grossisten Buch und Presse-Großvertrieb Hamburg bzw. Leister GmbH, Düsseldorf, bei denen die Bahnhofsbuchhandlungen bereits seit 1982 bzw. 1985 ihre Remissionen KR-verarbeiten ließen (*VDZ 1985: 6; dnv 4/1995: 82*). Auch bei der Bahnhofsbuchhandlung Karl Schmitt & Co. in Heidelberg lagen die Dinge verhältnismäßig einfach. Nachdem durch die EDV-Ausstattung des Schwesterunternehmens BZG Schmitt KG bezüglich der Hardware keine Probleme bestanden, wurde das für die Abrechnung mit den Grosso-Filialen Pforzheim und Schutterwald bestehende EDV-Programm auf die Erfordernisse der KR-Abwicklung umgeschrieben. Damit war der Nachweis eines lückenlosen Warenflusses sichergestellt. Die BB-Filialen werden abrechnungstechnisch zu Verkaufswerten be- und entlastet, Liefermengen und Remissionen werden objekt- und filialbezogen für mindestens 13 Ausgaben gespeichert. Mehrfach pro Woche werden die unverkauft gebliebenen Exemplare als Ganzstücke aus den einzelnen Filialen abgeholt und per Spedition in die Zentrale nach Heidelberg transportiert. Dort werden die Pakete über die automatische Remittenden-Verarbeitungsanlage des Presse-Grossisten lückenlos kontrolliert, die einzelnen Exemplare per Scanner erfasst und die Remissionswerte kumuliert per EDI-PRESS an die Verlage übermittelt.

Die Vielzahl der nicht KR-fähigen Bahnhofsbuchhandlungen stellte auch für Absatzhelfer wie Unternehmensberater, Softwarefirmen oder Remissionsverarbeiter ein überaus interessantes Nachfrager-Potential dar. Die für den Frankfurter Presse-Vertrieb Merkur, zwei Nationalvertriebe und die großen Frankfurter Zeitungsverlage tätige Gesellschaft für Printmedienlogistik VCA profitierte von dem Umstand, dass sich viele kleine Bahnhofsbuchhändler kein eigenes Warenwirtschaftssystem leisten konnten oder wollten. Im Zuge der Verlagsforderung nach KR-Fähigkeit aller Bahnhofsbuchhandlungen bis zum 30.6.1996 entwickelte sich die Remissionsdienstleistung vorübergehend zum dynamischsten Geschäftszweig der VCA. Nachdem sie 1993 für die Wiesbadener Bahnhofsbuchhandlung Manfred Bauer mit der Remissionsverarbeitung begonnen hatte, ist die VCA inzwischen für 17 BB-Unternehmen mit insgesamt 166 Bahnhöfen tätig, für die sie jährlich 33 Mio. Remissionsexemplare bearbeitet (*dnv 1/1998: 24*).

Für die tägliche Abholung der Ganzstücke bei größeren Bahnhofsbuchhandlungen, wie im Frankfurter Flughafen Rhein-Main, kann die VCA auf ein hauseigenes Transportunternehmen zurückgreifen. Für das übrige Bundesgebiet besteht mit der Frankfurter Allgemeinen Zeitung (FAZ) ein Kooperationsabkommen, durch das die Lieferfahrzeuge des Zeitungsverlages die Remissionen von den einzelnen Bahnhofsverkaufsstellen nach Frankfurt zur VCA transportieren. Dort werden die angelieferten Sendungen vollautomatisch per Bilderkennung und Scanner erfasst und die Abrechnungsdaten direkt in das EDV-System des VCA-Rechenzentrums eingespielt. Durch die Vielzahl der Filialen und unterschiedlichen Kunden können die anfallenden Datenmengen nur durch eine ausgeklügelte und hochleistungsfähige EDV in der erforderlichen Zeit bis zur Datenmeldung der einzelnen Bahnhofsbuchhandlungen an die Verlage verarbeitet werden. Dabei läuft der Kontakt von der VCA zu den Bahnhofsbuchhandlungen via FTP-Server.[34] Von hier werden die Daten je Kunde bereitgestellt und können von der Bahnhofsbuchhandlung mit entsprechendem Login jederzeit abgerufen und verarbeitet werden.

---

[34] Der File-Transfer-Protokoll-Server ist ein Computer im Internet, auf dem die VCA die Remissionsdaten für die Bahnhofsbuchhandlungen in Form von Webseiten ablegt. Mittels spezieller FTP-Programme, sog. FTP-Clients, werden die Veränderungen an der Website per Upload oder Download an die Kunden übertragen.

Auch die VDZ-Projektgruppe „Vertriebstechnik" hatte viel Arbeit. In den beiden letzten Jahren vor dem Stichtag mußte sie über 90 KR-Prüfungen vorbereiten, begleiten, durchführen und abnehmen (*VDZ 1997 b: 7*). Mit diesem Engagement konnten BB-Verband, Dienstleister und Verlage erreichen, dass der weit überwiegende Teil der Bahnhofsbuchhändler alle Kriterien für die Direktlieferung erfüllte. Nach dem Stichtag am 30.6.1996 erklärten einige, wenige Bahnhofsbuchhändler ihren Verzicht auf die Direktbelieferung, weil sie sich nicht in der Lage sahen, innerhalb der gewährten Karenzzeit sämtliche Kriterien zu erfüllen. Andere Firmen hatten schon vorher ihren Geschäftsbetrieb an filialisierte Kollegen verkauft. Wieder anderen, die erkennbar die Kriterien nicht erfüllen würden, wurde von den Verlagen zum 31.12.1997 gekündigt. Sie wurden wegen der künftigen Belieferung an das gebietszuständige Presse-Grosso verwiesen (*VDZ 1997 b: 7*).

3.2 Der Verlust des Direktbezugsrechts der Berliner U- und S-Bahn-Verkaufsstellen ab 1.7.1993

Die Lage des Bahnhofsbuchhandels in den neuen Bundesländern war Anfang der neunziger Jahre durch eine Interessen-Kollision der Firmen Mitropa und Postdienst Service Gesellschaft (PSG) gekennzeichnet.[35] Beide Firmen hatten einen rechtsgültigen Vertrag mit der Reichsbahn und beanspruchten, kommerziell nutzbare Flächen, inklusive Nebenbetriebe der Bahn verpachten (Mitropa) bzw. Zeitungen und Zeitschriften an allen gewünschten Bahnhofs-Standorten verkaufen (PSG) zu dürfen. Neben wenigen modernen Angebotsstellen betrieb die PSG viele alte Postkioske, die nach einer Analyse der VDZ-Projektgruppe „Bahnhofsbuchhandel" die Kriterien für einen Pachtvertrag III nicht erfüllten (*Riedl-Klaffke 1992 a: 12*). Um diese Probleme, die eine gleichartige Entwicklung des Bahnhofsbuchhandels wie in Westdeutschland beeinträchtigten, zu lösen, nahmen die Verlage mit der Deutschen Reichsbahn, deren Service-Tochter Mitropa und der PSG Gespräche auf. Nach einer Zeit der unklaren Kompetenzen stand im Februar 1992 fest, dass die Mitropa für die Vergabe von Pachtverträgen auf den Bahnhöfen in den neuen Bundesländern zuständig war. Bahn und Mitropa waren gegen die PSG als Bahnhofsbuchhändler und betonten in den Gesprächen, dass ostdeutsche Bahnhofsbuchhandlungen denselben Leistungskriterien zu folgen hätten, wie ihre westdeutschen Vorbilder (*Fürstner 1990 a: 2*). Im Februar 1993 wurde die Vergabe von insgesamt 23 Pachtverträgen für neue Standorte in Ostdeutschland erörtert (*Riedl-Klaffke 1993 c: 4*). Obwohl sie nicht der erklärte Wunschpartner der Mitropa war, vergab sie acht Bahnhöfe exklusiv an die PSG. Im Gegenzug dafür erklärte sich die PSG bereit, ihre Verkaufsstellen auf solchen Bahnhöfen zu schließen, die anderen Pächtern zugeschlagen werden (*Riedl-Klaffke 1993 c: 4*). 1993 verfügte die PSG neben 13 Bahnhofsbuchhandlungen über etwa 450 ehemalige Postkioske und Ladengeschäfte, darunter zwei neue Verkaufsstellen auf den Berliner U-Bahnhöfen Alexanderplatz und Rathaus Friedrichshain. Mit insgesamt 35 Verkaufsstellen auf S- und U-Bahnhöfen in Ost-Berlin erzielte die PSG einen Jahresumsatz von rund 12 Mio. Euro.

Im Dialog mit den Verlagen beklagte die PSG die Ungleichbehandlung gegenüber ihren Wettbewerbern Lux und BHG, die 47 direktbelieferte Presseverkaufsstellen auf S-Bahnhöfen (Lux) bzw. 74 Bahnhofsbuchhandlungen auf Berliner U-Bahn- (62) und S-Bahngelände (7) sowie Flughäfen (5) betrieben (*Kammergericht Berlin v. 22.5.1996: 533*). Unter Hinweis auf den Gleichbehandlungsgrundsatz verlangte die Postdienst Service Gesellschaft die Direktbelieferung für ihre neuen Verkaufsstellen auf den Berliner U-Bahnhöfen Friedrichshain und Alexanderplatz und kündigte für den Fall der Weigerung der Verlage juristische Schritte an (*Riedl-Klaffke 1992 c: 6*). In einem Rundschreiben informierte der Verband Deutscher Zeitschriften-

[35] Vgl. Kapitel I., 1.3., Seite 6 ff.

verleger die Mitgliedsverlage der Fachgruppe Publikumszeitschriften, dass er die Direktbelieferung der neuen PSG-Verkaufsstellen nicht empfehlen kann. Diese Haltung legte er auch in einem Schreiben an die PSG dar. Der VDZ wies auf die besondere politische Lage in Berlin in der Vergangenheit hin und erklärte, die historisch bedingte Sonderstellung der Berliner Firmen bereinigen und nicht durch Direktbelieferung von neuen Verkaufsstellen auf U-Bahnhöfen fortschreiben zu wollen (*Riedl-Klaffke 1993 b: 1*). Die Behandlung von U-Bahnverkaufsstellen nach der beabsichtigten Neudefinition der Direktbelieferungs-Kriterien sei Gegenstand von laufenden Gesprächen mit der Deutschen Bundesbahn und dem Verband Deutscher Bahnhofsbuchhändler, die mit dem Ziel geführt würden, die Zukunft des Bahnhofsbuchhandels als qualifizierten Absatzweg zu sichern. Dies sei nur möglich, wenn die Definition und die Erfüllung der Zulassungskriterien konsequent durchgesetzt würden. Der VDZ erklärte weiter, dass er um eine grundsätzliche Lösung der spezifischen Berliner Situation bemüht sei und bat die PSG, das Ergebnis einer juristischen Prüfung abzuwarten.

Im Juni 1993 erörterten der VDZ und der Verband Deutscher Bahnhofsbuchhändler mit dem Bundeskartellamt die zwischen den Handelspartnern abgestimmten neuen „Kriterien für den Bahnhofsbuchhandel". Der VDZ legte dem Bundeskartellamt die Situation des Berliner Bahnhofsbuchhandels dar, nach der aufgrund der historischen Umstände dort Direktbelieferungen von Verkaufsstellen entstanden waren, die nicht auf einem Fernverkehrsstandort lagen. Die Vertreter der Verlage erläuterten, dass die Verkaufsstellen der Firmen Lux und BHG auf den Berliner U- und S-Bahnhöfen schon die alten BB-Kriterien nicht erfüllt hatten. Sie erneuerten damit die Feststellungen der Berliner Landeskartellbehörde, die auf die Ankündigung des Axel Springer Verlages aus dem Jahre 1984, die Direktbelieferung der Berliner Bahnhofsbuchhandelsfirmen schon damals einstellen zu wollen, erklärt hatte: „Daß die Deutsche Bundesbahn in Berlin nicht vertreten ist, bedeutet noch nicht, dass die Berliner U-Bahn stattdessen dem Fernreiseverkehr zuzurechnen ist." (*Senator für Wirtschaft und Verkehr 1984: 9*) Zwar finde auch in Berlin Fernreiseverkehr per Bahn statt, aber nicht auf der Berliner U-Bahn, sondern durch die Reichsbahn auf den Bahnhöfen Zoo, Wannsee und Spandau. Der Verkehr in der Berliner U-Bahn sei von seinem Charakter her eindeutig Nahreiseverkehr und unterscheide sich in keiner Weise von dem Nahreiseverkehr in U-Bahnen oder sonstigen Nahreiseverkehrsmitteln anderer Großstädte. Die Verlagsvertreter kündigten gegenüber dem Bundeskartellamt die Kündigung der Direktbelieferung der Firmen BHG und Lux und eine stringente Anwendung der neuen Bahnhofsbuchhandelskriterien an, um historische Ausnahmen zu beseitigen und Aufspringereffekte, ausgelöst etwa durch die Gleichbehandlungsansprüche der PSG, zu vermeiden (*Riedl-Klaffke 1993 a: 4*). Das Bundeskartellamt hielt dies für eine konsequente Vorgehensweise und unterstrich, dass unter Einräumung einer angemessenen Übergangsfrist unverzügliches Handeln angezeigt sei, um die Postdienst Service Gesellschaft (PSG) nicht zu diskriminieren.

Im Juli 1993 erläuterte der VDZ der Postdienst Service Gesellschaft (PSG) die neuen Kriterien für den Bahnhofsbuchhandel. Er wies darauf hin, dass diese Kriterien Gegenstand einer Beratung mit dem Bundeskartellamt waren, von diesem bestätigt und von den Verlagen ab 1.7.1993 in Kraft gesetzt wurden. Nach den nunmehr gültigen, neuen Kriterien sei die Aufnahme der Direktbelieferung der Verkaufsstellen der PSG auf den U-Bahnhöfen Friedrichshain und Alexanderplatz nicht mehr möglich mit der Konsequenz, dass sie in der Belieferung durch den PVB Presse Vertrieb Berlin verbleiben. Die Entscheidung, zu wann die Direktbelieferung der Firmen Lux und BHG eingestellt werde, sei Gegenstand der Vereinbarungen zwischen den Verlagen und den betroffenen Firmen. Eine Direktbelieferung der angesprochenen PSG-Verkaufsstellen während der den Firmen Lux und BHG eingeräumten Frist bis zum Übergang in den Grossobezug komme nicht in Betracht. Da die Direktbelieferung der U-Bahn-Verkaufsstellen Friedrichshain und Alexanderplatz damit endgültig ausgeschlossen war, kündigte die PSG Sortimentsumschichtungen zu Lasten des Pressesortiments und Schließungen von Angebotsstellen auf anderen Berliner U- und S-Bahnhöfen an. Gleichzeitig erklärte die PSG, sich auch weiterhin im Bahnhofsbuchhandel engagieren zu wollen (*Riedl-Klaffke 1993 b: 3*). BZVG Lux betrieb 47 Verkaufsstellen, die BHG 28 U-Bahn- und S-Bahnverkaufsstellen, die allesamt die Voraussetzungen für eine Bahnhofsbuchhandlung nicht erfüllten. Insoweit war Lux von der bevorstehenden Kündigung stärker betroffen als die Bahnhofs-Handels GmbH. Zunächst schien es so, als könnten sich beide Firmen außergerichtlich mit den Verlagen einigen. Parallel laufende Versuche, Übergangslösungen anzubieten, scheiterten jedoch an den mit den Bahnhofsbuchhandels-Kriterien nicht zu vereinbarenden Vorstellungen von Lux und BHG (*medien aktuell 13/1998: 5*). Am 2.7.1993 kündigte der Axel Springer Verlag die Direktbelieferung zu Bahnhofsbuchhandels-Konditionen per 30.6.1994. Gruner + Jahr schloß sich der Ankündigung am 13.12.1993 zum 30.6.1995 an. Am 11. 10.1994 kündigten auch der Jahreszeiten Verlag und der Nationalvertrieb MZV Moderner Zeitschriften Vertrieb der Bahnhofs-Handels GmbH die Direktlieferung zum 31.12.1995 und verwiesen sie - mit Ausnahme von Lieferungen für die von der BHG auf Bahnhöfen der Deutschen Bahn AG betriebenen Bahnhofsbuchhandlungen- auf den zuständigen Presse-Grossisten.

3.3 Rechtsstreit der Bahnhofs-Handels GmbH gegen MZV Moderner Zeitschriften Vertrieb und BZVG Lux & Co. gegen Axel Springer Verlag

Nach den Kündigungen der Verlage und der Nationalvertriebsfirma entwickelte sich ein lebendiger Rechtsstreit. Beide Bahnhofsbuchhändler reichten Klage auf Weiterbelieferung gegen die kündigenden Verlage ein. Die BHG zog vor das Berliner Kammergericht und beantragte, über den 31.12.1995 hinaus zu Bahnhofsbuchhandels-Konditionen weiter beliefert zu werden. In dem Verfahren gegen MZV vertrat sie die Auffassung, ohne sachlich gerechtfertigten Grund im Sinne des § 26 Abs. 2 GWB a.F. gegenüber den Bahnhofsbuchhandlungen auf Fernbahnhöfen ungleich behandelt zu werden. Der MZV sei zumindest verpflichtet, bis zu dem in den BB-Kriterien von 1993 genannten Endzeitpunkt (31.12.1997) die Direktbelieferung fortzusetzen. Zudem beruhe das Vorgehen von MZV auf einer durch § 1 GWB (Unwirksamkeit wettbewerbsbeschränkender Vereinbarungen) verbotenen Absprache der kündigenden Verlage mit dem Ziel, den Betrieb der BHG dem unter dem Einfluß von Großverlagen stehenden Berliner Presse-Grosso einzuverleiben.[36] Nachdem das Berliner Kammergericht am 22.5.1996 zugunsten der BHG urteilte, ein Bahnhofsbuchhandlungen gleichartiges Unternehmen zu sein und nach § 26 Abs. 2 GWB a.F. gleichzubehandeln ist (*Kammergericht Berlin v. 22.5.1996: 532 ff.*), hob der Kartellsenat des Bundesgerichtshof das Urteil am 17.3.1998 auf.

Zur Begründung führte der Bundesgerichtshof (BGH) aus, dass auch ein preisbindendes oder marktbeherrschendes Unternehmen durch § 26 Abs. 2 GWB a.F. nicht grundsätzlich gehindert ist, sein Absatzsystem so zu gestalten, wie es dies für wirtschaftlich sinnvoll und richtig erachtet. Dies könne auch zum Nachteil einzelner Nachfrager führen, sofern ein sachlich berechtigtes Interesse besteht. Ein sachliches Interesse, die Vorzugsbelieferung der Bahnhofs-Handels GmbH einzustellen, ergab sich nach Ansicht des Bundesgerichtshofs daraus, dass MZV befürchten mußte, dass weitere Presse-Einzelhändler, wie Verkaufsstellen auf Einrichtungen öffentlicher Verkehrsträger oder Tankstellen, die der Versorgung von Reisenden im weiteren Sinne dienen und den U-Bahn-Verkaufsstellen vom Zuschnitt und der spezifischen Vertriebsleistung ähneln, ebenfalls eine Direktbelieferung durchzusetzen suchen (*BGH v. 17.3. 1998: 398*). Grundsätzlich darf ein Unternehmen, das einer bestimmten Gruppe von Nachfragern eine Sonderstellung einräumt, den Kreis der dafür in Betracht kommenden Unternehmen klar abgrenzen, wofür es generalisierender Abgrenzungskriterien bedarf. Die von MZV vorge-

[36] An allen drei Berliner Presse-Grossisten sind Verlage beteiligt.

nommene Differenzierung nach Verkaufsstellen auf Bahnhöfen der Deutschen Bahn AG einerseits und solchen auf U-Bahn- und S-Bahnhöfen andererseits, sei eine solche Abgrenzung. Daß im Einzelfall, etwa für eine BHG-Verkaufsstelle auf einem zentralen Umsteigebahnhof im Berliner U- und S-Bahnnetz etwas anderes gelten mag, stehe der generellen Tauglichkeit des von MZV gewählten Kriteriums nicht entgegen (*BGH v. 17.3. 1998: 398*). Dem Interesse von MZV stand nach Ansicht des BGH weder die langjährige Geschäftsbeziehung mit den entsprechenden Konditionen, noch ein sonst wie geartetes, gleichwertiges oder höherrangiges Interesse der Bahnhofsbuchhandelsfirma entgegen: Die Bahnhofs-Handels GmbH sei keiner generellen Liefersperre ausgesetzt, sondern könne weiterhin Presseerzeugnisse über den örtlichen Grossisten beziehen. Einen Anspruch auf die mit der Direktbelieferung verbundenen höheren Rabatte könne es aber nicht geben, weil dem § 26 Abs. 2 GWB a.F. nicht die Funktion einseitigen Sozialschutzes zukomme.

Für die von der Kündigung vom 11.10.1994 mitumfaßten Flughafenbuchhandlungen der BHG bestand im Unterschied zu den U-Bahn- und S-Bahn-Verkaufsstellen, deren Direktbelieferung am 31.12.1998 endete (*dnv 4/2000: 54*), kein sachlich gerechtfertigter Grund für eine gegenüber Bahnhofsbuchhandlungen unterschiedliche Behandlung. Flughafenbuchhandlungen, denen in § 9 Ladenschlußgesetz ein den Verkaufsstellen auf Personenbahnhöfen vergleichbarer Sonderstatus eingeräumt wird, unterscheiden sich weder nach der Versorgungsfunktion, noch in Bezug auf die Geschäftsausstattung, den Umfang des Präsenzsortiments oder die Sortimentsgestaltung von Bahnhofsbuchhandlungen auf Personenbahnhöfen der Deutschen Bahn AG. Für diese Verkaufsstellen wurde MZV vom Bundesgerichtshof verpflichtet, die Bahnhofs-Handels GmbH zu BB-Konditionen weiterhin direkt zu beliefern (*BGH v. 17.3. 1998: 399*).

Während die BHG mit einer weiteren, gegen den Axel Springer Verlag in Berlin angestrengten Klage wegen der örtlichen Unzuständigkeit des Gerichts in zwei Instanzen scheiterte, ließ die BZVG Lux aus dem gleichen Grund ihre Klage gegen Springer und Gruner + Jahr an den Gerichtsstandort Hamburg verweisen, wo das Landgericht am 19.9.1997 zugunsten der beiden Verlage entschied (Geschäfts-Nr.: 315 O 199/97). In der Berufungsbegründung für das Hanseatische Oberlandesgericht beantragte die BZVG Lux & Co., das Urteil aufzuheben, den Rechtsstreit an die für Kartellsachen zuständige Kammer beim Landgericht Hamburg zurückzuverweisen und den Axel Springer Verlag u.a. zu verpflichten, BZVG Lux & Co. zu den Bedingungen des Bahnhofsbuchhandels weiterzubeliefern (*Heibey 1998*). Dieser Antrag stützte sich insbesondere auf die Auffassung der Lux-Anwälte, dass der an das Landgericht verwiesene Rechtsstreit in keinem Fall vor einer Zivilkammer, sondern ausschließlich vor der für Kartellsachen zuständigen Kammer hätte verhandelt werden dürfen. Zu einer weiteren Verhandlung kam es jedoch nicht mehr, weil der Allein-Gesellschafter der Firma BZVG Lux & Co. am 26.5.1998 aus Gründen, die entgegen kolportierten Gerüchten nichts mit der Kündigung durch den Axel Springer Verlag zu tun hatten, sondern in der Privatsphäre lagen, seinem Leben ein Ende bereitete (*Maiwald 1998*). Trotz des Schocks für alle Beteiligten ging der Geschäftsbetrieb unter dem alleinvertretungsberechtigten Geschäftsführer weiter. Obwohl zunächst von Verkaufs-„Verhandlungen mit der kollegialen Firma BHG (...) mit dem Ziel einer Übernahme zum 1.7.1998“ die Rede war (*Christiansen 1998: 1*), wurde am 13.9.1998 unter maßgeblicher Mitwirkung des Axel Springer Verlages und vor dem Hintergrund des Bundesgerichtshof-Urteils vom 17.3.1998 eine grundsätzliche Einigung „im Interesse aller Beteiligten“ erzielt (*dnv 10/1998: 56*). Zuvor hatte der Vorstand des Grosso-Verbandes mit „Unverständnis ein großes Zögern der Verlage“ (*Nolte 1998: 1)* bei der praktischen Umsetzung des BGH-Urteils festgestellt.[37] In

---

[37] Dieses Zögern rührte daher, dass kleine und mittlere Verlage, teilweise unaufgefordert, Erklärungen abgegeben hatten, BHG und Lux auch über den offiziellen Kündigungstermin hinaus direkt beliefern zu wollen. Vgl. Christiansen 1997 a: 1.

einem Brief an die Vertriebs-Verantwortlichen in den großen Verlagen hielt es der Vorsitzende, Eberhard Nolte, „für eine ganz gefährliche Strategie", die ausgesprochenen Kündigungen nicht umgehend zu realisieren. Die Urteile gegen die Bahnhofs-Handels GmbH und Lux müssten verwirklicht werden, „wenn man sich nicht andere gravierende, und insbesondere auch das Grosso belastende Nachteile einhandeln" wolle. Um keine, nach der Auffassung des Bundesgerichtshofs, sachlich nicht gerechtfertigte Ungleichbehandlung von Nicht-Bahnhofsbuchhandlungen vorzunehmen und Direktbelieferungsansprüche von bisher über das Grosso belieferten Einzelhändlern zu vermeiden, forderte Nolte die Verlage auf, umgehend zu handeln (*Nolte 1998: 2*).

4. Die „politische" Dimension der Direktlieferungs-Kündigungen im Bahnhofsbuchhandel

Neben wirtschaftlichen, kartellrechtlichen und sozialen Aspekten hat die sukzessive Verschärfung der BB-Kriterien seit 1969 und die jeweils damit einhergehende Kündigung von Verlags-Direktlieferungen für einzelne Bahnhofsbuchhandlungen immer auch eine „politische" Dimension gehabt.

Bahnhofsbuchhandlungen sind Presse-Fachhandlungen, deren breites und tiefes Zeitungs- und Zeitschriften-Sortiment mit über 2500 Präsenztiteln sich deutlich sichtbar von dem eines grossobelieferten Presse-Einzelhändlers abhebt. Mit durchschnittlich € 15.000.- Wochenumsatz liegt jede Bahnhofsbuchhandlung weit über dem Umsatz grossobelieferter Zeitungs- und Zeitschriftenfachgeschäfte, Verbrauchermärkte, Supermärkte, Waren- oder Kaufhäuser (*vgl. Kapitel I., 4.3., Seite 24 ff.*). Derart umsatzträchtige Verkaufsstellen locken natürlich auch Unternehmen an, die sich zwar mit dem Absatz von Presseerzeugnissen befassen, deren Haupterwerb aber nicht unbedingt im Bahnhofsbuchhandel, sondern in anderen Presse-Vertriebs-Sparten liegt. So ist nicht verwunderlich, dass neben inländischen Verlagen auch ausländische Vertriebsunternehmen aus vertriebspolitischen oder marktstrategischen Gründen Interesse am Kauf von Bahnhofsbuchhandlungen bekunden (*Sussmann 1998: 1*).

Wegen ihrer Attraktivität sind auch Presse-Grossisten[38] an der Übernahme von Bahnhofsbuchhandlungen interessiert (*medien aktuell 13/1998: 5*) und beteiligen sich mit Angeboten an entsprechenden Ausschreibungen.[39] Die Deutsche Bundesbahn hatte lange Zeit Vorbehalte gegen Presse-Grossisten als Bahnhofsbuchhändler, weil sie um das System der Direktlieferung fürchtete (*Riedl-Klaffke 1992 b: 3*). Und tatsächlich lässt sich aus den Zahlen der EHASTRA (Einzelhandels-Struktur-Analyse) seit 1970 bzw. aus der bis 1990 parallel dazu durchgeführten BASTRA (Bahnhofsbuchhandels-Struktur-Analyse) eine starke Entwicklung von Verlagsdirektlieferungen hin zu indirekten Grosso-Belieferungen von Verkaufsstellen auf dem Gelände von Verkehrsträgern ablesen (*Vgl. Kapitel II. 2.4., Seite 45 ff.*).

Nach Vorlage des Wallenfels-Gutachtens wurde 27 Bahnhofsbuchhandlungen (mit rund 90 Verkaufsstellen) mitgeteilt, dass sie ab 1. Juli 1975 ihren Bedarf durch den zuständigen Grossisten beziehen müssen (*Staudenmaier 1975: 2*). Mittlere und kleine Verlage, die nicht oder nicht rechtzeitig auf den Belieferungswechsel reagierten, wurden von den übernehmenden Grossisten erinnert bzw. aufgefordert, die Direktbelieferung der „Stadtgeschäfte" von Bahnhofsbuchhandlungen zu dem o.g. Termin einzustellen bzw. auf sie überzuleiten (*Becker & Winarek 1975; Hermeling 1975*). Weil sie nicht verstehen wollten, dass ausgerechnet einige ihrer Ver-

[38] Die Firmen Schmitt Heidelberg, Kirschner Troisdorf, Beutz Wilhelmshaven und Falter Aachen betreiben selbst Bahnhofsbuchhandlungen und kennen die vertrieblichen und wirtschaftlichen Möglichkeiten eines solchen Unternehmens genau. Vgl. Neumann 2004: 504 ff.

[39] Im Februar 2004 fusionierten die Grossisten Falter und Stemmler zur Aachener Medien Vertriebsgesellschaft. Falter intensivierte seine BB-Aktivitäten, bot auf die Bochumer Filiale des bisherigen Pächters, von Lengerke & Schulze oHG, und erhielt den Zuschlag zum 1. August 2004.

kaufsstellen von einer kartellrechtlich unbedenklichen Neudefinition des Bahnhofsbuchhandels-Begriffs betroffen waren, machten viele von der Lieferumstellung auf das Presse-Grosso betroffene Bahnhofsbuchhändler nicht die Verlage oder die Deutsche Bundesbahn für diese Entscheidung verantwortlich, sondern den an „Gewinnmaximierung interessierten Großhandel" (*Kunze 1975: 3; Tessin 1975: 2*).

Die innovative, planmäßige Errichtung von Pressezentren durch den Bahnhofsbuchhändler Hermann Montanus in Innenstädten und die Ausdehnung des Angebotsstellennetzes durch das bundesweit agierende Filialunternehmen Hussel Holding AG in den siebziger Jahren stellte für den alleinauslieferungsberechtigten Presse-Großhandel nicht nur ein Ärgernis, sondern einen Vorgang von größter politischer Bedeutung dar. Die Zusagen verschiedener großer Verlage, das Unternehmen zu Bahnhofsbuchhandels-Rabatten direkt zu beliefern, ermöglichten Montanus, sich über den Bahnhofsbereich hinaus in die vom Grosso reklamierten Innenstädte auszudehnen. Unter dem Druck einzelner Firmen und des Verbandes Presse-Grosso wurden Direktlieferungen von Verlagen sukzessive gekündigt und deren Wiederaufnahme vom Bundeskartellamt abgelehnt mit dem Argument, dass das Presse-Grosso bei möglichen Gleichbehandlungsansprüchen anderer EH-Filialisten seine wesentliche Funktion als Verteiler von Presseerzeugnissen nicht mehr wahrnehmen könne bzw. „eine konkrete Gefahr für das Fortbestehen des gegenwärtigen Grossosystems" bestünde (*Bundeskartellamt 1978: 3*). Nach dem abschlägigen Bescheid der 6. Beschlussabteilung vom 5.6.1978 ließ die Hussel Holding AG als Reaktion darauf in einem Rechtsgutachten (*Schmeding 1979*) prüfen, unter welchen Umständen das Unternehmen einen Anspruch auf Direktbelieferung gegenüber den preisbindenden Verlagen erwirbt. Das Gutachten kam zu dem Ergebnis, dass „ein Belieferungsanspruch gemäß § 26 Abs. 2 GWB (a.F.) des von Hussel zu gründenden Unternehmens gegenüber den Verlagen möglich" sei (*Schmeding 1979: 15*). Faktisch erreichte Hussel sein Ziel aber erst 1982, als die Hagener Holding sich mit 75% an der Stilke Kiosk- und Laden GmbH, Berlin beteiligte. In den Montanus Aktuell-Filialen hingegen führten diverse Umstrukturierungen zu einer drastischen Reduzierung des Pressesortiments und zu Liefereinstellungen durch einige Grossofirmen wegen Unterschreitung der Mindestpräsentationsfläche. Trotz Intervention des Grosso-Verbandes bei der verantwortlichen Zentrale in Hagen blieb Montanus Aktuell bei seiner Entscheidung mit dem Argument, dass der Handlingsaufwand für Presse in keinem angemessenen Verhältnis zur Handelsspanne stehe (*Presse-Grosso 1996 a: 5*).

Solcherlei Animositäten, die aus der Sicht der Betroffenen verständlich erscheinen mögen, aus prinzipiellen Erwägungen bzw. aus kartellrechtlichen Aspekten jedoch ohne Belang sein müssen, spielten auch in der Zeit nach der Verabschiedung der „Leistungserwartungen an den Bahnhofsbuchhandel" im Jahre 1981 bis zum Inkrafttreten abermals neuer BB-Kriterien ab der neuen Pachtperiode (ab 1.1.1986) eine Rolle. Von insgesamt rund 200 Bahnhofsbuchhandlungen, die ihren Direktbelieferungs-Status verloren, wurden 50 Betriebe (teilweise wegen Zahlungsunfähigkeit) geschlossen und 150 wegen Nichterfüllung der Kriterien in „Sonstige Verkaufsstellen mit Mischsortiment" (Pachtvertrag Muster II) umgewandelt bzw. in die Belieferung durch die gebietszuständigen Presse-Grossisten überführt (*dnv 4a/1987: 32*). Besonders hart traf es dabei die inzwischen zur Hussel Holding AG gehörenden Firmen Conwa bzw. Stilke in Hamburg, die ab 1.7.1985 insgesamt über 100 eigene und fremde Verkaufsstellen auf Hamburger Verkehrseinrichtungen bzw. Bahnhofsgelände außerhalb des Stadtgebiets an die Grossisten Buch und Presse, VPV Meldorf, Carlsen Flensburg und Grade Elmshorn verloren.

Ihren Höhepunkt erreichten Polemik, Spekulation und verbale Angriffe der von Direktbelieferungs-Kündigungen und Existenzgefährdung bedrohten Bahnhofsbuchhändler in den Jahren 1994 bis 1998 während des Rechtsstreits zwischen dem Axel Springer Verlag und dem Nationalvertrieb MZV auf der einen und den Firmen BZVG Lux und BHG auf der anderen Seite: „Wenn wir vom Markt gehen, verschwinden die letzten zehn Prozent des Pressevertriebs, der in Berlin noch verlagsunabhängig arbeitet", befürchtete BHG-Geschäftsführer Kilidjian (*dnv 6/1995: 56*), der auch Auswirkungen für das gesamte Bundesgebiet sah: „Wenn wir uns jetzt nicht wehren, bedeutet das über kurz oder lang das Aus für den gesamten Bahnhofsbuchhandel in Deutschland". (*G. Kilidjian in dnv 6/1995: 57*) Lux Anwälte warfen dem Landgericht Hamburg in der Berufungsbegründung für das Hanseatische Oberlandesgericht vor, „den Kartellcharakter der lediglich stillschweigend (vom Bundesgerichtshof) geduldeten Verkaufssyndikate" ebenso wenig erkannt zu haben „wie die Missbräuchlichkeit einer Ausnutzung dieser Duldung zum Ausschluß des Restwettbewerbs" (*Heibey 1998: 3*). Das Landgericht übergehe die Tatsache, „dass eine Verstärkung des Duopols ihrer beiden verlagseigenen Grossisten ihren Mutterverlagen erlaubt, die Kontrolle des Vertriebs ihrer Konkurrenzverlage zu vervollständigen" (*Heibey 1998: 3*). Die Bahnhofs-Handels GmbH behauptete, dass es bei den Kündigungen in Wirklichkeit darum gehe, den Restwettbewerb auszuschalten, um den Pressevertrieb in Berlin vollständig unter Verlagskontrolle zu bringen und „den Zugang der Presse aus dem EU-Ausland nach Berlin nur durch das Nadelöhr der Vertriebstöchter zweier deutscher Großverlage" zu gestatten (*Heibey 1998: 3*). Dem von der Bahnhofs-Handels GmbH kurz vor der mündlichen Verhandlung vor dem Bundesgerichtshof eingebrachten Antrag, diesen Aspekt und andere Verletzungen des EG-Vertrages dem Europäischen Gerichtshof zur Entscheidung vorzulegen, hatte der Bundesgerichtshof nicht stattgegeben. Zielrichtung dieses Antrags der Bahnhofs-Handels GmbH war, das Presse-Grosso vor dem Hintergrund des europäischen Wettbewerbsrechts vor Gericht in Frage stellen zu lassen (*MZV 1998: 1*).

Die Auseinandersetzungen um den Bahnhofsbuchhandel in Berlin zogen ein reges, überregionales Medieninteresse und Presse-Echo auf sich. Der im Mittelpunkt der Kritik stehende Axel Springer Verlag betonte, dass kein Lieferverbot ausgesprochen worden sei. Fünf Verlage hätten lediglich die Umstellung der Belieferung der U- und S-Bahn-Kioske angekündigt. Es sei nicht zu befürchten, dass die Berliner ihre Zeitungen und Zeitschriften nicht mehr kaufen könnten. Vielmehr stünden über 2.700 Einzelhändler wie immer pünktlich zur Versorgung des Berliner Marktes mit Presseerzeugnissen bereit (*dnv 6/1995: 57*). Mit der Entscheidung des Bundesgerichtshofs vom 17. März 1998 fühlte sich Axel Springer in seiner Auffassung bestätigt, dass die Sonderstellung des Bahnhofsbuchhandels nur von Angebotsstellen auf Fernbahnhöfen, die gleichzeitig die Kriterien für den Bahnhofsbuchhandel erfüllen, in Anspruch genommen werden kann (*Grimm 1998: 28*). Mit Hilfe der per 1.7.1993 in Kraft gesetzten neuen BB-Kriterien, die wegen der langwierigen Verhandlungen und Prozessdauer allerdings erst sechs Jahre später zur Umstellung der letzten U- und S-Bahnverkaufsstellen auf Grossobelieferung führten, gelang es den Verlagen nicht nur, Gleichbehandlungsansprüche der Postdienst Service GmbH in Berlin abzuwehren, sondern nach mehreren Anläufen auch, in ganz Deutschland einen „reinrassigen" Bahnhofsbuchhandel durchzusetzen.[40] Nach Jahrzehnten der direkten Zusammenarbeit mit den Verlagen verständigte sich die Firma Lux mit Wirkung ab 1.1.1999 mit den drei Berliner Grossisten, Berliner Presse Vertrieb, Presse Vertrieb Berlin und V.V. Vertriebs-Vereinigung darauf, die Belieferung ihrer rund 50 Filialen auf indirekte Belieferung umzustellen und den Direktbezug zum 31.12.1998 zu kündigen (*Ostwald 1998: 1*).

III. KONZENTRATIONEN IM BAHNHOFSBUCHHANDEL

Die Zahl der Bahnhofsbuchhandlungen hatte im Jahr 1955 mit insgesamt 1025 Betrieben ihren absoluten Höchststand erreicht (*Dorn/Vogel 2001: 183*). Die erste branchenweite Bahnhofs-

[40] Einziger „Makel" blieben 18 zur Bahnhofsbuchhandlung Stilke gehörende Einzelhandelsgeschäfte und 26 im Hamburger Stadtgebiet gelegene Stilke-Filialen, die zwar zu BB-Konditionen fakturiert, aus logistischen Gründen jedoch mit Fahrzeugen des Hamburger Grossisten Buch und Presse, der auch die Remissionseinholung bei Stilke besorgte, beliefert wurden. Vgl. Bundeskartellamt 1997/1998: 91; Christiansen 1997 b: 3

Buchhandels-Struktur-Analyse (BASTRA) wurde 1970 durchgeführt. Weitere Erhebungen folgten in den Jahren 1978, 1983, 1987, 1990 und 1994 (*dnv 1/1980; dnv 4a/1987; VDZ 1990; VDZ 1995*). Neuere Daten über den Bahnhofsbuchhandel wurden den jeweils jährlich erscheinenden Geschäftsberichten des Verband Deutscher Bahnhofsbuchhändler und dem „Neumann" – Handbuch für den Presse-Vertrieb und -Verkauf entnommen bzw. werden gerade vom VDZ erhoben:

Tabelle 6: Entwicklung der Umsätze, Pächter und Betriebe (1970 - 2003)

Jahr	Pächter	Index	Betriebe	Index	Umsatz in Mio. €	Index	Umsatz je Betrieb €	Index
1970	183	100	633	100	82,4	100	130.174	100
1978	146	80	840	133	147,8	179	175.952	135
1983	164	90	739	117	179,1	217	242.355	186
1993	126	69	571	90	260,8	317	456.743	351
1994	115	63	515	81	306,8	372	595.728	458
1997	100	55	440	70	317,0	385	720.455	553
1999	100	55	440	70	383,5	465	871.591	670
2000	101	55	428	68	353,3	429	825.467	634
2001	99	54	400	63	360,0	437	900.000	691
2002	80	44	400	63	345,0	419	862.500	663
2003	76	42	420	66	340,0	413	809.524	622

Nach dem vorliegenden, teilweise inkonsistenten Zahlenmaterial, setzten im Jahr 1970 die 183 Pächter von Bahnhofsbuchhandlungen insgesamt € 82,4 Mio. in 633 von den Verlagen direktbelieferten Betrieben um. Die Zahl der Pächter bzw. Betriebe reduzierte sich bis 2003 auf 76 Firmen bzw. 420 Verkaufsstellen. Gleichzeitig stieg der Branchenumsatz auf € 340 Mio. an. Nach einer deutlichen Reduzierung der Zahl der Verkaufsstellen in den Jahren 1975, 1985 und 1996 wurden bis 2003 durch die Umgestaltung von Bahnhöfen neue Angebotsstellen geschaffen. Heute verfügt der Bahnhofs- und Flughafenbuchhandel (15 Firmen auf 22 Flughäfen) mit 420 Outlets nur noch über 66 % seiner Verkaufsstellenzahl von 1970, erzielt jedoch mit 809.524 € das Sechsfache des damaligen Umsatzes pro Verkaufsstelle. Während die Zahl der direktbelieferten Bahnhofsbuchhandlungen im Zeitraum zwischen 1970 und 2003 um 34 % abnahm, ging die Zahl der Pächter um 59 % zurück. Allein von Januar 2002 bis Februar 2003 kamen fünf langjährige Verbandsmitglieder (Stirnberg in Essen, Sieberg in Wuppertal, Höhn-Kutter in Memmingen, Reinhardt in Bremen und Böckmann in Essen) „unter die Räder" (*dnv 6-7/2003: 21*). Analog dieser Entwicklung hatte sich die Zahl der Verbandsmitglieder von 167 im Jahr 1970 auf 76 im Jahr 2003 vermindert (*BB-Geschäftsbericht 2003: 6*).

Im Durchschnitt kommt heute jeder Pächter auf 5,5 Verkaufsstellen. Diese Zahl sagt jedoch wenig über die tatsächlichen Größenverhältnisse im Bahnhofsbuchhandel aus. Seine Struktur reicht vom kleinen Familienbetrieb mit einer Verkaufsstelle bis zu Tochtergesellschaften international operierender Medienkonzerne mit über 130 Verkaufsstellen. Trotz der drastischen Reduzierung der Betriebe konnte der Bahnhofsbuchhandel seinen Umsatz seit 1970 mehr als vervierfachen. Dieser hohe Zuwachs ist auf Verkaufspreissteigerungen, Umbauten, Ausbaumaßnahmen sowie eine verbesserte Warenpräsentation in den Bahnhofsbuchhandlungen zurückzuführen. Die Zeiten, wo Reisende vor Antritt einer Bahnfahrt an Verkaufsschaltern abgefertigt wurden, sind längst vorbei. Die noch bis 1987 weit verbreiteten Ladengeschäfte mit Thekenverkauf oder nichtbegehbare Bahnhofskioske (*dnv 4a/1987: 36*) wurden in den neunziger Jahren durch begehbare und impulskauffördernde SB-Bahnhofsbuchhandlungen abgelöst (*VDZ 1995: 3*), um im Interesse des Kunden Wartezeiten zu vermeiden, die Ware schneller zu verkaufen und Personal einzusparen. Überall dort, wo es Umbauten oder Flächenvergrößerungen gab, konnten auch beachtliche Umsatzzuwächse erzielt werden. Dafür gab es in den Betrieben, die nichts verändern konnten oder wollten, Stagnation oder Rückgang.

Bis Mitte der neunziger Jahre war der Bahnhofsbuchhandel mit über 100 Firmen zwischen 1 und 3 Verkaufsstellen und Jahresumsätzen von bis zu 1,5 Mio. € noch mittelständisch geprägt (*dnv 6/1998: 14*). Seither hat ein starker Trend zu größeren Einheiten und eine in alle Richtungen verlaufende Konzentration (horizontal, vertikal, diagonal) bei einzelnen, großen Unternehmen eingesetzt. Allein die fünf größten Firmen Valora Retail Deutschland, HDS Retail Deutschland („Relay"), Schmitt, die Dr. Eckert-Gruppe und Wittwer kommen zusammen auf 75 % des Branchenumsatzes und 73 % aller Verkaufsstellen, während sich 71 Pächter die restlichen 25% Umsatz bzw. 27 % Verkaufsstellen teilen.

Tabelle 7: Pressekonzentration im Bahnhofsbuchhandel – Marktanteile der Top 5 BB

Firma	Zahl der Betriebe	Jahresumsatz in €uro	Marktanteil in %
Valora	132	85	25
davon Stilke	42		
Sussmann	14		
BHG	56		
Horndasch	20		
HDS Retail	50	54	16
Schmitt	54	48	14
Dr. Eckert	83	44	13
davon Handelshaus	25		
Welter	13		
Ludwig	3		
PSG	42		
Wittwer	21	24	7
Summe Top 5	340	255	75
Rest (71 Pächter)	127	85	25
Bund (lt. VDZ)	467	340	100

Die über Jahre relativ ruhig verlaufende, organische Entwicklung zu einer Reihe von Filialbetrieben erhielt ab 1997 eine ganz neue Qualität, als internationale Konzerne mit europäischer Strategie und Perspektive (Intermarché, Wal-Mart, Rautakirja Oy u.a.) versuchten, den deutschen Einzelhandel regelrecht aufzurollen. Seit der Schweizer Valora Holding AG und dem in insgesamt 16 europäischen Ländern agierenden, französischen Hachette-Konzern (HDS) der Einstieg in den deutschen Markt gelungen ist, wird neben dem allgemeinen Presse-Einzelhandel (Verbrauchermärkte, SB-Warenhäuser) zunehmend auch der Bahnhofsbuchhandel internationalisiert (*Graf 2001: 29*). Valora und HDS Retail[41] sind gute Beispiele dafür, dass bei der Akquisition durch internationale Konzerne anfänglich nicht die Verzinsung des einge-

[41] Das Gleiche gilt für Wal-Mart im Lebensmittel-Handel.

setzten Kapitals, sondern die Eroberung von Marktanteilen im Vordergrund steht. Anders als mit Marktmacht sind die unter Renditegesichtspunkten nicht zu rechtfertigenden Pachtangebote für zum Teil wenig attraktive Standorte wie z.B. Delmenhorst (*dnv 3/2001: 46*) auch nicht nachzuvollziehen. Neben dem Interesse internationaler Konzerne, Marktanteile im deutschen Pressemarkt zu generieren, gab es ab 1994 aber auch klare Anzeichen für eine „technisch bedingte Konzentration" (*K.-H. Schmitt, zitiert bei Wilking 1998: 22*). Daß sich dieser, durch die Verschärfung der BB-Kriterien in Gang gebrachte Trend vermutlich weiter fortsetzen wird, liegt u.a. darin begründet, dass sich der Bahnhofsbuchhandel außerhalb einsteigewilliger deutscher und ausländischer Medien- und Handelskonzerne als hermetisch erweist (*Wilking 1998: 22*).

1. Welche Faktoren haben die Unternehmens-Konzentration im Bahnhofsbuchhandel maßgeblich beeinflusst?

Einige Bahnhofsbuchhändler änderten schon während der Tätigkeit der „Projektgruppe Bahnhofsbuchhandel", die die Erfüllung der neuen Kriterien überprüfte, ihren Status in grossobelieferten Einzelhandel. Nach dem Stichtag für die Kriterienerfüllung erklärten weitere Firmen ihren Verzicht auf die Direktbelieferung, weil sie sich wegen der durch die Körperlose Remission und die Teilnahme am ISPC-/EDI-PRESS-Verfahren erhöhten Handlings- und operativen Kosten nicht in der Lage sahen, sämtliche Kriterien zu erfüllen.

Bahnhofsbuchhändlern, die nachweisbar die neuen Kriterien nicht erfüllten, wurden von den Verlagen nach Ablauf der Karenzzeit die Direktbelieferungsverträge gekündigt. Dies galt nicht nur für Einzelpächter, sondern auch für einzelne Filialen größerer Unternehmen, die durch die neuen Kriterien im übrigen eindeutige Strukturvorteile erlangten.

Anfang 1998 stellte der Bahnhofsbuchhandel erstmals seit 50 Jahren ein flächenbereinigtes Umsatzminus und einen Rückgang der Kundenfrequenz fest. Das Ende der Boomphase im Neuen Markt hatte im Jahr 2000 nicht nur deutliche Spuren im Anzeigengeschäft der Verlage, besonders bei Rubrikanzeigen in Tageszeitungen, hinterlassen, sondern auch im Bahnhofsbuchhandel. Rezession, Kaufzurückhaltung und rückläufige Fahrgastzahlen bei der Deutschen Bahn AG führten ab 2002 zu weiteren Umsatzrückgängen.

Zu hohe Pachtangebote, höhere Pachten in renovierten Bahnhöfen, gestiegene, durch die langen Öffnungszeiten bedingte Personalkosten bei schwindenden, bestenfalls stagnierenden Buch- und Presseumsätzen, und ein neuer Überwälzungsmodus für die Raum-Nebenkosten führten zu negativen Betriebsergebnissen, besonders bei den expandieren Firmen Valora und HDS Retail, aber auch bei kleineren, inhabergeführten Unternehmen, die weder betriebswirtschaftlich noch fachlich optimal geführt waren (*Schmidt 2004: 21*).

In einzelnen Fällen hatten die Firmengründer das Problem des Generationswechsels und der Nachfolge zu lösen. Nicht in allen Fällen war die jüngere Generation bereit, das elterliche Erbe zu übernehmen, weshalb diese Firmen nicht in der Familie blieben, sondern an einen Konzern verkauft wurden. So eindeutig die Konzerngelüste waren, so bemerkenswert war andererseits die Verkaufsbereitschaft einiger Bahnhofsbuchhändler, die keine Nachfolgeprobleme hatten. Neben den recht attraktiven Angeboten der Medien- und Handelskonzerne drückte sich darin auch die allgemeine Verunsicherung der Branche über die Zukunft des Bahnhofsbuchhandels aus (*Presse-Grosso 1999: 4*).

Obwohl auch mit Stilke, Schmitt oder Wittwer größere Filialunternehmen in den fünfziger und sechziger Jahren wiederauferstanden waren,[42] versuchte die Bahn zunächst, die Entstehung einer oligopolistischen Struktur des Bahnhofsbuchhandels zu vermeiden. Das Bundesbahngesetz bestimmte, dass frei werdende Bahnhofsbuchhandlungen ab einer gewissen Umsatzgröße öffentlich ausgeschrieben werden mussten, um auch kleinere und bislang branchenfremde Firmen zum Zuge kommen zu lassen (*Dorn/Vogel 2001: 183*). In den siebziger Jahren veränderte die Deutsche Bundesbahn ihre Konzessionsvergabepraxis, indem sie freiwerdende Bahnhofsverkaufsstellen größeren Unternehmen als Filialen anbot oder Verträge nach dem höchsten Pachtangebot mit zum Teil branchenfremden Unternehmen abschloß, was zu Fehlbesetzungen führte.

2. Das Modernisierungskonzept der Deutschen Bahn AG als Katalysator des Konzentrations-Prozesses

Die mit der Privatisierung der Deutschen Bundesbahn 1994 begonnene Aufwertung der Bahnhöfe zu Einkaufszentren und die dadurch erhöhten Anforderungen an die Pächter haben die durch sukzessive Verschärfung der Direktbelieferungskriterien schon immer vorhandenen Konzentrationsbewegungen im Bahnhofsbuchhandel erheblich beschleunigt. Das Modernisierungsprogramm der Deutschen Bahn AG hatte die Um- und Ausbaumaßnahmen vieler Bahnhofsbuchhandlungen erst in Gang gebracht. Bei einigen Bahnhofsbuchhändlern stand die Bahn umgekehrt unter Zugzwang, Umbaumaßnahmen vorzunehmen, um den Pächtern die Erfüllung der von den Verlagen geforderten Kriterien erst zu ermöglichen (*VDZ 1997 b: 7*). Um ihre Groß- und Mittelbahnhöfe grundlegend zu modernisieren, war die Bahn bereit, jährlich mehrere Millionen Euro in die Erneuerung zu investieren, erwartete von ihren Pächtern aber auch, dass sie -in Bezug auf ihr Geschäft- einen Anteil in gleicher Höhe leisteten (*dnv 4/1990: 36*). Dazu waren kleinere Einzelpächter aber nicht immer imstande. Wo der Zwang zu Investitionen gegeben, für kleinere Bahnhofsbuchhändler aber nicht zu verkraften war, wurde die Konzentration durch die Deutsche Bahn AG dadurch forciert, dass sie Angebote finanzstarker Großfilialisten präferierte und den Wechsel langjähriger, kleiner Pächter (z.B. von Lengerke in Bochum) billigend in Kauf nahm.[43]

Das Angebot zusätzlicher Flächen im Zuge von Aus- und Umbauten in Bahnhöfen bot vielen Pächtern die Chance, ihre Verkaufsstellen zugunsten des Buch- und Presseangebots zu erweitern und dadurch Mehrumsätze zu erzielen. Dazu musste jedoch eine erhebliche Investitionsbereitschaft auch der möglicherweise unfreiwillig von den Bauplänen der DB AG betroffenen Pächter gegeben sein, denn die Aufwendungen pro Quadratmeter Verkaufsfläche (zwischen € 1250.- und € 5000.-) waren zum Teil enorm. Rund € 41 Mio. wurden in die Renovierung der Hamburger Wandelhalle investiert. In Leipzig setzten die Investoren rund € 200 Mio. für 20.000 m² Verkaufsfläche ein. Für die Neugestaltung der Hauptbahnhöfe in Bremen und Mannheim wurden € 128 Mio. aufgewendet und allein die Sanierung des Nürnberger Hauptbahnhofs kostete € 77 Mio (*Schellenberger 1993: 40; FAZ v. 21.12.2001: 53*). Als größte Investiti-

---

[42] Die Firma Wittwer wurde 1867 in Stuttgart als Verlag und Buchhandlung gegründet. Ab 1878 nahm Konrad Wittwer auch den Buch- und Presseverkauf im damaligen Stuttgarter Hauptbahnhof auf und baute diesen Geschäftszweig über ganz Württemberg aus. Vgl. dnv 11/1991: 50.

[43] Für den Pächterwechsel auf die in zehn Städten Nordrhein-Westfalens tätige Bahnhofsbuchhandlung Falter war die Verlagerung des Bochumer Hauptladens von einer I-a-Lage in eine III-b-Lage ursächlich. Von Lengerkes Berater hatte ihm vorgerechnet, dass die höheren Bewirtschaftungskosten der fünffachen Angebotsfläche, höhere Personalkosten und die Abschreibungen der nächsten Jahre den kompletten, bisherigen Jahresüberschuß verzehren würden. Ein reduziertes Pachtangebot akzeptierte die DB AG nicht, schrieb den Standort öffentlich aus und vergab ihn schlussendlich an Falter.

onsvorhaben im deutschen Bahnhofsbuchhandel wurden von der Postdienst Service Gesellschaft (PSG) in den Leipziger Hauptbahnhofs-Promenaden sechs Verkaufsstellen für € 1,95 Mio. errichtet, von HDS Retail für neue Läden und Standorte € 4,6 Mio. und von Schmitt, Heidelberg ein Ausbauprogramm für neun Bahnhöfe (inklusive Nürnberg) in einer Größenordnung von überschlägig € 6,5 Mio. realisiert.[44] Während der Bahnhofsbuchhandel in den achtziger Jahren und früher wegen der bürokratischen Haltung der Bundesbahn-Verantwortlichen häufiger Gelegenheiten zur Flächenvergrößerung vermisste, wurde der Spielraum für Expansionen Ende der neunziger Jahre angesichts erstmaliger Rückgänge bei Umsatz, Fahrgastzahlen und Kundenfrequenzen für viele Firmen deutlich kleiner. Trotz der ungünstigen wirtschaftlichen Rahmenbedingungen mit der Folge zunehmenden Rationalisierungsdrucks, schrumpfender Rentabilität und einer dramatischen Beschleunigung des Konzentrationsprozesses, investierte der Bahnhofsbuchhandel im Jahr 2002 in 110 Umbau- und Renovierungsmaßnahmen, um „als starker Vertriebspartner am Puls der gemeinsamen Kunden" zu bestehen (*G. Grauert, zitiert bei VDZ 2003: 1*). Trotzdem schritt der Konzentrationsprozeß voran, denn allein in 2002 mußten sechs langjährige und namhafte Bahnhofsbuchhändler ihr Unternehmen veräußern bzw. aufgeben, darunter auch Holger Reinhardt, dessen Familie seit 1928 die Buchhandlung im Bremer Hauptbahnhof leitete. Die Bahnhofsbuchhandlung Reinhardt GmbH musste wegen wirtschaftlicher Vorgaben der Deutschen Bahn AG und Umbauarbeiten am Bremer Hauptbahnhof, die mehr als drei Jahre andauerten, Insolvenz beantragen. Nachdem Verhandlungen mit der DB AG über Pachtreduzierungen und einen besseren Standort zu keinem Ergebnis führten, rückte der Schweizer Groß-Filialist Valora im Bremer Hauptbahnhof nach (*dnv 3/2003: 7*).

3. Die Valora Holding AG auf dem Weg zur Marktführerschaft im deutschen Bahnhofsbuchhandel

Die Valora Holding AG mit Sitz in Bern erzielt einen Jahresumsatz von ca. € 2 Mrd. und ist als Handelsunternehmen für Konsumgüter auf den kleinflächigen Einzelhandel spezialisiert. Sie gliedert sich in drei Divisionen, die ausnahmslos in die Versorgung von Konsumentenmärkten mit hohen Absatzpotentialen involviert sind: Valora Sourcing & Marketing (Beschaffung), Valora Wholesale (Handel und Distribution von Food- und Non-Food-Artikeln) und Valora Retail.

Valora Retail betreibt Kioskgesellschaften und andere kleinflächige Ladenkonzepte an Hochfrequenzlagen in der Schweiz, Österreich, Luxemburg und Deutschland. Das Kiosksortiment umfasst Presseerzeugnisse, Bücher, Tabakwaren, Nahrungsmittel und Artikel des täglichen Bedarfs. In der Schweiz zählen die Presse-Importeure und -Grossisten Kiosk AG in Basel (*Kiosk AG 1992*) und die Melisa Messaggerie del Libro e della Stampa S.A. in Lugano (*Melisa 1996*) zu Valora. Die Kiosk AG betreibt 1325 aller rund 8000 Schweizer Kioske selbst, ist in rund 400 Bahnhöfen vertreten und erzielt etwa 60% des dortigen Presse-Einzelhandels-Umsatzes (*Güntert 1998: 9; dnv 4/1999: 38*). Marktführend ist Valora Retail auch in Luxemburg, wo mit dem zum Konzern gehörenden Presse-Importeur und -Grossisten Messageries Paul Kraus und dessen Transportunternehmen neben 54 eigenen auch 250 selbständige Buch- und Pressegeschäfte beliefert werden (*medien aktuell 3/2000: 17*).

Im deutschen Bahnhofsbuchhandel ist Valora Retail seit der Übernahme der Anteile der Stilke Buch- und Zeitschriftenhandelsgesellschaft mbH, Hamburg von der Douglas Holding AG (vormals Hussel) tätig. Hussel hatte Stilke 1982 gekauft und die Organisation nach mehrfachem Wechsel der Geschäftsführung und nach Verlusten in Millionenhöhe (*dnv 2/1987: 28*)

---

[44] Vgl. dazu im einzelnen Baier 2001: 66; dnv 3/2001: 42; Lebensmittel-Zeitung 5/1998; dnv 7-8/2002: 34

durch Verkäufe und Zusammenlegungen gestrafft. Anfang Juli 1993 kündigte der Axel Springer Verlag den Berliner Firmen BHG und Lux die Direktbelieferung zu Bahnhofsbuchhandels-Konditionen, nachdem der Verlag den Kriterienkatalog mit dem Bundeskartellamt abgestimmt hatte. Um die lückenlose Erfüllung der Kriterien als Voraussetzung für die Direktlieferung durchzusetzen, kündigten Springer und andere Verlage auch Stilke den Direktbezug für die Hamburger U-Bahn-Verkaufsstellen an (*dnv 4/1995: 82*), woraufhin es zu einer Lösung mit Umsatzausgleich kam:

Bis 1995 zählten 92 Filialen zu Stilke, mit denen die zur Phönix-Montanus GmbH gehörende Bahnhofsbuchhandlung einen Gesamtumsatz von rund € 84 Mio. und (nach Bahnangaben) einen Presseumsatz von € 35 Mio. erzielte (*Christiansen 1997 b: 2*). Am 1.1.1995 gab Stilke 39 Filialen auf U-Bahnhöfen in die Belieferung durch die Hamburger Grossisten Buch- und Presse-Grossvertrieb (B&P) und Presse-Vertrieb Nord (PVN) ab. Durch die geänderte, indirekte Belieferung ergab sich für die Grossisten ein Umsatzzuwachs von insgesamt € 7,2 Mio., für den Stilke von den beiden Großhandelsfirmen eine Einmalzahlung von zusammen € 1,6 Mio. erhielt (*Christiansen 1997 b: 2*). Von den 39 vom Statusverlust als Bahnhofsbuchhandlungen betroffenen Stilke-Filialen auf den U-Bahnhöfen der Hamburger Hochbahn AG übernahm die Firma NAH DRAN Warenhandels GmbH & Co. KG, eine Tochter des Oldenburger Kiosk-Spezialisten Kempermann, zum 31.5.1995 insgesamt 23 Verkaufsstellen samt Personal (*dnv 4/1995: 82*). Von den am 1.6.1995 noch zu Stilke zählenden 69 Verkaufsstellen waren 48 Bahnhofsbuchhandlungen mit Direktbelieferungsanspruch und 21 vom Grosso belieferte Filialen. Die Direktbelieferung der 24, außerhalb des Hamburger Stadtgebiets gelegenen, S- und Fernbahnhöfe erfolgte frei Bahnhof bzw. frei Filiale. Für die tägliche Versorgung der 24 „direktbelieferten" Hamburger Filialen mit Presseerzeugnissen bestand analog zur ehemaligen Belieferung durch die Conwa (*vgl. Kapitel II. 2.3., Seite 42 f.*) ein Kooperationsvertrag mit der Grosso-Firma Buch- und Presse-Grossvertrieb (*Christiansen 1997 b: 3*).

Ende 1995 wurde bekannt, dass die zu 75% zur Douglas Holding und zu 25% zur Jahr Beteiligungsgesellschaft gehörende Stilke Buch- und Zeitschriftenhandels GmbH verkauft werden sollte. Neben der Essener Süßwaren-Großhandelsgruppe Sügro und dem französischen Presse-Vertriebs-Konzern Hachette Distribution Services (HDS) bekundete auch der Axel Springer Verlag Interesse am Kauf von Stilke (*medien aktuell 5/1996: 2*). Ein Angebot von Hachette über rund € 13 Mio. wurde von Axel Springer um € 2,5 Mio. überboten, um den Eintritt von HDS in den deutschen Bahnhofsbuchhandel zu verhindern (*kress report 22/1996: 2a*). Im November 1996 wurde dann offiziell, was bereits seit einiger Zeit kolportiert worden war: Valora übernahm zum 1. Januar 1997 mit 76 % der Anteile die Mehrheit bei Stilke, die restlichen 24 % des Gesellschaftskapitals gingen an den Axel Springer Verlag.[45] Während das Bundeskartellamt die Mehrheitsbeteiligung der schweizerischen Valora genehmigte, erhob es gegen die Integration des deutschen Großverlags in den Presse-Einzelhandel Bedenken und prüfte, ob ein Umgehungstatbestand und ein wettbewerblich erheblicher Einfluß vorlag (*Vgl. dazu das folgende Kapitel III., 4. ab Seite 63)*.

Über die Plattform Stilke hinaus kündigte Valora an, die Zahl ihrer Filialen in Deutschland erweitern und das von ihr in der Schweiz praktizierte Shop-Konzept („K-Konzept") internationalisieren zu wollen. Priorität sollte der gezielte Ausbau und die Stärkung des Bahnhofsbuchhandels haben. Daneben bekundete der Groß-Filialist jedoch auch Interesse am Einstieg in den grossobelieferten Kiosk-Markt, der, so die Valora, anders als in der Schweiz, kleinräumig, dezentral und im gesamten Sortimentsmix wenig strukturiert sei (*dnv 4a/1997: 2*). Bei ihren Expansionsplänen hielt Valora auch Kooperationen mit der Deutschen Bahn AG und Verlagen für denkbar, soweit das Bundeskartellamt keine Einwände erhebt. Gegenüber der Deutschen Bahn AG strebte Valora die Position des Schlüsselpartners an und präsentierte der

[45] Als Gesamtkaufpreis wurden 23,3 Mio. DM bzw. 11,9 Mio. € genannt.

DB Station & Service AG ein Konzept zur Einrichtung von Convenience Stores auf deutschen Bahnhöfen, nachdem das bahneigene Konzept (*vgl. Kapitel I., 3.1., Seite 14 ff.*) gescheitert war (*dnv 11/2001: 41*). Ihrem Ziel, durch Ausbau des Filialnetzes und Umsatzausweitung zum Marktführer im deutschen Bahnhofsbuchhandel zu werden, kam die Valora durch die sukzessive Übernahme weiterer Firmen und die erhebliche Verschärfung des Konzentrationstempos im Bahnhofsbuchhandel schnell näher. Nach Stilke (im Jahr 1997) wurden in rascher Folge die Firmen Sussmann München (1998), Bahnhofs-Handels GmbH Berlin (1999), Horndasch Gütersloh (2001), Bretz Emden (2001), Stirnberg Essen (2002), Böckmann Essen (2003) und Reinhardt Bremen (2003) übernommen. Nach dem Kauf der Berliner BHG im Jahr 1999 wurden die zu Valora gehörenden deutschen Bahnhofsbuchhandlungen administrativ gestrafft und zentralisiert. Die verwaltungstechnischen Bereiche wie Disposition, Personal, Finanzbuchhaltung sowie das Management wurden an den neuen Firmensitz nach Hamburg verlegt (*dnv 8/2000: 56*) und die Filialen auf eine einheitliche Corporate Identity („k presse + buch") umgestellt (*dnv 7-8/2002: 28*). Der Vertrieb und die Abrechnung für Presse wurden auf die neu gegründete Gesellschaft „Valora Retail Services GmbH" umgestellt, womit es für die Verlage nur noch einen Kunden statt vier (Stilke aktuell, BHG, Sussmann´s Presse & Buch, HD Presse + Buch) zu bearbeiten gibt (*dnv 20-21/2004: 50*).

Abbildung 3: Valora Retail Deutschland ab 1. November 2004 mit neuer Organisationsstruktur für Presse

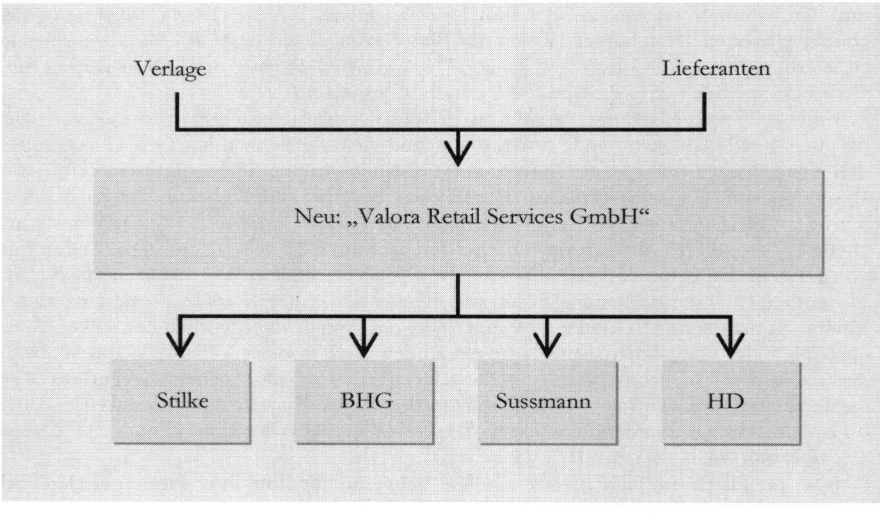

Dem rasanten Aufstieg der Valora Retail Deutschland zu 143 Verkaufsstellen und mehr als 25% Marktanteil folgte eine außerordentlich kritische Phase des inzwischen wichtigsten Handelspartners der Verlage im deutschen Bahnhofsbuchhandel (*VDZ 2003 b: 1*). Neben personellen und strukturellen Veränderungen wie der Entlassung des Schweizer Konzernchefs (*Valora Holding AG 2003: 1*) und der Inhaftierung des deutschen Geschäftsführers beklagten die Verlage und Nationalvertriebsfirmen Probleme im Waren- und Datenfluß, bei der Remission und in der Kommunikation mit dem Unternehmen. Statt weiterer Expansion standen plötzlich die Konsolidierung und die Lösung eines Bündels angehäufter Probleme wie Remissionsverarbeitung, Bereinigung des Standortes Hamburg um die grossobelieferten Stilke-Verkaufsstellen, Datenqualität, Disposition, Rechnungsprüfung, EDI-Nutzung und filialisierte Datenmeldung im Vordergrund (*VDZ 2003 c: 2*). Auch wenn nach Abschluß der Gespräche mit den Verlagen, bei denen hinsichtlich der zukünftigen vertrieblichen Kooperation mit Valora Retail Deutschland erheblicher Klärungsbedarf bestand, von neuer organisatorischer Aufstellung, enger Zusammenarbeit mit den Verlagen, Optimierung der Arbeitsabläufe in den Verkaufsstellen und gemeinsamen KR-Prüfungen pro Standort die Rede war (*VDZ 2003 b: 1*), war intern nicht zu überhören, dass die Valora wegen der (nach sechs Jahren ungebremsten Wachstums) entstandenen Problemfülle und wegen der zweistelligen Verluste in einer Größenordnung von € 14,5 Mio. ihr Engagement im deutschen Bahnhofsbuchhandel auch gänzlich in Frage zu stellen bereit war.

4. Der Beteiligungsversuch des Axel Springer Verlag an Stilke

Als zum Jahresende 1995 bekannt geworden war, dass sich die Phönix Montanus GmbH von ihrer Beteiligung an der Stilke Buch- und Zeitschriftenhandels GmbH zu trennen beabsichtigte, versuchte der Axel Springer Verlag aus strategischen Gründen die Mehrheit der Anteile an Stilke zu erwerben, um unliebsame französische Vertriebskonkurrenz auszuschalten. Nachdem das Bundeskartellamt Bedenken gegen die Beteiligungspläne des Verlages erhob, weil dieser bereits über ansehnliche Interessen im Presse-Grosso verfügte,[46] verfolgte die ASV AG das Vorhaben in dieser Form nicht weiter. Stattdessen übernahm Springer im November 1996 zeitgleich mit einer Mehrheitsbeteiligung der Schweizer Valora Holding AG eine Minderheitsbeteiligung von 24 % an Stilke, die das Bundeskartellamt nur für den Fall einer erheblichen Beeinträchtigung der Wettbewerbssituation untersagen konnte. Während der Mehrheitserwerb der Valora, die als Newcomer in den deutschen Bahnhofsbuchhandel eintrat, das Plazet des Bundeskartellamtes erhielt *(Bundeskartellamt 1997/1998: 91),* prüfte selbiges, ob in den Verträgen zwischen der ASV AG und Valora nicht Umgehungstatbestände versteckt waren, die dem Verlag de facto Einfluß auf die Geschäftsführung der Bahnhofsbuchhandlung erlaubten. Diese Vermutung wurde durch den Umstand genährt, dass Springer und Valora auch im Schweizer Markt kooperierten (*Bundesgerichtshof vom 21.11.2000: 762*). Dort ließ Springer seine Zeitungs- und Zeitschriftentitel durch die Valora-Tochter Kiosk AG ausliefern. Obwohl der Verlag (wie viele andere auch) mit der Vertriebsleistung der Schweizer nicht zufrieden war (*Corriere del Ticino v. 17.4.1996*) und deshalb der Kiosk AG mit Wirkung ab 1.3.1996 den Vertrag für das Tessin gekündigt und die Auslieferung auf die wesentlich kleinere Vertriebsfirma Melisa SA gewechselt hatte, kehrte Springer trotz besserer Verkäufe der Melisa SA zur Kiosk AG zurück (*kress report 22/1996: 2a*).[47]

Das Bundeskartellamt wollte den Axel Springer Verlag als Gesellschafter juristisch hinausdrängen und untersagte deshalb im November 1997 den Erwerb der 24%igen Beteiligung an Stilke (*Bundeskartellamt 1997/1998: 91*). Die Untersagung gründete sich darauf, dass Springer durch die Beteiligung die Möglichkeit erhalten hatte, auf Stilke einen wettbewerblich erheblichen Einfluß im Sinne des § 23 Abs. 2 Nr. 6 GWB a.F. ausüben zu können. Hierdurch würden marktbeherrschende Stellungen der ASV AG auf den Lesermärkten für Boulevardzeitungen und für regionale Abonnement-Zeitungen im Großraum Hamburg verstärkt. Nach Auffassung

[46] Der Axel Springer Verlag verfügte Ende 1996 über Beteiligungen an Buch und Presse, Hamburg (58,25 %), Vertriebs Vereinigung, Berlin (48,5 %), Pressevertrieb Pfalz, Frankenthal (32 %) und an acht ostdeutschen Presse-Grossisten (je 8 %). Vgl. dnv 12/1996: 34.

[47] Im Juli 1999 kaufte die Valora die Melisa SA in Lugano und gewann so die Kontrolle über den Presseabsatz in dieser bedeutenden Schweizer Tourismus-Region. Vgl. Valora Holding AG 1999.

des Bundeskartellamtes, die auch Wettbewerber des Springer Verlages (*kress report 22/1996: 2a*), der Verband Deutscher Bahnhofsbuchhändler und der Verband Presse-Grosso vertraten (*medien aktuell 14/2000: 35*), hätte der erfolgreiche Eintritt des Axel Springer Verlag in die letzte Stufe des Pressevertriebs zu erheblichen Veränderungen der bis dahin weitgehend mittelständisch geprägten Branche geführt und die bestehende Neutralität des deutschen Pressevertriebs-Systems in Frage gestellt (*Bundeskartellamt 1997/1998: 90*). Gegen die Untersagung legte der Axel Springer Verlag Beschwerde beim Berliner Kammergericht ein und hielt der Auffassung des Bundeskartellamtes entgegen, dass die Marktstellung von „Bild" an insgesamt 67 Stilke-Verkaufsstellen in keiner Weise verstärkt werde, weil der Verlag neben dem Hauptgesellschafter Valora keineswegs über den vom Bundeskartellamt unterstellten wettbewerblich erheblichen Einfluß auf die Bahnhofsbuchhandlungen verfüge (*medien aktuell 47/1997: 2*).

Das Kammergericht Berlin bestätigte im wesentlichen die Feststellungen und rechtlichen Wertungen des Bundeskartellamtes (*Bundeskartellamt 1997/1998: 91*) und wies die Beschwerde der ASV AG gegen die Untersagungsentscheidung mit Beschluß vom 28.10.1998 (Kart 26/97) zurück. Das Kammergericht führte aus, dass der Tatbestand des § 23 Abs. 2 Nr. 6 GWB a.F. nicht nur auf horizontale, sondern auch auf vertikale Beteiligungen anwendbar sei (*Kammergericht Berlin v. 28.10.1998: 524*). Für entscheidend befand das Gericht, ob der Anteilserwerb eine Einflussnahme auf die Willensbildung des Beteiligungsunternehmens ermögliche und den Erwerber in die Lage versetze, eigene Wettbewerbsinteressen zur Geltung zu bringen. Eine Einflussmöglichkeit müsse nicht vertraglich abgesichert sein, sondern es reiche aus, dass ein Anteil unter 25 % erworben werde und die so erlangte Gesellschafterposition faktisch als Grundlage zur Beeinflussung diene (*Kammergericht Berlin v. 28.10.1998: 524*).

Der Bundesgerichtshof bestätigte dieses Urteil am 21.11.2000 und die Einschätzung des Kammergerichts, dass die Möglichkeit der Einflussnahme auf Stilke das mit dem Erwerb der Anteile vom Springer Verlag bezweckte Ziel war (*Bundesgerichtshof v. 21.11.2000: 765*). Mit dem Beschluß (KVR 16/99) wurde der ASV AG die Übernahme von 24 % an Stilke endgültig untersagt. Die Minderheitsbeteiligung ging per 1.1.2001 zunächst an die Bahnhofsbuchhandlung Karl Schmitt & Co., Heidelberg, wurde von diesem Unternehmen jedoch im August 2003 an Valora Retail Deutschland weiterverkauft, so dass diese heute alleinige Eigentümerin von Stilke ist.

5. Postdienst Service GmbH (PSG) und Axel Springer Verlag AG

Die kurzzeitige Beteiligung der Axel Springer Verlag AG bei Stilke war das erste größere Engagement eines deutschen Verlagshauses im Bahnhofsbuchhandel. Die ASV AG hatte sich aber schon einige Zeit vorher bemüht, durch den Erwerb von Bahnhofsbuchhandels- und allgemeinen Presseeinzelhandelsgeschäften in die letzte Stufe des Pressevertriebs vorzudringen. Dazu hatte der Verlag im September 1996 beim Bundeskartellamt ein Zusammenschlussvorhaben angemeldet, mit dem er den geplanten Erwerb der Postdienst Service Gesellschaft (PSG) von der Deutschen Post AG avisierte (*Bundeskartellamt 1995/1996: 92*).

Das Bundeskartellamt machte sich durch Umfragen bei Wettbewerbern[48] und Vertriebsexperten aus Grossofirmen und Bahnhofsbuchhandlungen sachkundig und gewann dabei die Erkenntnis, dass die ohnehin schon starke Stellung des Springer Verlages auf dem bundesweiten und Berliner Vertriebs- und Anzeigenmarkt durch den Einstieg in das Einzelhandelsgeschäft der PSG noch weiter verstärkt würde (*Bundeskartellamt 1995/1996: 92*). Der Einstieg eines Großverlages in die letzte Stufe des Pressevertriebs hätte zu erheblichen strukturellen

---

[48] Dem Verfahren beigeladen waren die Verlage Gruner + Jahr, Berliner Zeitung, Heinrich Bauer und Jahr Verlag. Vgl. medien aktuell 3/1997: 5.

Veränderungen der bisher weitgehend mittelständisch strukturierten Branche und zu einer Gefährdung der Vertriebsneutralität geführt, die sicherstellt, dass jeder Zeitungs- und Zeitschriftentitel gleiche Chancen hat (*Bundeskartellamt 1995/1996: 92*). Weiter legte das Kartellamt dar, warum der Einstieg des Axel Springer Verlag in den Einzelhandel für diesen von Vorteil wäre: Mittels unternehmerischer Leitungsbefugnis könnte er den verlagseigenen Einzelhandel direkt zu absatzsteigernden Maßnahmen zugunsten der eigenen Objekte und zum Nachteil der Wettbewerber veranlassen.

„Erhebliche wettbewerbliche Bedenken" gegen den beabsichtigten Zusammenschluß schlugen sich in einer schriftlichen Abmahnung der 6. Beschlussabteilung vom 9.12.1996 nieder, auf die der Verlag mit einer Erwiderung reagierte. Am 6. Januar 1997 erfolgte die Untersagung der Übernahme der PSG durch den Axel Springer Verlag, gegen die er das Rechtsmittel der Beschwerde zum Kammergericht hätte einlegen können. Der Verlag und die Deutsche Post AG verzichteten jedoch im Interesse der Zukunft des Unternehmens PSG und seiner Mitarbeiter auf eine Klage und vermieden damit eine absehbar langjährige, gerichtliche Auseinandersetzung, die die PSG wohl auch nicht überlebt hätte. Denn das Unternehmen hatte in den Jahren seit 1993 ohne jeden Gewinn gearbeitet und schob im Frühjahr 1997 einen Verlustvortrag von € 51 Mio. vor sich her.

Der PSG-Gesamtumsatz, der nur zu 11 % aus dem höherrabattierten Bahnhofsbuchhandel stammte (*dnv 1/1995:* 22), stagnierte bei rund € 155 Mio. und die Umsätze der durchweg neuen, kostenintensiv errichteten, ostdeutschen Bahnhofsbuchhandlungen lagen mit € 400.000 p.a. (*medien aktuell 3/1997: 5*) deutlich unter dem Branchendurchschnitt.[49]

5.1 Konsolidierung der PSG und das Post Plus-Konzept

Um die Verluste zu begrenzen, nahm das Management der PSG radikale Einschnitte an der Verkaufsstellen-Struktur und Mitarbeiterzahl vor. Bei Beginn ihrer Geschäftstätigkeit am 1.1.1991 beschäftigte die PSG noch 3.500 Mitarbeiter und verfügte über 1.700 Post- und 260 Bahnhofsverkaufsstellen (*Kap. I., 1.3., Seite 7*). Diese Werte reduzierten sich bis Januar 1995 durch den Abbau defizitärer Angebotsstellen auf 1.350 Mitarbeiter, 450 Kioske und Ladengeschäfte und 21 Bahnhofsbuchhandlungen mit Direktbelieferungsanspruch (*dnv 1/1995: 22*). Vorteilhaft für die PSG in dieser Situation war ihre Zuordnung zu der seit Jahresbeginn 1995 als Aktiengesellschaft fungierenden Deutschen Post AG, die einerseits die Gesundschrumpfung des PSG-Handelsnetzes forcierte und andererseits dem Tochterunternehmen zu neuen Geschäften verhalf. Für 1996 waren acht neue Bahnhofsbuchhandlungen und die Ausdehnung in die alten Bundesländer (*dnv 6/1996: 63*) geplant. Um das Problem sinkender Kundenfrequenzen und deutlicher finanzieller Einbußen bei den Post-Annahmestellen in den Griff zu bekommen, beauftragte die Deutsche Post AG die PSG im Frühjahr 1996 mit einem „Post Plus" genannten Pilotprojekt (*Baier 1997: 40*). In Kooperation mit der Schreibwaren-Einzelhandelskette McPaper und auf zwölf Monate begrenzt, sollten bundesweit zunächst zwanzig etwa 250 Quadratmeter große Post-Shops unter Ausnutzung der maximal möglichen Ladenöffnungszeiten neben Post-Leistungen auch Convenience- und Papeteriewaren (Lebensmittel, Zigaretten, Schreibwaren und Presseerzeugnisse) anbieten. Von dem Post-Plus-Konzept, in das die PSG ihr Einzelhandels-Know-how einbringen sollte, versprach sich die DP AG zufriedenere Kunden und eine höhere Nachfrage nach Post-Dienstleistungen (*dnv*

[49] Vgl. Tabelle 6 „Entwicklung der Umsätze..." im Kapitel III., Seite 56. Während im Bahnhofsbuchhandel durchschnittlich 70% des Umsatzes aus Presse und 20-25% aus dem Verkauf von Büchern resultieren (medien aktuell 15/2003: 4), erzielte die PSG in ihrem Filialnetz (auch außerhalb der Bahnhöfe) nur rund 40 % mit Presse (medien aktuell 3/1997: 5) und 5 % mit Büchern (Baier 1997: 41).

10/1996: 4). Bis Februar 1997 wurden 19 Post-Plus-Filialen mit PSG-eigenen Mitarbeitern eröffnet. Die Ergebnisse, besonders die zusätzlichen Verkäufe von Presseerzeugnissen (*dnv 6/1996: 63*) und Steigerungen im Angebotsbereich von McPaper, ermutigten die DP AG zur Fortsetzung des Post-Plus-Konzeptes.

Abbildung 4: PSG in den neuen Bundesländern

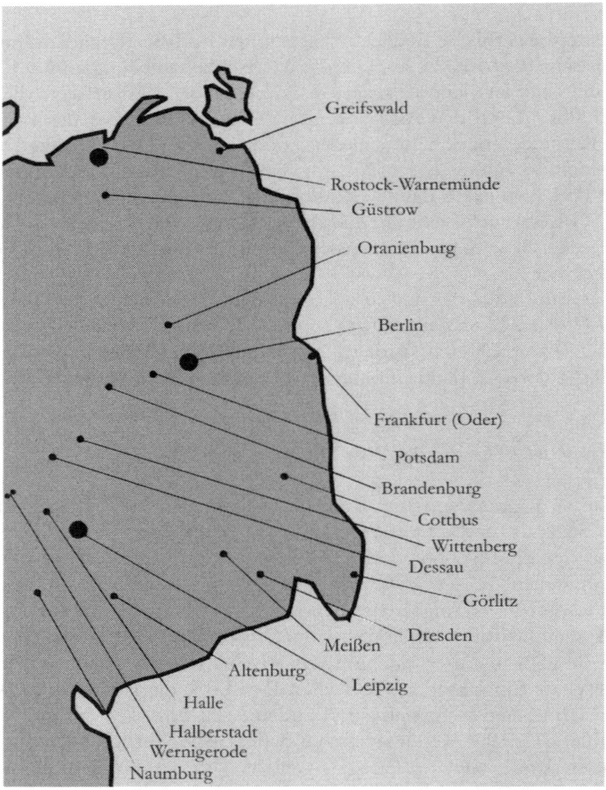

Obwohl durch die – parallel zur Geschäftsausweitung mit Post Plus und weiteren Bahnhofsbuchhandlungen verlaufende – Konsolidierung der PSG die Zahl der eigenen Verkaufsstellen im Zeitraum Januar 1995 bis Januar 1997 von 471 auf 277 weiter reduziert worden war (*medien aktuell 3/1997: 5*), hatten sich inzwischen Verluste von rund € 51 Mio. aufgetürmt. Damit war die weitere Existenz der PSG in Frage gestellt und ein Kaufinteressent wie Hachette Distribution Services (HDS), der nach der Untersagung der PSG-Übernahme durch den Axel Springer Verlag und einer ersten eigenen Akquisition 1997 am Frankfurter Flughafen (Julius Vaternahm) Ausschau nach weiteren Presse-Einzelhandlungen hielt (*Wilking 1998: 18*), mehr als willkommen. Daß schließlich nicht Hachette, sondern mit Adam-Claus Eckert ein etablierter, von der wirtschaftlichen Potenz her aber deutlich kleinerer Einzelhandels-Filialist und Bahnhofsbuchhändler bei der PSG zum Zuge kam, hatte er der Unterstützung durch die großen Verlage und den mit ihnen in den neuen Bundesländern gesellschaftsrechtlich verbundenen Presse-Grossisten zu verdanken (*Wilking 1998: 18*). Mit deren Zusage, bei der Fortfüh-

Presse-Grossisten zu verdanken (*Wilking 1998: 18*). Mit deren Zusage, bei der Fortführung problematischer PSG-Verkaufsstellen zu helfen, konnte Eckert der Deutschen Post AG eine dreijährige Standortgarantie für alle aktiv betriebenen Verkaufsstellen geben, die für die Post wegen der damit verbundenen Arbeitsplatzsicherung das entscheidende Kriterium war, obwohl sie mit Hachette einen höheren Kaufpreis hätte erzielen können (*Wilking 1998: 18*).[50]

5.2 Verkauf der PSG und Umfirmierung in Prima Service Gesellschaft

Nach der Übernahme von 125 Einzelhandelsbetrieben[51] zu Jahresbeginn 1998 trieb das in „Prima Service Gesellschaft" (PSG) umfirmierte Unternehmen einen Modernisierungs- und Neustrukturierungskurs in den Betriebsabläufen bis hin zur Sortimentspolitik mit den Komponenten Fachbedarf (Tabakwaren und Presse) und Convenience (Nahversorgung) voran. Das alte PSG-Management wurde entlassen und die Post-Plus-Filialen auf die neu gegründete, posteigene Gesellschaft Deutsche Post Service und Vertriebs GmbH (DPSV) übertragen.[52]

Neben dem eigenen Filialnetz untervermietete und betreute die Prima Service Gesellschaft 250 weitere, aus dem alten PSG-Bestand stammende Kioske, deren Werbeflächen (City-Light-Poster) sie vermarktete, um zusätzliche Einnahmen zu generieren (*dnv 1/2001: 64*). 1998 erzielte die Prima Service GmbH mit 93 Presse-, Buch- und Schreibwarengeschäften sowie 36 Bahnhofsbuchhandlungen einen Umsatz von rund 60 Mio. Euro. Diesen steigerte sie im darauffolgenden Jahr auf 64 Mio. Euro. Im zehnten Jahr ihres Bestehens, im Jahr 2000, betrug die Zahl der PSG-Geschäfte 135. Durch eine deutliche Verbesserung der Ertragslage erreichte das Unternehmen 2003 die Gewinnzone.

5.3 Unternehmensgruppe Dr. Eckert

Durch den Kauf der PSG von der Deutschen Post AG war die Unternehmensgruppe Dr. Eckert zwischenzeitlich zu einer der größten Bahnhofsbuchhandlungen Deutschlands aufgestiegen. Der Geschäftsumfang des Unternehmens, dessen Aktivitäten im Bahnhofsbuchhandel bis in das Jahr 1923 zurückreichen, hatte sich 1998 mit einem Schlag verdoppelt (*Patzer 1998: 16*).

Dr. Eckert & Co. – Das Handelshaus für Reise und Verkehr wurde am 6. Juli 1923 unter der Geschäftsführung von Adam Eckert durch die Gesellschafter der Heidelberger Buchhandelsfirma Schmitt, Jacques Bettenhausen und Carl Schmitt *(Kap. I., 1.1., Seite 1 ff.)*, gegründet. Das Unternehmen sollte eine Art Zentrale für den Handel mit Druckerzeugnissen, Andenken, Schokolade und Tabakwaren in Hotels, Kiosken, Wartehallen und Bahnhöfen sein (*Dorn/Vogel 2001: 62*).

Eckert hatte trotz Inflation und Massenarbeitslosigkeit Erfolg. Seiner Familie wurde für fünf Generationen die Leitung des Unternehmens garantiert und schon 1928 konnte er 25 % der Firmenanteile kaufen (*Patzer 1998: 15*). Nach dem Umzug in den wesentlich aussichtsreicheren Stuttgarter Hauptbahnhof mit größeren Ladenlokalen und besseren Büroräumen erwarb Eckert im gleichen Jahr die Firma Barbarino. Mit dem 1887 in Frankfurt am Main ge-

[50] Von der Zusage der Verlage musste Eckert niemals Gebrauch machen!

[51] Davon 32 Bahnhofsbuchhandlungen.

[52] Zwei Jahre nach dem mit der Postdienst Service Gesellschaft begonnenen Test wurde im Juni 1998 die einhundertste Post-Plus-Filiale in Leipzig eröffnet. Im Februar 1999 wurde das Nahversorger-Sortiment mit Presse zugunsten von Papier-, Büro- und Schreibwaren aus allen Post-Plus-Filialen verbannt, nachdem die Deutsche Post AG im Zuge des Abbaus eigener und Ausbaus fremdbetriebener Filialen 330 McPaper-Outlets samt Personal von Herlitz aufgekauft hatte.

gründeten Zigarrenhaus ergänzte Eckert sein Unternehmen und weitete es auch nach Thüringen aus. Bereits ein Jahr später, 1929, wurde die Handelsgruppe um den 1916 in Ludwigshafen gegründeten Reisebedarfs-Spezialisten Peter Welter erweitert (*Unternehmensgruppe Dr. Eckert 1998: 1*).

Im 2. Weltkrieg kam das gesamte Unternehmen durch das Bezugscheinsystem und die Bombardierung der Bahnhöfe zum Erliegen. Nach dem Tod von Adam Eckert leitete seine Frau den Wiederaufbau des Filialnetzes im Westen. Der Sohn, Adam-Claus Eckert, trat 1975 in das Unternehmen ein und übernahm 1990 die Geschäftsführung. Er vergrößerte die Unternehmensgruppe 1988 durch den Erwerb von Presse + Buch Ludwig im Kölner Hauptbahnhof (*dnv 3/2001: 54*) und 1989 mit einer Beteiligung an Deutschlands ältestem Zigarrenhaus Dürninger GmbH (*dnv 3/2001: 55*), die er 2003 wieder veräußerte.

Im Jahr 1989 wurde Adam-Claus Eckert zum Vorsitzenden des Verbands Deutscher Bahnhofsbuchhändler gewählt. Bis 1998 blieb er in diesem Amt, für das er nach dem Erwerb der Berliner Postdienst Service GmbH nicht mehr kandidierte. Die vorläufig letzte Akquisition vollführte Eckert im Jahr 2000, als er den im Raum Karlsruhe tätigen Tabakwaren-Filialisten Kohm übernahm, dessen sämtliche Geschäfte auch Zeitungen und Zeitschriften führen (*dnv 6/2000: 5*). Zur Unternehmensgruppe Dr. Eckert mit Stammhaus in Stuttgart-Feuerbach gehörten im Jahr 2003:

Tabelle 8: Unternehmensgruppe Dr. Eckert

Firma	Sitz	Filialen	davon BB	Umsatz in Mio. €
Handelshaus Dr. Eckert & Co.	Stuttgart	37	25	7,3
Peter Welter GmbH & Co.KG	Stuttgart	22	13	4,3
Ludwig Presse und Buch	Köln	3	3	10,1
Prima Service Gesellschaft	Berlin	102	42	22,5
Barbarino Tabak	Stuttgart	36	0	30,7
Dürninger Zigarren	Stuttgart	26	0	10,9
Unternehmensgruppe	Stuttgart	226	83	85,8

Insgesamt erwirtschaftet die Unternehmensgruppe Dr. Eckert mit rund 1.400 Mitarbeitern einen Jahresumsatz[53] von 85,8 Mio. Euro. Die Geschäftstätigkeit reicht vom Bahnhofsbuchhandel (Umsatz: € 44,2 Mio.) über den Handel mit Tabakwaren und Lebensmitteln bis zum Reisebedarf. Die regionalen Schwerpunkte liegen in Baden-Württemberg, Berlin, Thüringen, Sachsen, Rheinland-Pfalz, Sachsen-Anhalt, Brandenburg, Mecklenburg-Vorpommern, Bayern und Nordrhein-Westfalen.

Nach der Akquisition von Kohm entstand durch die Außenkennungen von sieben verschiedenen Firmen ein heterogenes Erscheinungsbild, weshalb im Herbst 2001 tiefgreifende Entscheidungen zur effizienteren Organisation der Handelsgruppe getroffen wurden. Zum Teil ging es um die Anpassung von Arbeitsprozessen, zum Teil um eine klarere Orientierung für die Kunden. Die Filialen der Unternehmensgruppe wurden mit vier neuen Marken „Eckert. Convenience“, „Ludwig. Presse und Buch“, „Barbarino. Tabak“ und „Dürninger. Zigarren“ neu profiliert. Bedingt durch die Firmenhistorien hatten sich jeweils eigene Vorgehensweisen für ähnliche Aufgaben herausgebildet. Nun wurde ein gemeinsamer Standard geschaffen und der Presse-Einkauf für alle Bahnhofsbuchhandlungen der Unternehmensgruppe bei der Berli-

[53] Die Umsatzzahlen der Firmen Handelshaus, Welter, Ludwig und PSG beziehen sich nur auf die BB-Filialen und beinhalten nur den Sortimentsteil Presse und Buch.

ner Prima Service Gesellschaft zentralisiert. Seit Januar 2002 haben es die Verlage nicht mehr mit vier Firmen, sondern mit einem einzigen Ansprechpartner für die Bahnhofsbuchhandels-Filialen der Unternehmensgruppe Dr. Eckert zu tun (*dnv 7-8/2002: 56*).

6. Hachette Distribution Services (HDS) als führender Presse-Einzelhandels-Spezialist in Europa

Die HDS Retail Deutschland GmbH gehört zur Lagardère Groupe SCA mit Sitz in Paris. Lagardère ist ein weit diversifizierter Konzern, der durch das Zusammenwachsen verschiedenster Unternehmenszweige entstanden ist und sich in drei Geschäftsfeldern mit Luftfahrt und Verteidigung (EADS), der Entwicklung und Produktion von Automobilen (Matra) und mit Kommunikation (Lagardère Media) beschäftigt (*HDS 1997: 16*). Mit 43.600 Beschäftigten hat die Lagardère-Gruppe im Jahr 2002 einen konsolidierten Umsatz von € 13,5 Mrd. erzielt *(Braunberger 2004: 17),* davon 60 % mit Buchverlagen, Druckereien, Vertrieb, Radio, Film, Werbung, Zeitungen und Zeitschriften (*dnv 10/2001: 55*).

Hachette Distribution Services SA ist eine Tochtergesellschaft der Matra-Hachette SA (Umsatz 2002: € 8,1 Mrd.)(*Braunberger 2004: 17*), deren Aktien von Lagardère gehalten werden. Mit den drei sich ergänzenden Sparten Inlands-Pressevertrieb (44%), internationaler Pressevertrieb (12%) und Einzelhandel (44%) gehört HDS zu den führenden Spezialisten für den Absatz von Zeitungen und Zeitschriften weltweit. Die Anfänge von HDS reichen bis in das Jahr 1826 zurück, als Louis Hachette (1800-1864) die Pariser Buchhandlung Brédif kaufte und damit den Grundstein für den Haupterwerbszweig des heutigen Konzerns legte. 1852 richtete Hachette im Pariser Bahnhof „Gare de Lyon“ die erste Buch- und Presse-Verkaufsstelle ein und begann wenig später auch mit einer verlegerischen Tätigkeit (*HDS 1999: 2*). Heute ist HDS durch 3200 Verkaufsstellen mit 7 verschiedenen Ladenkonzepten[54] in insgesamt 16 Ländern vertreten und erwirtschaftet mit 12.300 Mitarbeitern einen Umsatz von rund 3,8 Mrd. Euro (*dnv 10/2001: 55*). Drei Viertel davon macht das Unternehmen außerhalb Frankreichs in Europa und Nordamerika (*HDS 1998: 2*). Sechzig Prozent des gesamten Einzelhandelserlöses entfallen auf das Geschäft an Bahnhöfen und Flughäfen *(Le Bulletin 15/1999: 3),* auf denen die Kette mit der supranationalen Marke „Relay“ in rund 1000, in einheitlichem Design gestalteten, Outlets vertreten ist (*Snyder 2000: 59 f.*).

Essentieller Bestandteil des Relay-Auftritts ist die Praktizierung des von HDS „Red Shop“ genannten Geschäftskonzeptes, das 1984 in Frankreich, speziell für die dortigen Einzelhandelsgeschäfte in Reise-Zentren („Relais H“) entwickelt worden war. Red-Shop-Verkaufsstellen sollen sich durch attraktiven Ladenbau, ein breites Presse-Sortiment und optimale Warenpräsentation auszeichnen. Beabsichtigt ist, dem Reisenden eine internationale Marke zur Orientierung anzubieten und einen Einkaufs-Standard, der sich durch hohe Qualität und hohen Service, d.h. durch geschulte und kompetente Mitarbeiter auszeichnet (*Snyder 2000: 60*).

6.1 HDS Retail Deutschland GmbH

Hachette Distribution Services hatte sich lange vergeblich um den Einstieg in den deutschen Presse-Einzelhandel bemüht. Zwar hatte das französische Unternehmen seit 1956 mit seiner Tochtergesellschaft Saarbach immerhin den größten Importeur ausländischer Presse im deutschen Markt etabliert, eine verfehlte Personalpolitik, ein ungeschickter Verhandlungsstil und

---

[54] Travel Retail Shops, Stadtmitte und Einkaufszentren Mid Size Format, Multimedia-Märkte, Buchhandlungen, Geschenkartikel, Presse Cafes und Duty Free Shops. Vgl. dazu Le Bulletin 15/1999: 3 f.

besonders der Widerstand konkurrierender deutscher Verlage hatten jedoch die Ausdehnung des internationalen HDS-Presseverkaufsstellen-Netzes auf Deutschland verhindert. Daran änderte auch der Erwerb einer einzelnen Verkaufsstelle der Julius Vaternahm oHG (*dnv 1/1998: 26*) auf dem Frankfurter Rhein-Main-Flughafen nichts.

Erst als der Wiesbadener Bahnhofsbuchhändler Manfred Bauer sein Unternehmen „Bauer Press International" 1998 an HDS verkaufte und die Geschäftsführung der HDS Retail Deutschland übernahm, ging es richtig voran. Bauer hatte als typischer Mittelständler seit 1981 ein Unternehmen mit 18 Verkaufsstellen auf dem Frankfurter Flughafen und 11 Bahnhofsbuchhandlungen im Rhein-Main-Gebiet mit einem Gesamtumsatz von € 30,7 Mio. aufgebaut (*Le Bulletin 15/1999: 1*). Während der von ihm geleiteten Expansion in den Jahren 1999 bis 2002 wurden ungehemmt neue Verkaufsstellen eröffnet (Rhein-Main-Flughafen), grossobelieferte Angebotsstellen in direktbelieferte Bahnhofs- und Flughafenbuchhandlungen umgewandelt (Delmenhorst, Bremen, Hannover), völlig neue Standorte besetzt (Flughäfen Dresden, Düsseldorf und Hamburg) und etablierte Bahnhofsbuchhandlungen gekauft *(dnv 3/2001: 42)*.[55] Zur letzten Kategorie zählte das Familienunternehmen Theodor Schulze´s Bahnhofsbuchhandlungen, das sechs Buch- und Presse-Verkaufsstellen in Hannover, Osnabrück, Hameln und Goslar betrieb (*dnv 7/2001: 22*) und im Juni 2001 in die HDS Deutschland GmbH eingegliedert wurde.

HDS Deutschland ist eine Holding-Gesellschaft, die 1996 zur Durchführung verschiedener Zusammenschlußvorhaben des französischen Mutterunternehmens mit deutschen Presse-Vertriebs-Firmen gegründet worden war. Neben der hundertprozentigen Tochter HDS Retail, die Ende 2001 über 57 Flughafen- und Bahnhofsbuchhandlungen, davon 55 mit Buch- und Presseangebot, verfügte (*dnv 10/2001: 55*), zählen drei weitere Unternehmen, die jeweils zu 75,1 % zu HDS und zu 24,9 % zur Gruner + Jahr - Tochter DPV Deutscher Presse-Vertrieb GmbH gehören, zum Konzern: Neben dem Hürther Importeur W.E. Saarbach sind dies die Dietzenbacher Unternehmen SI special interest (Nationalvertrieb) und IP Internationale Presse (Abonnement-Service).

Die Planungen von HDS für Deutschland sahen von Anfang an vor, sich nicht auf den Absatzweg Bahnhofsbuchhandel zu beschränken, sondern – wie bei Valora – auch im grossobelieferten Presse-Einzelhandel tätig zu werden, soweit diese Standorte über die nötige Kundenfrequenz verfügen (*dnv 1/1998: 27*). Aufgrund von guten Erfahrungen aus Frankreich (*Le Bulletin 12/1998: 1*), USA und Kanada wurden Potentialschätzungen für Presse Cafés (*Le Bulletin 15/1999: 3*) in deutschen Krankenhäusern und Kantinen vorgenommen (*HDS Retail 1999 a: 3 f.*). Auch strategische Allianzen mit starken nationalen Anbietern wurden analysiert, um die Durchdringung des deutschen Marktes zu beschleunigen (*HDS Retail 1999 b: 3*). Zu den Expansionsplänen gehörten u.a. Huckepack- oder Untermietverhältnisse mit Schwerpunkt Presse bei McPaper, von denen sich Hachette ein Umsatzpotential von € 40 Mio. p.a. versprach (*HDS Retail 1999 a: 8*). Zur Ausführung dieser ambitionierten Pläne kam es aber nicht, weil schon die Umsatz- und Pachtsituation der wahllos zusammengekauften, ersteigerten und neu eröffneten Bahnhofsbuchhandlungen einen Gewinn nicht hergaben. Der zur Erzielung einer höheren Wirtschaftlichkeit im Presse-Einzelhandel geplante Aufbau einer eigenen Logistik durch Hachette scheiterte im Jahr 2000, als das Presse-Grosso die Pläne von Saarbach und IP für ein bundesweites Direktbelieferungs-System im Presse-Einzelhandel durchkreuzte (*Nolte/Gotzens 1999*).

---

[55] Zu den HDS-Projekten während dieser Phase vgl. dnv 3/2001: 44.

Abbildung 5: Lagardère und HDS im Überblick

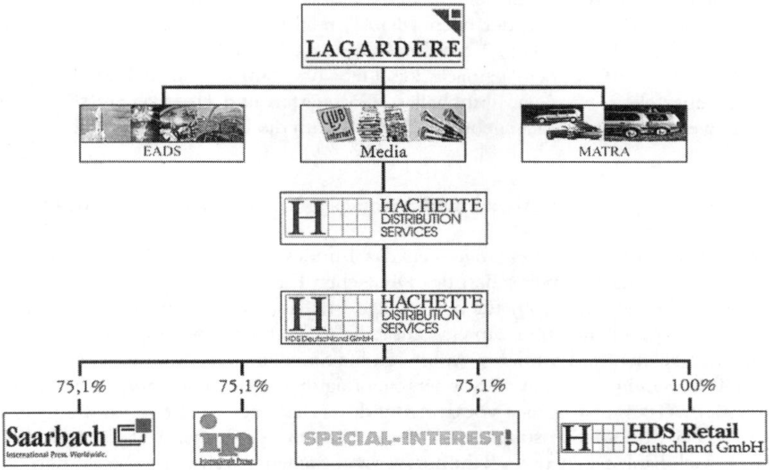

aus: dnv 10/2001, Seite 55

IV. ÄNDERUNGEN AM LADENSCHLUSSGESETZ

1. Erste Flexibilisierung der Ladenschlusszeiten ab 1996

Lange Zeit konnten die Verbraucher Zeitungen, Zeitschriften und Bücher außerhalb der üblichen Ladenschlusszeiten nur im Bahnhofsbuchhandel kaufen. Um die Versorgung der Reisenden mit Reisebedarf außerhalb der ortsüblichen Geschäftszeiten zu ermöglichen, waren die Verkaufsstellen auf Personenbahnhöfen (§ 8 LadSchlG), Flughäfen und in Fährhäfen (§ 9 LadSchlG) von dem seit dem 28.11.1956 geltenden und seither mehrfach novellierten Ladenschlußgesetz ausgenommen. 1996 stimmte der Bundestag einer ersten Flexibilisierung der Ladenschlußzeiten zu – sie wurden montags bis freitags von 18:30 Uhr auf 20:00 Uhr und samstags von 14:00 Uhr auf 16:00 Uhr ausgeweitet. Kioske für den Verkauf von Zeitungen und Zeitschriften dürfen seither montags bis samstags von 6:00 bis 20:00 Uhr und an Sonn- und Feiertagen von 11:00 bis 13:00 Uhr geöffnet sein. Tankstellen hingegen dürfen ihre Waren am Sonntag ganztags verkaufen (§ 6 LadSchlG). Darüber hinaus können Kommunen Sondergenehmigungen erteilen.

Die Ergebnisse der Einzelhandels-Struktur-Analyse 1998 zeigen, dass die verlängerten Öffnungszeiten vielfach auch zum Kauf von Presse-Erzeugnissen genutzt worden sind (*Bundeskartellamt 1998: 87*). Die Folgen des liberalisierten Ladenschlussgesetzes für den bis 1.11.1996 mit 24-Stunden-Öffnungsmöglichkeiten privilegierten Bahnhofsbuchhandel hatten nicht lange auf sich warten lassen: Ein verändertes Einkaufsverhalten hatte zu massiven Umsatzeinbrüchen geführt (*K. Sussmann, zitiert in dnv 1/1999: 37; A.-C. Eckert in: dnv 4/98: 20*) und nachhaltig verdeutlicht, dass sich die (außer bei Buch und Presse) meist teureren Bahnhofsbetriebe im Wettbewerb mit den Handels- und Dienstleistungsfirmen ihrer Stadt bzw. Region befinden.

Die Dienstleistungsbereitschaft des allgemeinen Presse-Einzelhandels hatte angesichts steigenden Wettbewerbsdrucks deutlich zugenommen und den Abstand zum Bahnhofsbuchhandel verkürzt. Von 1994 bis 1998 war die Zahl der Angebotsstellen, die die frühen Morgenstunden vor 7:00 Uhr für den Presse-, speziell für den Zeitungsverkauf nutzten, um 88% auf 48.224 angestiegen. Und auch die Zahl der nach 18:30 Uhr noch anbietenden Presse-Händler hatte sich bundesweit um 51% auf 41.622 erhöht (*Bundeskartellamt 1998: 87*). Die EHASTRA zeigt, dass der Presse-Verkauf wochentags nach 20:00 Uhr und samstags nach 16:00 Uhr im wesentlichen von Tankstellen, Kiosken, Trinkhallen, Gaststätten und Hotelverkaufsstellen getragen wird, wobei weitere rund 5.500 Angebotsstellen rund um die Uhr geöffnet sind.

2. Verfassungsklage gegen den Abend- und Sonntagsverkauf des Bahnhofsbuchhandels

Nachdem sich bereits in der Vergangenheit das Bundeskartellamt (1990), die Monopolkommission (1994), die Hauptgemeinschaft des Deutschen Einzelhandels (1999) und der Deutsche Industrie- und Handelstag (2000) für eine völlige Freigabe der Ladenöffnungszeiten während der Woche ausgesprochen hatten, um eine zusätzliche Wettbewerbskomponente zugunsten der Flexibilität von kleinen und mittleren Anbietern ins Spiel zu bringen, und die seit 1996 gültige Ladenschluß-Regelung schon durch Sondergenehmigungen[56] reichlich ausgehöhlt worden war, klagte die Metro-Tochter Kaufhof vor dem Bundesverfassungsgericht gegen das Öffnungsverbot nach 20:00 Uhr an Samstagen und an Sonntagen (§ 3 Abs. 1, Satz 1, Nr. 1 und 3 LadSchlG), weil Tankstellen und Bahnhofsverkaufsstellen durch den Abend- und Sonntagsverkauf einen Wettbewerbsvorteil erlangen, der den Grundsatz der Gleichbehandlung (Art. 3 Abs. 1 GG) und Berufsfreiheit (Art. 12 Abs. 1 GG) verletzt (*BVerfG v. 9.6.2004: 6 f., Rz. 66 + 70*).

Unterstützung erhielt Kaufhof vom Deutschen Industrie- und Handelskammertag (DIHK) und durch die Bundesarbeitsgemeinschaft der Mittel- und Großbetriebe des Einzelhandels (BAG), die in ihren Stellungnahmen zu der Verfassungsbeschwerde betonten, dass „die Privilegierung von Verkaufsstellen in Bahnhöfen im Vergleich zu dem wenige Meter entfernten Innenstadthandel... nur schwer nachvollziehbar" bzw. es rechtlich nicht vertretbar sei, „diese Sonderbereiche ungehindert expandieren zu lassen", während der übrige Einzelhandel einem strengen Arbeitsschutz unterliege (*BVerfG v. 9.6.2004: 10*, Rz 91 + 93).

Das Bundesverfassungsgericht urteilte am 9.6.2004 (1 BvR 636/02), dass die Verfassungsbeschwerde der Kaufhof AG unbegründet ist und § 3 Abs. 1 Satz 1 Nr. 1 und 3 LadSchlG weder gegen die Freiheit der Berufsausübung (Art. 12 Abs. 1 GG) noch gegen den allgemeinen Gleichheitssatz (Art. 3 Abs. 1 GG) verstößt (*BVerfG v. 9.6.2004: 11, Rz 98*). Die hohe Bedeutung, die der Gesetzgeber dem Arbeitsschutz im Einzelhandel zugemessen hat, wird durch die differenzierende Regelung der Ladenschlußzeiten in § 3 Abs. 1 Satz 1 LadSchlG nicht in Frage gestellt (*BVerfG v. 9.6.2004: 16, Rz 145*). Daß der Gesetzgeber in bestimmten Bereichen, wie beim Reisebedarf in Bahnhöfen, Flughäfen und Tankstellen, den Verbraucherinteressen gegenüber den ansonsten geschützten Arbeitnehmerinteressen an festen arbeitsfreien Zeiten eine größere Bedeutung beigemessen hat, ist nach Ansicht des Bundesverfassungsgerichts nicht zu beanstanden (*BVerfG v. 9.6.2004: 17, Rz 151*). Die Wettbewerbssituation der wenigen nicht privilegierten Verkaufsstellen wird durch die, durch besondere Zwecke gerechtfertigten Sonderregelungen für Bahnhöfe, Flughäfen und Tankstellen nicht unangemessen beeinträchtigt (*BVerfG v. 9.6.2004: 17, Rz 152*).

---

[56] Vgl. dazu beispielhaft den Fall des Berliner Medienkaufhauses Dussmann in: Lebensmittel-Zeitung 9/1998, das, um werktags auch nach 20:00 Uhr verkaufen zu können, vierzig seiner Mitarbeiter zu leitenden Angestellten im Sinne des Betriebsverfassungsgesetz machte.

3. Verlust des BB-Sonderstatus bei Wegfall des LadSchlG

Weil das Bundesverfassungsgericht dem Schutz der Beschäftigten Vorrang vor den Interessen eines großen Einzelhandels-Filialisten an der Öffnung seiner Verkaufsstellen an Samstagen nach 20:00 Uhr und an Sonntagen einräumte, blieb die Frage ungeklärt, ob die Direktbelieferung des Bahnhofsbuchhandels zu Sonderkonditionen auch dann noch gerechtfertigt ist, wenn die Öffnung an Werktagen vollständig freigegeben werden bzw. das gesamte Ladenschlussgesetz eines Tages in Fortfall kommen sollte.

Sofern nur eine weitere Lockerung der Ladenschlusszeiten erfolgt, ließe sich vermutlich noch über eine längere Zeit die Direktbelieferung mit den historischen Besonderheiten des Bahnhofsbuchhandels rechtfertigen. Es käme wohl darauf an, ob die Öffnungszeiten von mindestens 100 Stunden wöchentlich in Kombination mit den übrigen Kriterien (*Kap. II., 3., Seite 45 f.*) von allen Beteiligten (Verbraucher, Verlage, Bahn) auch nach einer weiteren Gesetzesänderung als besondere Leistung des Bahnhofsbuchhandels im Vergleich mit dem allgemeinen Presse-Einzelhandel empfunden werden.[57]

Sollte hingegen das gesamte Ladenschlussgesetz wegfallen, wäre nicht nur die Sonderstellung des Bahnhofsbuchhandels mit den gültigen BB-Kriterien sachlich nicht mehr zu rechtfertigen nach § 20 Abs. 1 GWB, es würde auch zu vollkommen anderen Strukturen im Presse-Einzelhandel kommen. Große Filialisten im grossobelieferten Einzelhandel mit langen Öffnungszeiten, umfangreichen Presse-Sortimenten und hochfrequentierten Läden würden unter Berufung auf das Diskriminierungsverbot des § 20 Abs. 1 GWB eine Gleichbehandlung mit den Konditionen des Bahnhofsbuchhandels erzwingen und damit das Presse-Grosso-System unterhöhlen (*Nolte 1998: 1*). Gleichzeitig würden die Vertriebsleistungen der Buch- und Presseverkaufsstellen in Bahnhöfen und Flughäfen den Charakter der Besonderheit einbüßen. Der Bahnhofsbuchhandel würde seinen Status verlieren und als eigenständige Vertriebsbranche untergehen.

Die Direktbelieferung von Presse-Verkaufsstellen in Bahnhöfen und Flughäfen mit höheren Rabatten ist nicht unumstritten und nicht dauerhaft verbrieft. Die Direktbelieferung mit höheren Rabatten ist auch kein Spezifikum nur des Bahnhofsbuchhandels. Weite Teile des allgemeinen Presse-Einzelhandels und viele Spezialverkaufsstellen werden unter Umgehung des Presse-Grosso zu, den Presse-Einzelhandel diskriminierenden, besseren Konditionen direkt beliefert. Durch die abnehmende Zahl von Bahnhofsbuchhandlungen und das geringe Interesse des Presse-Grosso an kleinauflagigen Titeln fühlen sich besonders oft Verlage von Special-Interest-Titeln gezwungen, Presse-Fachhändler im allgemeinen Einzelhandel zu akquirieren und vorbei am Grosso zu beliefern.

Die Aussicht auf höhere Rabatte hat schon oft Begehrlichkeiten bei bestimmten Einzelhandelskreisen geweckt. Immer wieder einmal wird von Filialbetrieben des Einzelhandels die Frage aufgeworfen, ob es nicht möglich ist, sich vom Grossobezug unabhängig zu machen und Zeitungen und Zeitschriften direkt von den Verlagen zu beziehen. So würden Tabakwaren- und Süßwaren-Filialisten oder z.B. die zum Douglas-Konzern zählenden Thalia-Buchhandlungen gern den Direktbelieferungsstatus erlangen und damit in den Genuß der höheren Handelsspanne kommen wollen. In Tankstellen, die ohne Parkplatznot rund um die Uhr auch an Sonn- und Feiertagen geöffnet und die ihr Presseangebot in den vergangenen Jahren kräftig ausgebaut haben, sehen die Bahnhofsbuchhändler ihre größte Konkurrenz (*medien aktuell 21/2000: 11*).

---

[57] So auch Wolff 1992: 14 und Nolte 1998: 1 unter Bezugnahme auf R. Bechtold

4. Die beispiellose Dienstleistung des Bahnhofsbuchhandels und die Rückgewinnung des USP im Premiumhandel mit Presseerzeugnissen

Da sich die Sonderstellung der Bahnhofsbuchhändler im Presse-Einzelhandel und bei den Verlags-Konditionen allein aus besonderen (besseren) Leistungen für die Verbraucher und für die Verlage rechtfertigen lässt (*Wolff 1992: 14*), müssen sich das Angebot und die Angebotsform im Bahnhofsbuchhandel noch weiter vom grossobelieferten Einzelhandel entfernen, als dies bereits der Fall ist.[58] Denn sollte – nur einmal angenommen – für die 5.000 Großtankstellen und Autobahnraststätten mit 24 Stunden Öffnungszeit und vergleichbaren Sortimentsbreiten ein einklagbarer Anspruch auf gleiche Behandlung bei den Konditionen gegeben sein, würden die großen deutschen Verlage nicht einen Augenblick zögern und den Bahnhofsbuchhandel aus wirtschaftlichen Gründen opfern. Das Überleben der Buch- und Pressefirmen in Bahnhöfen und Flughäfen kann daher nur durch die Beibehaltung der Marktführerschaft in der Objektvielfalt und durch die Besetzung der besten, schönsten und aktivsten Verkaufsstellen im deutschen Presse-Einzelhandel gesichert werden. Eine solche Strategie erfordert hohe Investitionen, sichert jedoch dauerhaft eine durch Vertriebsleistungen örtlicher Wettbewerber nicht angreifbare Marktposition mit beispiellosen Kundenfrequenzen, Umsätzen und Absatzzahlen pro Angebotsstelle (*dnv 4/1997: 88*).

Wer unter dem Wettbewerbsdruck im Einzelhandel überleben will, muß sich vom Mittelmaß entfernen und sich in einer Art Gegenbewegung zu hochfrequentierten Verkaufsstellen mit begrenzten Sortimenten (z.B. Discounter) an die Spitze der Entwicklung zu einem leistungsstarken, vollsortierten Premiumhandel in zentraler Lage setzen.[59] Für den Bahnhofsbuchhandel heißt dies, die Wahrnehmbarkeit seiner Geschäfte und die Attraktivität der Ware „Buch und Presse" und deren Präsentation, aber auch den Aufenthalt in den Läden und die Relevanz des Angebots durch das Sortimentsniveau und die Sortimentskompetenz auf die Spitze zu treiben (*dnv 10/2002: 71*). Oberstes Ziel aller Bemühungen muß der Aufbau eines eigenständigen, wiedererkennbaren Erscheinungsbildes, eines prägnanten Gesamtimages des Bahnhofsbuchhandels sein. Ein einheitliches Logo für alle Betriebe der Branche reicht dafür bei weitem nicht aus. Den „USP" (unique selling proposition), d.h. seinen durch ein einzigartiges Verkaufsversprechen betonten, spezifischen Nutzen für die Käufer von Zeitungen, Zeitschriften und Büchern muß sich der Bahnhofsbuchhandel in örtlicher, zeitlicher, physischer, psychischer und sozialer Form täglich hart erarbeiten.

Um aus dem Wettbewerb mit dem allgemeinen Presse-Einzelhandel als klarer Sieger hervorzugehen, muß jede, an die aktuelle und potentielle Kundschaft gerichtete Aktivität des Bahnhofsbuchhandels eines oder mehrere der nachstehenden Ziele verfolgen (*de Rostolan 1993 b: 35; Bühne 2004: 20*):

1. den Kunden anziehen,
2. ihn zum Verweilen einladen,
3. einen Kaufakt bewirken
4. den Kaufwert erhöhen und
5. die Kundenbindung steigern.

Mit diesen Elementen kann der Bahnhofsbuchhandel eine erfolgreiche Verkaufspolitik betreiben, Stammkundschaften heranbilden und zu einem Synonym für Presse-Erlebniswelten und

[58] Ebenso: A.-C. Eckert, zitiert in FAZ v. 21.1.1995.

[59] „Eine Folge der gewandelten Konsummuster besteht darin, dass einerseits das Discount-Prinzip an Bedeutung gewinnt (Aldi, Lidl, Fachmärkte, E-commerce), dass andererseits aber auch immer stärker versucht wird, hochpreisige Marken zu etablieren („Branding")." Blotevogel 2003: 39.

Lesevergnügen werden. Zusammen mit einem durch innenarchitektonische Maßnahmen und hochwertige Ladeneinrichtungen und Lichtsysteme zu realisierenden, anregenden Ambiente, leistungsfähigem Personal sowie Werbung und Verkaufsförderung sind dies die entscheidenden Faktoren, die den Bahnhofsbuchhandel vom grossobelieferten Einzelhandel unterscheiden und ihn zu einer unverwechselbaren Vertriebssparte (Premiumhandel) machen.

5. Premiumhändler für Zeitungen und Zeitschriften (Definition)

Der Premiumhändler ist im Hinblick auf die persönliche Qualifikation, auf den Standort, die sachliche Ausstattung, das Sortimentsniveau, die Sortimentskompetenz, die Gestaltung des Angebots, die Kundenberatung und den Service ein hoch spezialisierter, über das übliche Leistungs- und Qualitätsniveau hinausgehender, aktiver, im äußeren Erscheinungsbild und in Originalität unverwechselbarer, in seiner lokalen Bedeutung konkurrenzlos vielfaltfältiger Absatzmittler, der in hochfrequentierter, zentraler geografischer Lage in Bahnhöfen, Flughäfen, Stadt-, Stadtteil- und Einkaufszentren, an exklusiven Orten für Verkauf und Kundenansprache, in einem durch innenarchitektonische Maßnahmen, hochwertige Ladenmöbel und Lichtsysteme erzeugten, anregenden, lifestyle- oder erlebnisorientierten Ambiente, in einer Erlebniswelt aus, auf der Höhe der Zeit befindlichen, modernen, permanent gepflegten Warenträgern, Schaufenstern, Vitrinen und Tischen mit Wegweiserfunktion, ein übersichtlich nach Fachthemen geordnetes, aus prinzipiell allen verfügbaren, für den jeweiligen Standort geeigneten und vom Publikum nachgefragten Zeitungen, Zeitschriften, Büchern und sonstigen, das Angebot ergänzenden Medien bestehendes, großzügig gestaltetes Vollsortiment mit mindestens 1000 gleichzeitig im Ladenlokal befindlichen Pressetiteln unter maximaler Ausnutzung der gesetzlich zulässigen Öffnungszeit führt, leistungsfähige, freundliche, fachlich qualifizierte und geschulte Mitarbeiter beschäftigt, die als kompetente Ansprechpartner und aktive Berater, zur Vermeidung von Ausverkäufen bzw. auf Kundenwunsch, Presse- und Buchtitel aktiv (nach-) bestellen. Der funktional überlegene, im relevanten Markt führende Premiumhändler macht die im Sortiment befindlichen Titel einem breiten, lokalen Publikum unter Ausschöpfung der objektindividuellen Angebotszeiten verfügbar. Er unterstützt neue Produkte bei der Markteinführung und die Verlage bei titel- und sortimentsspezifischen Werbemaßnahmen durch herausgehobene Präsentation. Für die das normale Qualitäts- und Leistungsniveau weit überragende Dienstleistung erhält der Premiumhändler den im Presse-Einzelhandel üblichen, um eine Funktionsprämie erhöhten Rabatt.

6. Steigerung des Sortimentsniveaus durch Spezialisierung

Präsenzsortimente von 6000 (Sussmann, München), 7000 (Ludwig, Köln), 8000 (Schmitt & Hahn, Frankfurt) und in der Spitze bis zu 9000 Zeitungs- und Zeitschriften-Titel (Stilke, Hamburg) besitzen eine sehr hohe Imagerelevanz, sind aber natürlich nicht für alle Standorte geeignet bzw. nicht in jeder Bahnhofsbuchhandlung zu verkaufen. Neben der geeigneten Kundschaft bzw. Kundenfrequenz mangelt es meistens an dem erforderlichen Platz, um alle Titel übersichtlich zu präsentieren. Ein umfangreiches, klar gegliedertes Presse-Sortiment ist ein Qualitätsmerkmal des Bahnhofsbuchhandels. Schon mittelgroße Betriebe bieten mehr als 1500 Zeitungen und Zeitschriften an, die meisten von ihnen bevorraten Präsenzsortimente von 2500 und mehr verschiedenen nationalen und internationalen Titeln (*Kap. I., 4.2., Seite 23 f.*). Auch wenn der Bahnhofsbuchhandel damit bereits das umfangreichste Titelangebot in Deutschland bereitstellt und die Präsenzsortimente des grossobelieferten Presse-Fachhandels mit durchschnittlich 800 ZZ-Titeln (*arena Media 2004: 11*) weit übertrifft, muß er das vorhandene Sortimentsniveau durch hochspezialisierte, Very-Special-Interest- und teure Fachzeitschriften nochmals steigern, um den Leistungsabstand nicht nur zu halten, sondern noch zu vergrößern. Zeitschriften, Bücher und (als Ergänzungs-Produkte) Software, CD-Roms, DVDs oder Videos zu Fachthemen übersichtlich anzubieten, ist Aufgabe des Premiumhandels.

Ein Pressegeschäft, das nicht attraktiv eingerichtet ist und über kein übersichtliches, nach Zielgruppen geordnetes Präsenzsortiment verfügt, hat im Wettbewerb mit anderen Geschäftsarten keine Überlebenschance. Presse wird inzwischen überall, in über 117.000 Angebotsstellen, im Überfluss angeboten. Angesichts der zunehmenden Fülle in den Presseregalen wird das trading-up[60] und die Wegweiserfunktion im Presseeinzelhandel immer wichtiger (*Bühne 2004: 20*). Zuviele Titel, ungenügend strukturiert, sind für das Verkaufspersonal schwer zu bewältigen und für den Kunden unüberschaubar – damit sinkt seine Kaufbereitschaft und die Verweildauer im Laden.

Überschaubar wird das mehrere tausend Objekte umfassende Bahnhofsbuchhandels-Sortiment durch Spezialisierung in separaten Läden mit Fachhandelscharakter (*Kap. I., 4.3., Seite 24 ff.)*. Kleine Titel und Newcomer erhalten so eine reelle Chance im Dschungel des Gesamtangebotes und fördern die Sortiments-Kompetenz und das Image des Bahnhofsbuchhandels als unvergleichlicher Partner der Verlage. In Anbetracht der sehr problematischen Ladenschlusszeiten und der im wesentlichen durch dieses Bahnhofsbuchhandels-Kriterium sachlich gerechtfertigten Sonderkonditionen ist diese Strategie nicht nur eine hervorragende Möglichkeit neben Reisenden weitere Stadtkunden in den Bahnhof zu ziehen, sondern das beste Argument, die Verlage von der Notwendigkeit des Absatzweges „Bahnhofsbuchhandel" zu überzeugen.

Da bei – in der Regel teuren – Spezialheften sehr viel Bedarf an beruflicher Information besteht, gibt es praktisch keine Preisgrenzen nach oben und der Rabatt für solche Objekte liegt weit über dem des durchschnittlichen Presse-Sortiments. Mit den bei hohen Copypreisen zu erzielenden höheren Umsätzen pro Kunde werden als weitere positive Effekte prozentual (bezogen auf den Umsatz) unter dem Durchschnitt liegende Personalkosten und weit über dem Durchschnitt liegende Deckungsbeiträge erreicht.

7. Erfolgsdeterminante und Kostenfaktor „Personal"

Ohne Mitarbeiter-Motivation und Verständnis für die Unternehmensstrategie bleiben Umsatzpotentiale im Presse-Einzelhandel häufig ungenutzt.

Um das Überleben auch kleinerer Betriebe zu sichern, muß sich der Bahnhofsbuchhandel stets bemühen, engagierte Arbeitnehmer zu bekommen und versuchen, durch Innovation, Vermittlung von Branchenkenntnissen und eine fundierte, zielgerichtete Ausbildung auch beim Personal einen Wettbewerbsvorsprung zu erreichen. Unzureichend ausgebildete, schlecht angeleitete und nicht motivierte Mitarbeiter oder Teilzeitkräfte können den durch besondere Architektur, Qualität, Kompetenz und Service angestrebten Unternehmenserfolg beim Kunden in Frage stellen und das Image des Bahnhofsbuchhandels massiv gefährden. Das fängt bereits bei den oft mit fehlender Managementerfahrung und zu wenig betriebswirtschaftlichem Know-how ausgestatteten Gruppen-, Abteilungs-, Filial- oder Schichtleitern an und setzt sich bei den Mitgliedern der Verkaufsmannschaft, die als Fachpersonal entsprechend höheren Anforderungen aus organisatorischen Abläufen und Kundenberatung ausgesetzt sind, fort.

---

[60] Anhebung und Erweiterung der Leistungen, höheres Qualitätsniveau, bessere Geschäftsausstattung, höhere Preise, höhere Spannen, höhere Erträge. Vgl. Haedrich/Tomczak 1990: 152; Blotevogel 2003: 3.

Der Bedarf an Schulungen, um Verkaufsmitarbeiter zu kompetenten Ansprechpartnern und Beratern für die Bahnhofsbuchhandels-Kunden zu machen, ist erheblich und wird oft unterschätzt. Neben Fremdsprachenkenntnissen und Grundwissen im Verkauf und Umgang mit Presseerzeugnissen müssen sich die Mitarbeiter aufgrund der permanenten Erscheinung neuer Titel und neuer Zeitschriftengattungen nicht nur mit der Zuordnung dieser Objekte zu bestimmten Objektgruppen, sondern prinzipiell auch mit den Inhalten der Zeitschriften auskennen, auch wenn oft genug die Kunden die eigentlichen Spezialisten sind.

Der Verkaufsmitarbeiter eines Bahnhofsbuchhandelsbetriebes muß sich nach gründlicher Ausbildung bzw. bei Ablauf seiner Probezeit den fachlichen Fragen einer Kommission aus Mitgliedern der Geschäfts- und Filialleitung stellen.[61] Wenn der Mitarbeiter vor der Kommission besteht, bekommt er einen Arbeitsvertrag, der ihn bindet und seine Teilnahme an Fortbildungen und regelmäßigen Firmenschulungen regelt. Steigt einer der Verkaufsmitarbeiter zum Filialleiter auf, wird empfohlen, ihn im Gegenzug am Erfolg der Filiale zu beteiligen, um das Aufrücken in höhere Positionen als Motivation für jüngere, nachrückende oder neue Mitarbeiter zu instrumentalisieren.

8. Überlebensstrategien für den Bahnhofsbuchhandel

8.1 Filialisierung von Einzelpächtern

Verschiedene Faktoren wie die Bahnhofsbuchhandelskriterien, gestiegene Personalkosten, die Modernisierung vieler Bahnhofsgebäude, gestiegene Pachten, die Konzentration der eigenen Branche, die Digitalisierung der Medienlandschaft, der Rückgang der Konjunktur, der Konsumverzicht der Verbraucher (*FAZ v. 23.6.2004: 9*), tendenziell sinkende Handelsspannen und das stark rückläufige Anzeigengeschäft der Verlage haben die Rahmenbedingungen und die Bewegungsfreiheit des über viele Jahre umsatzverwöhnten Bahnhofsbuchhandels stark verändert.

Besonders kleine, inhabergeführte Firmen mit Familienangehörigen als Verkaufspersonal beklagen, dass ihre Existenz in Folge der Kostenexplosion und rückläufigen Umsätze mit Presseerzeugnissen auf des Messers Schneide steht (*dnv 6/1998: 14; Presse-Grosso 1999: 4*). Sie sind nach fünfzig Jahren auskömmlicher Existenz in die Bedrouille geraten, weil sie stärker von den Umsätzen mit Convenience- und hochauflagigen Presseprodukten abhängen (*Kap. I., 4., Seite 19 f.)* und deshalb schneller von rückläufigen Verkäufen getroffen werden als großstädtische Bahnhofs- oder Flughafenbuchhandlungen, die Umsatzrückgänge bei General-Interest-Produkten teilweise durch Special-Interest-, Very-Special-Interest oder Non-Press-Produkte (Bücher, CDs, DVDs, Kalender, Videos) kompensieren können.

Um an der Repositionierung zum Premiumhandel zu partizipieren, fachkundiges Personal beschäftigen und zusätzliche Angebotsflächen durch Umbauten oder Erweiterung schaffen und finanzieren zu können und letztlich dadurch das Überleben zu sichern, könnten mehrere Einzelpächter auf regionaler Ebene überlegen, Kräfte zu bündeln und Synergien zu nutzen, indem sie filialisieren und ein Joint-Venture wie zum Beispiel die Firma „Presse & Buch im Bahnhof Wuppertal GmbH“ gründen.[62]

Für die Existenz der Branche „Bahnhofsbuchhandel“ ist aber essentiell, dass eine Mindestzahl an Betrieben aufrecht erhalten bleibt, um überhaupt eine Marke mit wiedererkennbarem

---

[61] Diese Form der Mitarbeiter-Selektion praktiziert HDS in Frankreich für die dortigen Relay-Verkaufsstellen. Vgl. de Rostolan 1993 a: 18.

[62] Die Einzelpächter Grauert, Düsseldorf und Schulze, Bochum übernahmen zum 1.11.2002 gemeinsam die Geschäftsführung der bis dahin von Hans Sieberg gepachteten Bahnhofsbuchhandlung in Wuppertal-Elberfeld und schafften damit ein Novum in der Branche. Vgl. medien aktuell 45/2002: 4.

Erscheinungsbild kreieren und einen eigenständigen Vertriebsweg rechtfertigen zu können (*BB-Geschäftsbericht 2001: 13; dnv 4/1999: 24*). Wieviele der nicht zu einer der großen BB-Firmen zählenden Betriebe kann man über Joint-Venture zusammenführen oder fusionieren, ohne die „kritische Zahl" zu erreichen?

8.2 Erhaltung einer Mindestzahl von Bahnhofsbuchhandels-Betrieben

Die unterschiedlichen Absatzwege für Presse stehen grundsätzlich in Konkurrenz zueinander. Dies wirkt sich vor allem in der selben Absatzform aus, wie z.B. beim Wettbewerb zwischen grossobelieferten Einzelhändlern und Bahnhofsbuchhändlern innerhalb des Einzelverkaufs (*Breyer 1999: 24*).

Welchen Absatzweg ein Verlag bevorzugt, hängt von qualitativen und quantitativen Merkmalen wie dem Deckungsbeitrag pro verkauftem Exemplar ab, nach dem ertragsstarke Sparten forciert und Absatzwege mit geringerem oder negativem Deckungsbeitrag abgebaut werden. Der Wunsch nach Abschaffung des Absatzweges Bahnhofsbuchhandel hat aus Wettbewerbs- und vertriebspolitischen Gründen[63] viele Anhänger im Presse-Grosso. Über Jahre hinweg hatte der Bahnhofsbuchhandel aber auch Opponenten im VDZ (*Sussmann 2001: 48*) und vor allem im Axel Springer Verlag.[64]

Weil der Einzelverkauf im Bahnhofsbuchhandel wegen des Deckungsbeitrags je Exemplar besonders für die großen Verlage mit hochauflagigen Titeln unwirtschaftlicher als übers Presse-Grosso ist, besteht bei Unterschreitung einer gewissen Anzahl von Betrieben im Bahnhofsbuchhandel für Kleinfilialisten und Einzelpächter die Gefahr, dass ihre Direktbelieferung zu Sonderkonditionen aufgekündigt wird und sie zum Bezug der Titel an das Grosso verwiesen werden, wenn es dem Bahnhofsbuchhandel nicht gelingt, eine Mindestzahl, den Großfilialisten qualitativ gleichwertiger, Verkaufsstellen zu erhalten oder auszubauen.

8.3 Das Bestandserhaltungsinteresse der überregionalen und internationalen Tagespresse

Was dem einen Verlag wirtschaftlich vernünftig erscheint, wird von anderen politisch nicht gewollt und ist stets ein höchst sensibles Thema (*medien aktuell 20/2000: 3*). Eine Entwicklung in Richtung „zunehmende Marktmacht des Presse-Grosso" liegt nicht im Interesse der Zeitungsverlage und nicht im Interesse vieler kleiner und mittlerer Zeitschriften-Häuser (*Schmidt 2004: 21*), deren wirtschaftlich weniger interessante bzw. dem Grosso missliebige Titel einzelne Firmen dieser Sparte nicht oder nur widerwillig distribuieren. Daß einige davon betroffene Verlage den Konzentrationsentwicklungen im Bahnhofsbuchhandel[65] dennoch eher gleichmütig gegenüberstehen (*dnv 6-7/2003: 55*), erstaunt angesichts der möglichen Folgen. Der Bahnhofsbuchhandel ist für viele Verlage der wichtigste, für einige von ihnen der einzige Absatzmittler im Einzelverkauf. Entsprechend groß sollte das Interesse dieser Verlage an der Erhaltung und am Ausbau eines leistungsstarken Bahnhofsbuchhandels sein!

Für regionale Abonnement-Tageszeitungen, überregionale Qualitätszeitungen und die internationale Tagespresse hat der Absatzweg Bahnhofsbuchhandel eine herausragende Bedeutung, die man nicht hoch genug bewerten kann (*dnv 23/2004: 31*). Über diesen Absatzweg wird die

---

[63] Zu den sog. Vorverkäufen im Bahnhofsbuchhandel vgl. Brummund 1985: 92.

[64] Helmut Nahrmann, viele Jahre Vorstand Vertrieb des ASV, galt als Gegner der Branche. Vehement stritt er um die Leistungskriterien und wenn ein Bahnhofsbuchhändler nicht so wollte wie er, drohte Nahrmann gern damit, die Direktbelieferung zu stoppen. Vgl. dnv 2/1987: 28.

[65] Fünf großhandelsähnlich organisierte Filialisten beherrschen 73% aller Verkaufsstellen. Vgl. dazu Kapitel III., Seite 57.

Versorgung eines wichtigen Teils der mobilen Zielgruppen sichergestellt. Für diese Leser ist die Versorgung mit Nachrichten und Hintergrundinformationen aus nationaler und internationaler Sicht besonders wichtig. Darauf deuten die überdurchschnittlich hohen, zweistelligen Absatzanteile des Bahnhofsbuchhandels am Einzelverkauf[66] der überregionalen Tageszeitungen „Frankfurter Allgemeine Zeitung“ (*J. Hütwohl, zitiert in dnv 23/2004: 31*), „Die Welt“ (12%), „Süddeutsche Zeitung“ (10% bis 12%) und „Frankfurter Rundschau“ (13%) hin (*dnv 6-7/2003: 83 f.*). Bei Special-Interest-Zeitschriften, Very-Special-Interest- und internationaler Presse, die ihre zahlungskräftige Leserschaft häufig nur in diesem speziellen Umfeld erreichen, entfallen auf den Bahnhofsbuchhandel noch höhere Anteile am Einzelverkauf. Diese liegen in Abhängigkeit vom Titel zwischen 30 % und 100 % (*Lützow 1993: 49*).

8.4 Bahnhofsbuchhändler als Kommanditisten der Verlage

Aus strategischer Sicht ist der Bahnhofsbuchhandel für den Absatz einer Unzahl von Titeln nicht nur notwendig, sondern schlicht unverzichtbar (*VDZ 2003 a: 1*), da der aufgrund der wirtschaftlichen Situation existierende Zwang zur Kosteneinsparung mit dem Ziel der Verkaufseffizienz in den Vordergrund der vertrieblichen Bemühungen vieler Verlage gerückt und gerade im Bahnhofsbuchhandel die Relation zwischen Liefermenge und Verkäufen (Remissionsquote) besonders günstig ist. Die deutschen Verlage und ihre Verbände BDZV und VDZ sollten es daher als eine ihrer vornehmsten Aufgaben ansehen, auf die Zukunftssicherung und Weiterentwicklung des Bahnhofsbuchhandels zum Premiumhandel aktiv Einfluß zu nehmen. Eine Entwicklung, nach der kleine und mittlere Verlage den Bahnhofsbuchhandel nicht mehr direktbeliefern könnten, wäre für kleinere VDZ-Mitglieder ebenso bedrohlich wie für die Bahnhofsbuchhändler selbst.

Hans van Treeck, der langjährige Verleger des Branchen-Organs “dnv”, hatte in der nach der Privatisierung der Bundesbahn und nach der Verabschiedung neuer BB-Kriterien für den Bahnhofsbuchhandel sehr gefahrvollen Situation den Vorschlag unterbreitet, dass die auf diesen Absatzweg angewiesenen Verlage und Nationalvertriebe die Bahnhofsbuchhändler als Kommanditisten an ihren Unternehmen beteiligen, um sie auf diese Weise zu Lieferanten des Grosso zu machen. So naheliegend und konstruktiv diese Idee auch war, weiterverfolgt hat sie praktisch niemand. Der Vorstand des Deutschen Bahnhofsbuchhandels, dem van Treeck diese Pikanterie empfahl, winkte ab und war über die Idee wohl eher amüsiert.

Ähnlich ging es einem Modell, welches der Verfasser dieser Zeilen den kopfschüttelnden Teilnehmern an der IBA-Tagung[67] vom 11.6.1993 in Wien präsentierte (*Brummund 1993*), nur mit dem Unterschied, dass jüngst Michael Ochs (*arena media 2004*) diesen Denkansatz wegen der sich im deutschen Presse-Einzelhandel weiter verschärfenden Probleme gerade wiederbelebt hat.

V. WEGE ZUM PREMIUMHANDEL IM DEUTSCHEN PRESSE-EINZELHANDEL

Ochs beschreibt in seiner, „Herausforderung und Chance für Verlage“ untertitelten, Untersuchung zunächst wichtige Trends im stationären Einzelhandel und stellt fest, dass der Trend zu Billiganbietern und Discountern geht, die Bedeutung der filialisierten Geschäfte wächst und

[66] Im Durchschnitt liegt die Zahl der über den Bahnhofsbuchhandel verkauften Zeitungsexemplare bei 5 % der Einzelverkaufsauflage. Vgl. Risse 2001: 154.

[67] Die **I**nternational **B**ookstall **A**ssociation ist eine internationale Vereinigung der Inhaber von Bahnhofsbuchhandlungen und Presse-Kiosken, die zu den führenden Firmen ihres Landes gehören. Vgl. dnv 7-8/1985: 25.

sich die Sortiments- und Branchengrenzen verschieben (*arena media 2004:* 3). Bei der Analyse der Entwicklung des Presse-Einzelhandels stellt er für den Zeitraum 1984-1999 fest, dass die selbständigen Vollverkaufsstellen 13.500 Angebotspunkte verloren haben, während filialisierte Vollverkaufsstellen 8.160 Einzelhändler hinzugewinnen konnten (*arena media 2004: 4*).

Bei einem Ausblick auf das Jahr 2010 prognostiziert Ochs dem Pressehandel den Verlust von weiteren 20.000 Geschäften mit starken Rückgangen im Presse-Fachhandel und bei Tankstellen mit Vollsortiment (*arena media 2004: 5*). Als Ausweg aus dem Dilemma schrumpfender Presse-EH-Zahlen und Einkaufsverlagerungen zu Non-Press-Outlets wie Discountern oder Drogeriemärkten bzw. als Plan für die zukunftsorientierte Marktbearbeitung schlägt Ochs eine vertriebliche Doppelstrategie aus umsatzstarken Verkaufsstellen mit beschränktem Presse-Sortiment einerseits und leistungsstarken, vollsortierten Vollverkaufsstellen (Premiumhandel) andererseits vor (*arena media 2004: 9*).

Zu der Gruppe der Premiumhändler zählt Ochs den Bahnhofsbuchhandel (400 EH mit 6,5 % Marktanteil), Fachgeschäfte (7.702 EH mit 20,3 % Marktanteil), SB-Warenhäuser, Verbrauchermärkte und Großtankstellen (zusammen 4.760 EH und 16 % Marktanteil) wegen ihrer umfangreichen Präsenzsortimente oberhalb 600 Titel und durchschnittlichen Wochenumsätzen von 1000 € (zu Copypreisen) und mehr (*Ochs 2004: 28*). Aus der Polarisierung der brancheninternen Diskussion („Discounthandel versus Premiumhandel") zieht Ochs den Schluß, dass es vier separater Konzepte für Supermärkte/ Verbrauchermärkte/Discounter (Vertriebslinien), Presse-Fachhändler, Bahnhofsbuchhändler und Premiumhändler bedarf (*arena media 2004: 14*), die einzelverlagsübergreifend in strategischen und operationalen Aktionspools umgesetzt werden könnten (*arena media 2004: 16*).

1. BB-Betriebe als Grundstock der Einzelhandels-Elite

Den konkreten Nutzen seiner Zwei-Säulen-Theorie sieht Ochs in insgesamt 13 Vorteilen für die Verlage (*arena media 2004: 19 f.*), lässt aber leider offen, welchen Nutzen die Vertriebspartner, d.h. vor allem ein vollsortierter, leistungsstarker Premiumhandel in Bahnhöfen, Flughäfen, Stadtzentren, Stadtteilzentren und Shopping-Center (Shop-in-Shop) von einem solchen Modell hätte.[68]

Zunächst einmal haben SB-Warenhäuser und Verbrauchermärkte schon per defitionem nichts mit dem Premiumhandel zu tun (*Blotevogel 2003: 5 ff.*). Premiumhandel geht in objektiv-rationaler (z.B. Kollektion, Auswahl, Sortiment) und subjektiv-emotionaler (z.B. ästhetischer, prestigemäßiger) Hinsicht über das übliche Leistungs- und Qualitätsniveau hinaus, auch wenn SB-Warenhäuser und Verbrauchermärkte Präsenzsortimente von durchschnittlich 900 bzw. 1200 verschiedenen Titeln (*arena media 2004: 11*) bevorraten. Die Zielsetzung des Premiumhandels besteht darin, im Hinblick auf das Sortimentsniveau (breites und tiefes Sortiment), die Sortimentskompetenz (Umfang und Optik des Pressesortiments), die Gestaltung des Angebots (attraktive, übersichtlich gestaltete Präsentation), die Kundenberatung und den Service (Beschaffung nicht im Präsenzsortiment befindlicher Titel, Abhol-Abonnement) der qualitative Marktführer, quasi die Elite (*Haedrich/Tomczak 1990: 152*) im relevanten Markt (Presse-Einzelhandel) zu werden und für diese Dienstleistung ein Rabattpremium zu bekommen, das über das durchschnittliche Leistungsentgelt, das Absatzmittler der gleichen Marktstufe (Einzelhandel) für die Wahrnehmung ihrer Vertriebsleistung bekommen, hinausgeht.

Die Exklusivität anstrebende Profilierung im Premiumhandel erfolgt atmosphärisch über ein hochwertiges, lifestyle- oder erlebnisorientiertes Ambiente mit z.B. Parkettböden, exklusi-

[68] Das erfolgreichste Shop-in-Shop-System für Presse unterhält die Schweizer Kiosk AG in den Migros-Supermärkten. Vgl. Distripress Gazette 5-6/1999: 25 f.

ven Warenträgern und speziellen, blendfreien Lichtsystemen, in deren Mittelpunkt Zeitungen, Zeitschriften und Bücher sehr persönlich und kundenfreundlich (z.B. mit Sitzgelegenheiten zum Blättern) präsentiert werden. Premiumhandel zielt auf einen genuss- und geltungsfixierten Konsumenten mit prinzipiell unbeschränkter Kaufkraft ab. Organisations-, dispositions-, produkt- und copypreisbezogen liegt die Besonderheit des Premiumhandels darin, dass, unter Einsatz leistungsfähiger, computergestützter Scannerkassen-, Warenwirtschafts- und Kundeninformationssysteme (Infopoint mit Kundenberater) auf den jeweiligen Verkaufsort abgestimmt, entweder großflächig oder in spezialisierten Outlets prinzipiell alle für den Pressehandel verfügbaren, geeigneten und nachgefragten Zeitungs-, Publikums-, Spezial- und Fachzeitschriftentitel ohne Preisbegrenzung nach oben in Präsenzsortimenten ab 1000 Titeln und mehr angeboten werden.

Diese Voraussetzungen, besonders die intensive Kundenberatung, die hohe fachliche Qualifikation des Personals und der Service, fehlen zum Teil in den ab 3000 m² Verkaufsfläche großen, auf das Discount-Prinzip mit Selbstbedienung und auf die Bedarfsdeckung breiter Bevölkerungsschichten mit standardisierten Massenprodukten ausgerichteten SB-Warenhäusern und den kleineren (ab 1000 m² großen), mehr food-orientierten und für den Wochenendeinkauf mit dem Auto frequentierten Verbrauchermärkten. Eine Sonderbehandlung bzw. Besserstellung in Form höherer Zeitungs- und Zeitschriftenrabatte wie beim funktional überlegenen Bahnhofsbuchhandel, mit dessen 420 Angebotsstellen bereits ein Grundstock für den Premiumhandel gegeben ist, kommt deshalb nicht in Betracht.

Dies gilt auch für Tankstellen, die dem Bahnhofsbuchhandel bei den Öffnungszeiten zwar in nichts nachstehen (*Vgl. Kap: IV, 1, Seite 71 f.*), aber mindestens vier weitere, wichtige Voraussetzungen nicht erfüllen: Tankstellen sind nach ihrem äußeren Erscheinungsbild keine Verkaufsstellen mit Schwerpunkt „Presse", haben nur durchschnittlich 580 statt der momentan schon minimal erforderlichen 1000 Titel im tatsächlichen Angebot, stellen dem Buch- und Pressesortiment deutlich weniger als 70% ihrer Angebots-Fläche zur Verfügung und erzielen mit Presseerzeugnissen als viertgrößtem Umsatzträger nur ganze 9 % der Shop-Einnahmen.

2. Unifizierung der Einzelhandels-Elite zum Buch- und Presse-Premiumhandel

Mit dem grossobelieferten Presse-Fachhandel und dem Sortimentsbuchhandel sind neben dem Bahnhofsbuchhandel zwei weitere, wichtige Geschäftsarten im deutschen Buch- und Pressehandel gefährdet.

Insgesamt rund 16.800 Fachgeschäfte und Pressezentren (*Presse-Grosso 2003 a: 1*) haben nach den Absatzrückgängen bei Presse in den vergangenen Jahren zusätzlich mit Marktverwerfungen im Zigarettenmarkt (Werbeverbote, Tabaksteuererhöhung) zu kämpfen. Der Buchhandel in teuren Innenstadtlagen steckt neben Absatzproblemen durch Online-Konkurrenz wie amazon.de zusätzlich in einer schweren strukturellen Krise: Bekannte und traditionelle Unternehmen wie Kiepert in Berlin oder Bouvier-Gonski in Bonn mussten Insolvenz anmelden, viele Familienunternehmen fanden keinen Nachfolger (*Siemes 2003*). Allein im Jahr 2002 hat sich die Zahl der Buchhandlungen um 200 verringert; das entspricht etwa 4 % des Marktes (*FAZ v. 7.10.2003 : 18*).

Angesichts dieser, den Buch- und Presseabsatz schwer belastenden Krise des Presse-Einzelhandels müssten sich die Verlage branchenübergreifend überlegen, ob sie nicht die jeweiligen Top-Verkaufsstellen der beiden Geschäftsarten Presse-Fachhandel und Sortimentsbuchhandel mit dem Bahnhofs- und Flughafenbuchhandel zum „Buch- und Presse-Premiumhandel" unifizieren. Dadurch würde die dann nicht mehr zeit- und sachgemäße Branchenbezeichnung „Bahnhofsbuchhandel" entfallen. Für eine Verschmelzung zur Elite des deutschen Pressehandels kommen prinzipiell alle 420 aktiven Bahnhofs- und Flughafen-

Buchhandlungen und -mit deutlichen Abstrichen- einzelne Presse-Fachhändler mit der Wort-Bild-Marke „Blauer Globus“ und große, zum Teil filialisierte Sortimentsbuchhändler in Betracht. Durch das vom Bundesverband Presse-Grosso im Jahr 1995 initiierte, durch zu weiche Kriterien und uneinheitliche Zutrittsbedingungen leider popularisierte, Fachhandels-Konzept ist inzwischen ein Netz von rund 3000 Einzelhändlern mit höheren Kundenfrequenzen, umfangreicheren Präsenzsortimenten, modernen Warenträgern mit Orientierungshilfe, Scannerkassen und interessanten Presse-Wochenumsätzen entstanden. Unter diesen grossobelieferten Fachhändlern müssten die Verlage bei Praktizierung des Premium-Konzeptes die ca. 50 besten Kandidaten durch Kreuzauswertungen selektieren. Weitere Presse-Fachhändler könnten sich mit der Zeit -um in den Genuß besser Konditionen zu gelangen- an den Kriterien für den Premiumhandel entlang nach oben entwickeln. Eine solche Entwicklung käme nicht nur kleinen und mittelständischen Verlagen, sondern auch den mittelauflagigen Titeln der großen Verlage entgegen. Bei der von Ochs prognostizierten, durch hochauflagige Titel in Gang gebrachten Erosion der Vertriebslandschaft in Gestalt von Einkaufsverlagerungen zu Discountern und einer schrumpfenden Zahl von Vollsortimentern bedarf es dringend neuer Konzepte und Formen des Presse-Einzelhandels, die sich am Vorbild des Bahnhofsbuchhandels orientieren *(Schmidt 2004: 21).*

3. Kriterien für den Premiumhandel – qualitative und quantitative Selektion

Sollten sich die Verlage entscheiden, eine Vertriebssparte „Premiumhandel“ im vorstehenden Sinne zu etablieren und nicht an alle, nicht einmal an alle interessierten, sondern nur an ausgewählte Top-Verkaufsstellen zu liefern, ist dies im Rahmen eines sogenannten selektiven Vertriebsystems zulässig (*Bechtold 1999: 281 f.*).

Daß ein solches System gerade beim Vertrieb von Presseerzeugnissen eingesetzt werden kann, entspricht der Entscheidungspraxis des Europäischen Gerichtshofs: „Angesichts von Besonderheiten des Vertriebs von Presseerzeugnissen können solche (selektiven) Systeme in diesem Bereich ohne Verstoß gegen Artikel 85 Absatz 1 eingeführt werden. (...) Die Zulässigkeit eines selektiven Vertriebs hängt in diesem Sektor insbesondere von den Kriterien ab, nach denen sich die Auswahl der Einzelhändler bestimmt. Diese müssen objektive Gesichtspunkte qualitativer Art sein.“ (*EuGH, Rs.243/83, Binon/AMP, Slg.1985, 2015, Rz.32 f.*)

Die Verlage müssten somit die Auswahl der Premiumhändler auf der Basis von qualitativen Kriterien ausführen, die objektiv, transparent und für einen sachgerechten Einzelverkauf erforderlich sind und in einheitlicher und nicht diskriminierender Form angewendet werden. Im Ergebnis bedeutet dies, das alle Presse-Einzelhändler, die diese Kriterien für den Premiumhandel erfüllen, gegen die Verlage einen grundsätzlichen Belieferungsanspruch haben und die Verlage verpflichtet sind, alle Premiumhändler gleich zu behandeln (*Bechtold 1999: 28*).

Zu prüfen wäre, ob durch eine qualitative Selektion mit Kriterien bezüglich der persönlichen Voraussetzung und sachlichen Ausstattung infragekommender Einzelhändler, wie eine positive Einstellung zum Premiumhandel mit Presse und Buch, eine großzügige Warenpräsentation und ein hohes Dienstleistungs- und Serviceangebot eine von den Verlagen zu bestimmende Anzahl Premiumhändler bundesweit erreicht werden kann (*Brummund 1998: 70 ff.*):

Kriterien bezüglich persönlicher Voraussetzungen des Premiumhändlers

- Zentrale geografische Lage
- Äußeres Erscheinungsbild
- Lokale Bedeutung des Einzelhändlers nach Objektvielfalt
- Maximale Ausschöpfung der gesetzlich zulässigen Öffnungszeit

Kriterien bezüglich der sachlichen Ausstattung des Premiumhändlers

- Hochwertige Ladeneinrichtung
- Blendfreie Lichtsysteme
- Großzügige, übersichtliche Warenpräsentation
- Maximal-Sortiment in Relation zum Standort
- Warenträger mit Wegweiserfunktion
- Leistungsfähiges Warenwirtschaftssystem mit Scanner-Kassen
- VMP-Datenmeldung[69]

Kriterien bezüglich Dienstleistungs- und Serviceangebot

- Kompetente, leistungsstarke, freundliche Beratung
- Mitarbeiterschulung
- Permanente Regalpflege
- Aktive Nachbestellung zur Vermeidung von Ausverkäufen
- Beschaffung von Kundenwünschen
- Abholstelle für Abonnements
- Teilnahme an Verkaufstests
- Aktive Unterstützung von Produktneueinführungen
- Unterstützung titel- oder sortimentsspezifischer Werbemaßnahmen
- Ausschöpfung der objektindividuellen Angebotszeiten

Eine quantitative Selektion läge zum Beispiel in der Begrenzung der Zahl der Premiumhändler nach Maßgabe einer bestimmten Mindesteinwohnerzahl im Einzugsbereich einer solchen Verkaufsstelle, in Mindestöffnungszeiten, Mindestangebotsfläche für Presse und Buch, Mindestanzahl Präsenztitel, Mindestumsätzen pro Woche, in Kundenfrequenzen pro Tag und Absatzzahlen und Bordmetern pro Verkaufsstelle. Eine solch quantitative Selektion ist nach deutschem Kartellrecht nur ausnahmsweise zulässig und setzt den Nachweis voraus, dass eine bloße qualitative Selektion aus zwingenden, wirtschaftlichen Gründen nicht ausreicht (*OLG Hamburg v. 7.11.1983: 3166 f.*).

Die Frage, welche qualitativen und/oder quantitativen Kriterien für einen Premiumhandel mit Presse und Buch erforderlich und zulässig sind, lässt sich nur schwer beantworten. Sobald die Planungen für einen Premiumhandel an Kontur gewinnen, sollte von den Verlagsjuristen geprüft werden, ob es Sinn macht, eine Mustervereinbarung bei der Europäischen Kommission in Brüssel anzumelden. Eine Bestätigung der Kommission, dass die Vertriebssparte „Premiumhandel" mit dem europäischen Kartellrecht vereinbar ist, würde auch die Rechtsposition der Verlage in etwaigen Verfahren vor deutschen Gerichten wesentlich verbessern.

[69] „VMP" ist die Abkürzung für „Verkaufstägliche Marktbeobachtung am Point of Sale" und eine auf Zeitungen und Zeitschriften bezogene, auf dem Gedanken des „Efficient Consumer Response" basierende, Methode der elektronischen Datengewinnung durch online angebundene, überwiegend zum Kreis der Presse-Fachhändler zählende Verkaufsstellen mit Scanner-Kassensystemen, mit deren Hilfe die Verlage tagesaktuelle Informationen über die Abverkäufe ihrer Titel gewinnen. Nach Angaben aus der Branche verfügen etwa zwanzig Prozent der Bahnhofsbuchhändler über Scannerkassen, sind aber bislang noch nicht an das VMP-Verfahren angeschlossen (dnv 23/2004: 26; Lange 2002).

4. Filialisierter Sortimentsbuchhandel im Premiumverkauf von Presse

Den deutschen Sortimentsbuchhandel für ein Premium-Konzept zu gewinnen, wird eher schwierig, obwohl der Bahnhofsbuchhandel aus dem Buchhandel hervorgegangen ist (*Kap. I., 1.1., Seite 1 ff.*) und Buchhandlungen für die internationale Presse weltweit die bedeutendste Geschäftsart im Einzelhandel darstellen (*Distripress Gazette 5-6/1999: 22*). Viele Firmen haben Vorbehalte gegen Publikumszeitschriften und Special-Interest-Titel (*Kleinelanghorst 1988: 1752*), obwohl sie im gleichen Moment Fachzeitschriften oder Lose-Blatt-Sammlungen und Fortsetzungslieferungen, die einen Umsatzanteil von rund 10% repräsentieren, für Privatkunden, Unternehmen, Praxen, Kanzleien, Behörden und Institute besorgen (*Börsenverein 2003: 1*). Viele Buchhändler sind nach ihrem Selbstverständnis Einkäufer, Berater, Kulturvermittler und Dienstleister ihrer Kunden, aber häufig keine „Verkäufer".[70] Viele Buchhändler, die nur 1600.- bis 1800.- € brutto verdienen, haben ihren Beruf unter falschen Voraussetzungen begonnen. Lesen als Hobby zu haben, reicht in einem unter Wettbewerbsdruck stehenden Markt nicht aus, um neben dem Buchangebot noch ein Zeitschriften-Vollsortiment erfolgreich zu betreuen. Aus diesem Grund ist mancher gutgemeinte Versuch selbst großer Buchhandlungen wie Hugendubel oder Phönix-Montanus, mit dem Presse-Grosso zusammenzuarbeiten, fehlgeschlagen, weil der Buchhandel die Eigendisposition präferiert, das derivative Dispositionsrecht des Grossisten ablehnt, den hohen Arbeitsanfall, d.h. das Aussortieren, Verarbeiten, Zählen, Bündeln und Lagern der Remission beklagt und die, in Relation zum Aufwand und im Vergleich zum Buchbereich, deutlich geringeren Rabatte nicht akzeptiert.

Diesen zweifellos zusätzlichen Belastungen steht jedoch die Chance gegenüber, bisher nicht zum Kundenkreis der Buchhandlung zählenden Käufern, die an bestimmten Fachgebieten oder Hobbies Interesse bekunden und Spezialzeitschriften nachfragen, quasi im Verbund auch noch ein Buch über PC-Netzwerke, Haustiere, Kinofilme, Angeln, Kochen oder klassische Musik verkaufen zu können. In dieser Möglichkeit liegt überhaupt der ganz große Vorteil eines Special-Interest-Vollsortiments im Buchhandel. Die innerhalb des Printmedienbereichs schlummernden Synergieffekte werden vom Buchhandel insgesamt viel zu wenig genutzt. Von den rund 4500 Mitgliedern des Börsenvereins (*Börsenverein 2003: 1*) bieten nur etwa 1700 Buchhandlungen und Leihbüchereien ein teilweise stark eingeschränktes Zeitungs- und Zeitschriften-Sortiment an (*Presse-Grosso 2001: 2*). Nachdem sich parallel zum Pressehandel auch im Buchhandel eine Aufspaltung in einen Discount- und einen Qualitätsbereich vollzieht[71] und große Filialisten wie Thalia, Hugendubel oder Weltbild nationale Marken werden wollen, sind sehr gute Voraussetzungen gegeben, einige der über große Angebotsflächen und mehrere Filialen verfügenden Gross-Buchhandlungen (*buchreport 2004*) für den „Buch- und Presse-Premiumhandel" zu gewinnen.

In dem Ranking der alljährlich vom „buchreport" ermittelten 100 größten Unternehmen der Buchbranche reihen sich Buchhandlungen und Bahnhofsbuchhandlungen einträchtig hintereinander. Die Namen Thalia (Ex-Phönix-Montanus), Mayersche (Unternehmensgruppe Falter, Aachen), Wittwer, Valora, Schmitt & Co., HDS Retail, Dussmann, Herwig, Dr. Eckert, Gerstenberg und Mende weisen auf zig erfolgreiche Buchhandelsbetriebe im Pressevertrieb hin. Aus paralleler Sicht ist nicht zu verstehen, warum nicht weitere, führende Branchenmitglieder die Zukunft ihres eigenen Unternehmens langfristig dadurch sichern, in dem sie ihr teilweise angestaubtes Image durch Anhebung und Erweiterung ihres Qualitäts- und Dienstleistungsniveaus im „Premiumhandel" aufwerten.[72] Dadurch würde nicht nur die Zahl der konkurrenzlos

[70] „Der Buchhändler ist ein Problemdenker, kein Chancendenker." U. Steffan, zitiert bei Siemes 2003: o.S.

[71] Schon 43 % des gesamten Buchumsatz werden nicht mehr in der klassischen Buchhandlung, sondern in sogenannten Nebenmärkten gemacht. Vgl. Siemes 2003.

[72] „Die Kreativen werden überleben", Dieter Schormann, Vorsteher des Börsenvereins, zitiert bei: Siemes 2003.

vielfältigen Buch- und Presseläden deutlich erweitert, sondern auch die Erneuerung und der Fortbestand einer für Verlage und Leser leistungsfähigen Absatzmittlergruppe gewährleistet.

5. Das Leistungsentgelt für den Premiumhandel

Die Planung von mehr als ein Dutzend neuer Filialen bis zum Jahr 2006 mit umfangreichem Presseangebot würde Thalia sicher leichter fallen, wenn die Premiumhändler wirtschaftlich so gestellt würden, dass ihnen das Handeln mit Buch- und Presseerzeugnissen Spaß bereitet und sie in Sachmittel und fachlich qualifiziertes Personal investieren könnten.

Voraussetzung für einen vitalen Buch- und Pressehandel in Innenstädten, Bahnhöfen, Flughäfen und Einkaufszentren ist nicht nur die Zahl seiner Mitglieder, sondern auch eine gesunde wirtschaftliche Basis, die den Betrieb von Premiumläden und die Bildung von Investitionsrücklagen ermöglicht. Das hat nicht unbedingt eine Direktbelieferung in physischer Hinsicht zur Voraussetzung,[73] wohl aber eine andere Beteiligung des Premiumhandels an der Wertschöpfung, d.h. bahnhofsbuchhandelsgleiche Rabatte. Diese müssen durch den Leistungsabstand der Premiumhändler zum sonstigen, allgemeinen Presse-Einzelhandel und durch die Erfüllung und Einhaltung neuer Kriterien sachlich gerechtfertigt sein nach § 20 Abs. 1 GWB.

In einem für das Presse- und Informationsamt der Bundesregierung entworfenen Modell hat G. Sondermann schon früh darauf hingewiesen, dass für eine über das Normalmaß hinausreichende Dienstleistung des Einzelhandels „eine Art Funktionsprämie" (ein Rabatt-Premium) gezahlt werden müsste (*Sondermann 1973: 340 f.*), so wie sie der Funktionsrabatt des Bahnhofsbuchhandels enthält. Die Handelsspanne des Bahnhofsbuchhandels beträgt 35% (*Kap. I., 4.7., Seite 30 ff.*) und liegt damit um 17 % über der des allgemeinen Presse-Einzelhandels (*Brummund 1985: 112*). Betrachtet man die Entwicklung der BB-Handelsspanne stellt man fest, dass sie tendenziell konstant geblieben ist, weil prozentuale Rabattabsenkungen bei Presse durch höhere Erträge im Buchbereich ausgeglichen werden konnten (*Kap. I., 4.8., Seite 32 ff.*). Dieses derzeitige Handelspannen-Niveau muß mindestens erhalten bleiben, damit auch zukünftig neue Objekte in den Markt eingeführt, kleine Sonder- und Spezialtitel im Einzelverkauf abgesetzt, Kundenwünsche geweckt und Kundenerwartungen erfüllt werden können.

Die Handelsspannen-Gespräche mit den Zeitungs- und Zeitschriften-Verlagen wurden im Sommer 2004 mit der Beibehaltung der Rabatte für den Bahnhofsbuchhandel zum Abschluß gebracht (*dnv 24/2004: 34*). Jetzt ist es an der Bahn und an den Verpächtern der Flughäfen, auf die veränderten ökonomischen Rahmenbedingungen der Premiumhändler zu reagieren. Besonders die Bahn-Tochter „DB Station & Service AG" ist aufgerufen, wirtschaftlich tragbare Pachten anzubieten, damit auch Einzelunternehmen oder Betriebe mit nur wenigen Standorten überleben. Es kann nicht sein, dass die DB AG mit überzogenen Pachtforderungen und der Überwälzung von Raum-Nebenkosten (*Kap. I., 4.8., Seite 34)* die Betriebe an den wirtschaftlichen Abgrund drängt. Buch- und Presseläden sind die Angebote unter den Servicebetrieben, die den Standort Bahnhof überhaupt erst entwickelt haben. Untersuchungen über die Sortimentserwartungen im Bahnhof haben deutlich gemacht, dass Presse und Bücher weit vor allen anderen Produktgruppen rangieren (*dnv 4/1998: 6*). Ihr Verschwinden von der Bildfläche würde das Angebot und die Dienstleistungsqualität des Bahnhofs für Reisende, Pendler, Urlauber und Ortsansässige nachhaltig beschädigen. Die Verpächter sind deshalb gut beraten, den erforderlichen wirtschaftlichen Rahmen zu schaffen, damit die Bahnhofs- und Flughafenbuch-

[73] Die in Stadtgebieten gelegenen Filialen der Hamburger und Berliner Bahnhofsbuchhandlungen wurden aus logistischen Gründen mit Fahrzeugen der örtlichen Grossisten beliefert, die teilweise auch die Rücknahme und Verarbeitung der Remittenden aus den einzelnen Läden organisierten. Vgl. Kap. II., 4., Seite 53 ff.

handlungen das Buch- und Presseangebot nicht nur aufrecherhalten, sondern durch moderne Laden- und Angebotsgestaltung qualitativ noch weiter verbessern können (*Bühne 2004: 20*).

Die Bahn hat bei der Verpachtung von Verkaufsflächen lange Zeit eine Politik pro Mittelstand verfolgt. Seit dem Gerangel der großen Filialisten um die besten Verkaufsstellen in Bahnhöfen und Flughäfen hat die DB Station & Service AG die Konzentration dadurch beschleunigt, dass sie finanzstarke Unternehmen bei Ausschreibungen präferierte und kleinere Pächter entsprechend benachteiligte. Zum Teil entspringt dieses Verhalten dem Drang der DB AG, möglichst viel zu erwirtschaften, zum Teil werden die zu hohen Pachten aber auch durch Verdrängung potentieller Wettbewerber provoziert. Wenn die Absichtserklärung der Bahn, mittelständische Betriebe erhalten zu wollen[74] kein Lippenbekenntnis sein soll, darf sie die Pachtbelastbarkeit ihrer Vorzeigebetriebe nicht bis zur Schmerzgrenze ausreizen, sondern muß die Mieten an allen Standorten linear absenken und zu einem transparenten, kalkulierbaren und nachvollziehbaren Pachtsystem zurückkehren.

Premium-Verkaufsstellen für Buch und Presse sind nicht nur bedeutende Imageträger der Deutschen Bahn AG, sondern mit € 1021.- Pacht je m² auch die besten Zahler im Bahnhof. Verglichen mit anderen Servicebetrieben, die durchschnittlich € 220.- je m² zahlen (*vgl. Kapitel I., 4.8., Seite 33*), ergibt sich ein unangemessen hoher Spitzenwert, durch den im Ergebnis die Bahnhofsbuchhändler diskriminiert werden und die Verlage die Deutsche Bahn AG subventionieren. Um die Leistungsfähigkeit des künftigen Premiumhandels nicht nur zu sichern, sondern seine Marktführerschaft weiter auszubauen und die besseren Konditionen für diese Händler im Vergleich mit den allgemeinen Presse-Einzelhändlern kartellrechtlich zu rechtfertigen, müssen die Zeitungs- und Zeitschriften-Verlage auf die DB Station & Service AG einwirken und sie zu Pachtreduzierungen zwingen, weil sie einen großen Teil des für Mehrleistungen gedachten Rabatt-Premiums abschöpft und damit den Interessen der Verlage und Pressekäufer entgegenwirkt.

6. Werbung und Verkaufsförderung im Premiumhandel

Mitentscheidend für den Erfolg des Premium-Konzeptes ist eine gewisse Originalität und die Kommunizierbarkeit seines Nutzens für Verbraucher und Verlage. Dies hat ein hohes Maß an Kreativität und den geschickten Einsatz verschiedener Kommunikationsmittel durch seine Betreiber zur Voraussetzung. Da die Bekanntheit der Firmen, ihre Standorte und die Bekanntheit des im Premiumhandel im Angebot befindlichen Mega-Sortiments direkten Einfluß auf den Erfolg solcher Geschäfte haben, müssen die beteiligten Firmen nicht unerhebliche Geldmittel in Werbung und Verkaufsförderung investieren und ein Marketingkonzept entwickeln, welches aus der Handelsspanne und aus der linearen Absenkung der Pachten finanziert werden könnte. Wichtig ist ein ganzheitliches Marketing, dass auf den Schwerpunkten der Vermarktung von Presse und Buch aufsetzt und zudem individuelle Verkaufskonzepte für einzelne Premium-Unternehmen ermöglicht.

Neben dem Erfordernis einer zentralen Organisation für die bundesweite Vermarktung der zur Verfügung stehenden Schaufenster und Werbeflächen an und in den Geschäften geht es zunächst um die Überlegung, wie der Premiumhandel für die Verlage zu einem attraktiven Werbe-Partner werden kann. Wer sich vor Augen führt, dass mit dem Premiumhandel in dem von uns definierten Sinne *(Kap. IV., 5., Seite 75)* ein absolut konkurrenzloses Angebot mit Pressetiteln in hochfrequentierter Lage und an vielen Plätzen mit hervorragender Präsentation sowie ein unmittelbares Kundenfeedback durch den Direktkontakt zum einzelnen Premium-

[74] R. Beckmann, Vorstand Marketing & Vertrieb der DB Station & Service AG, zitiert in dnv 24/2004: 34.

händler gegeben ist,[75] dem wird klar, welch hochattraktives Umfeld diese Läden den einzelnen Verlagen und ihren Produkten zu bieten haben. Warum sollen nicht die Verlage von diesem einzigartigen Kommunikationsmittel profitieren, in dem ihnen Gelegenheit gegeben wird, ihre Werbebotschaften bundesweit zu den Konsumenten zu bringen?

Eine Premium-Verkaufsstelle begnügt sich nicht damit, passiv Tageszeitungen und Zeitschriften auszulegen, sondern stellt ein aktives Medium dar, einen neuen Ort für Verkauf und Kundenansprache, in dem Verlagsprodukte in einer Erlebniswelt in modernen Warenträgern, Schaufenstern, Vitrinen und auf Tischen präsentiert werden und so die Aufmerksamkeit der Käufer auf sich lenken und zum Verweilen einladen. Damit steigen die Verkaufschancen neuer und etablierter Titel, vor allem wenn sie im Ladenlokal beworben und nicht nur unter der Objektgruppe im Regal, sondern zusätzlich mit einer Sonderplazierung, z.B. in der Kassenzone oder auf der Ladentheke, angeboten werden.

Um die Absatzstärke der Branche zu festigen und zu steigern, gab der Verband Deutscher Bahnhofsbuchhändler ein Marketingkonzept in Auftrag, welches sich auf Inhalte und Gattungsmarketing in Form abverkaufswirksamer Point-of-Sale-Präsentationen für einzelne Titel oder Sortimentsgruppen konzentrierte (*vgl. Ochs 2003*). Erstes zentrales Element des Konzeptes ist ein Aktionsplan, der für das ganze Jahr eine durchgängige Abfolge von Aktionen für einzelne Objektgruppen vorsieht, die sich in der Regel an saisonalen Anlässen orientiert (*dnv 23/2004: 12*). Das zweite wichtige Element besteht in der zentralen, bundesweiten Vermarktung von Schaufenstern an möglichst allen Bahnhofsbuchhandels-Standorten durch eine Spezialagentur für Verkehrswerbung (*dnv 23/2004: 16*). Bahnhofsbuchhandels-Schaufenster haben die Verlage bei der Einführung neuer Titel oder bei sonstigen, wichtigen Anlässen auch schon vor dem Marketingkonzept mit Werbung belegt. Eine effektive und flächendeckende Buchung hatte jedoch erhebliche Koordinationsleistungen des jeweiligen Verlages zur Voraussetzung, weil er wegen der Schaufenstermaße und der werberelevanten Umfeldverhältnisse mit verschiedenen Unternehmen in Kontakt treten musste. Die Möglichkeit, bundesweit Schaufenster in Bahnhöfen und Flughäfen mit einer einzigen Buchung zu belegen bzw. mit einer einzigen Anfrage zu erfahren, welche Schaufenster überhaupt verfügbar sind, stellt einen großen Schritt nach vorne dar.

2004 hat der Bahnhofs- und Flughafen-Buchhandel sechs Sortiments- und acht zentral angebotene Schaufenster-Aktionen durchgeführt (*G. Grauert, zitiert in dnv 23/2004: 10*). In den aktualitäts- und themenbezogenen Sortimentsaktionen sehen viele Verlage das stärkere Element des Marketing-Konzepts, allein deshalb, weil es ein (bislang) kostenloser Service des Bahnhofsbuchhandels ist, an dem sich alle Verlage, auch die mit kleinen Zielgruppentiteln, beteiligen können, während die Belegung der Schaufenster für eine Woche mit über € 16.000.- zu Buche schlägt (*R. Bonhard, zitiert in dnv 23/2004: 13*). Die im Ausland übliche und von den exportierenden deutschen Verlagen grundsätzlich anerkannte Praxis, für Zweitplazierungen und Schaufensterdekorationen Werbebeiträge zu bezahlen (*VDZ 1997: 4*), ist in Deutschland nach wie vor verpönt (*dnv 4/1999: 36*). Nach Ansicht vieler Verlage soll der Presse-Einzelhandel Präsentationsentscheidungen nach der Verkäuflichkeit eines Titels und nicht nach der Finanzierung durch den jeweiligen Anbieter treffen (*O. Kleinelanghorst, zitiert in dnv 6-7/2003: 55*).

Viele Verlage vertrauen darauf, dass sich der Premiumhandel für besondere Aktionen am Point of Sale einsetzt, ohne dass diese Leistung vergütet wird. Die Märkte und Branchenusancen haben sich jedoch verändert und der deutsche Markt wird sich in einer immer internationaler bewegenden Medienlandschaft mit Global Players der übrigen Welt annähern. Viele Industrien (z.B. Tabakwaren, Alkohol, Kosmetik), mit denen sich die Verlage im Wettbewerb

[75] „Die enge Kommunikation ermöglicht es uns, in Abstimmung mit den ...Händlern Einfluß auf das zu nehmen, was mit unseren Titeln am PoS geschieht." H. Schmidt, Jahreszeiten- Verlag, zitiert in dnv 6-7/2003: 54.

um die Werbeplätze im Einzelhandel befinden, bezahlen dafür. In der Schweiz erwirtschaftet die zu Valora Retail zählende Kiosk AG jährlich 20 Mio. Franken Ertrag mit der Vermarktung von Werbeflächen an Verlage (7%) und andere Industrien (93 %) (*dnv 4/1999: 36*).[76] In den USA war der Buch- und Presse-Filialist „Eastern Lobby Shops", der heute zu HDS gehört, Wegbereiter bezahlter Verkaufsförderungs-Programme (*Snyder 2000: 61*) und in Frankreich entdeckte Relais H (HDS) schon 1989, dass man mit 5 Mio. Passanten und 500 Tsd. Käufern täglich über fantastische Standorte für bezahlte Werbung und Verkaufsförderung verfügt (*de Rostolan 1993 a: 18*).

Im Bahnhofsbuchhandel nutzen und entfalten inzwischen auch deutsche Special-Interest-Verlage und Nationalvertriebe, manchmal auch im Widerspruch zu einem „Stillhalteabkommen" mit der Konkurrenz, die ganze Bandbreite werblicher Aktivitäten gegen Entgelt (*dnv 6-7/2003: 55*). Dabei hilft der Bahnhofsbuchhandel nicht nur, die Absatzziele zu erreichen, sondern leistet auch wertvolle Dienste, kleinere Titel und Newcomer einem breiteren Publikum bekannt zu machen (*dnv 6-7/2003: 54*). Ohne Bahnhofsbuchhandel würden viele Verbraucher eine ganze Reihe von Zeitungen und Zeitschriften überhaupt nicht kennen. Hohe Kontakt- und Absatzchancen begründen die Wertschätzung dieses manchmal einzigen Absatzweges im Einzelverkauf besonders bei solchen Verlagen, deren Titel hochpreisig sind oder nicht zu den Auflagenmillionären zählen.

Ein auf Sortimentsmarketing und Objektverkaufsförderung basierendes Konzept (*Ochs 2003: 7*) stärkt die Sparte Premiumhandel, vereinfacht die Kommunikation mit den Lieferanten und gibt Special-Interest- und Very-Special-Interest-Titeln eine neue Chance im Vertriebsmarketing (*Schmidt 2004: 21*). Zu den positiven Effekten für Verlage und Nationalvertriebe zählt in erster Linie der gesteigerte Abverkauf (*dnv 23/2004: 16 f.*), den auch Tageszeitungen verzeichnen, wenn auch auf niedrigerem Niveau.[77] Für viele kleine Zeitschriftentitel ist eine wiederholte oder regelmäßige Teilnahme an Schaufensteraktionen trotz positiver Verkaufseffekte dennoch kaum vorstellbar. Kalkuliert man die (derzeitigen) Kosten für die Buchung der Fenster und das Dekorationsmaterial sowie die Erlöse aus zusätzlich verkaufbaren Exemplaren, erscheint diese Werbeform (momentan) nicht wirtschaftlich, weshalb ein Verlag neben der direkten Verkaufssteigerung auch die Werbewirkung der Schaufenster und Präsentationsflächen im Premium-Umfeld unter Reichweitengesichtspunkten in seine Rechnung mit einbeziehen muß.

Ob ein solches Angebot von den Vertriebsmanagern der Verlage bzw. von den Gesamtverantwortlichen für das Objektmarketing auf Dauer genutzt werden wird, hängt von Angebot und Nachfrage ab. Prinzipiell gibt es jedoch keinen Grund, warum nicht ein kostenintensiver Premiumhandel zusätzlich zu einer auskömmlichen Handelsspanne auch einen angemessenen Deckungsbeitrag aus Werbung und Verkaufsförderung erwirtschaften soll, solange eine echte Leistung dagegensteht, d.h. das Preis-/Leistungsverhältnis in Ordnung ist. Kein Verlag wird gezwungen, Präsentations- und Werbeflächen im Premiumhandel zu mieten, aber diejenigen, die es tun, können die Verkäufe und die Aufmerksamkeit für ihre Titel zum Teil beträchtlich steigern.[78]

---

[76] Die Belegung je eines Vollsicht-Displays direkt in der Kassenzone aller Kiosk-AG-eigenen Verkaufsstellen und eingeschalteten Depots kostet pro Woche 18.500 sfr. Vgl. Kiosk AG 1994.

[77] Wegen der stärker ausgeprägten Stammleserschaft bei Zeitungen fällt die Impulskaufrate im Vergleich zu Zielgruppen-Zeitschriften in der Regel geringer aus. Vgl. J. Hütwohl, zitiert in dnv 23/2004: 32.

[78] „Promotional exposure is more than just visibility. We´re talking about greatly increased sales – three times normal is not unusual for a major effort or cover story." L. Stefens, HDS, zitiert bei: Snyder 2000: 61.

LITERATURVERZEICHNIS

APV - Arbeitskreis Pressemarkt-Vertrieb, Protokoll der 91. Sitzung am 14.5.1991 in Hamburg

arena media, Die Entwicklung des Einzelhandels, Herausforderung & Chance für Verlage, Hamburg 2004

Arnold, Wolfgang, Eine Branche im Zugzwang?, in: Schlaglichter (hrsg. von der Marketing-Gesellschaft Bahnhof), Seite 44 f., Bonn 1993

Baier, Hans, PostPlus-Filialen: Testphase bis Ende 97, in: dnv Nr. 1/1997, Seite 40 f.

Baier, Hans, Leipzig war der Anfang, in: dnv Nr. 3/2001, Seite 64 f.

BB-Kriterien, Anlage 5 zum Protokoll über die 63. Sitzung des Arbeitskreises Pressemarkt-Vertrieb am 28.11.1984 in Bergisch-Gladbach

Bechtold, Rainer, GWB, Kartellgesetz, Gesetz gegen Wettbewerbsbeschränkungen, 2., völlig neu bearbeitete Auflage, München 1999

Becker & Winarek, Brief vom 19.6.1975 an Vereinigte Motor-Verlage, Stuttgart in Sachen Bahnhofsbuchhandlung Junk, Trier

Bühne, Hartmut, Nie war der Bahnhofsbuchhandel so wertvoll wie heute, in: dnv Nr. 23/2004, Seite 20

Bundesgerichtshof, Zur Belieferungsverpflichtung der Zeitungs- und Zeitschriftenverlage an U- und S-Bahn-Kioske, Urteil vom 17.3.1998 - KZR 30/96, in: Archiv für Presserecht Nr. 4/1998, Seite 396 ff.

Bundesgerichtshof, Fusion von Unternehmen verschiedener Handelsstufen - Minderheitsbeteiligung im Zeitschriftenhandel, in: NJW-RR Nr. 11/2001, Seite 762 ff.

Biermeier, Sabine, Aufbau des Pressevertriebsnetzes in Deutschland - insbesondere in den neuen Bundesländern (Diplomarbeit), Erlangen-Nürnberg 1995

Blotevogel, Hans H., Handels- und Dienstleistungsgeographie, Vorlesungs-Manuskript für das WS 03/04 an der Universität Duisburg

Börsenverein des Deutschen Buchhandels, Buchmarkt, www.boersenverein.de, Abruf vom 24.6.2004

Braunberger, Gerald, Lagardère will nicht zwischen Medien und Raketen wählen, in: Frankfurter Allgemeine Zeitung Nr. 7 vom 9.1.2004, Seite 17

Breyer, Thomas, Alternative Zustelldienste und Transportkonzepte im Pressesektor, Markt-, wirtschafts- und medienpolitische Auswirkungen der Deregulierung der Zustellmärkte, Bonn 1999

Brummund, Peter, Struktur und Organisation des Pressevertriebs, Teil 1: Der deutsche Zeitungs- und Zeitschriftengroßhandel, Dortmunder Beiträge zur Zeitungsforschung (hrsg. von Hans Bohrmann), Band 40, München/New York/London/Paris 1985

Brummund, Peter, Erfolgsbestimmende Faktoren beim Verkauf von Zeitungen und Zeitschriften im Presse-Fachhandel, Referat für den IBA-Kongress am 11.6.1993 in Wien, Dietzenbach 1993

Brummund, Peter, ip als Direktvertriebs-Unternehmen (Konzept), Dietzenbach 1998

buchreport, Mit ambitionierten Läden zeigt die Post-Tochter PSG in den Ost-Bahnhöfen Flagge, in: Nr. 44 vom 31.10.1991, Seite 22 f.

buchreport, Die Top100 - Die größten Buchhandlungen, http://harenberg.de, Abruf vom 23.06.2004

Bundeskartellamt (6. Beschlußabteilung), Gruner + Jahr & Co., Hamburg; Nichtbelieferung der Firma Montanus Aktuell GmbH & Co., Frankfurt, Schreiben vom 5.6.1978 an Rechtsanwalt Rosener, Berlin, Gesch-Nr. B 6 – 745100-V-125/77

Bundeskartellamt, Bericht des Bundeskartellamts über seine Tätigkeit in den Jahren 1995/96 sowie über die Lage und Entwicklung auf seinem Aufgabengebiet und Stellungnahme der

Bundesregierung, Drucksache 13/7900 vom 19.06.97, Deutscher Bundestag, 13. Wahlperiode

Bundeskartellamt, Bericht der Bundesregierung über die Lage der Medien in der Bundesrepublik Deutschland 1998 - Medienbericht 1998, Drucksache 13/10650 vom 18.05.98, Deutscher Bundestag, 13. Wahlperiode

Bundeskartellamt, Bericht des Bundeskartellamts über seine Tätigkeit in den Jahren 1997/98 sowie über die Lage und Entwicklung auf seinem Aufgabengebiet und Stellungnahme der Bundesregierung, Drucksache 14/1139 vom 25.06.99, Deutscher Bundestag, 14. Wahlperiode

Bundesverfassungsgericht, Urteil vom 9. Juni 2004 (1 BvR 636/02) www.bverfg.de /entscheidungen/rs20040609

Christiansen, Christian Günter, Berliner Bahnhofsbuchhandel (BHG und Lux), Seester, den 21.4.1997

Christiansen, Christian Günter, Stilke sog. HH-Lösung, Seester 1997

Christiansen & Partner, BZVG Lux (Pressemitteilung vom 29.5.1998)

Corriere del Ticino, Si allarga la guerra dei giornali in edicola, in: Ausgabe vom 17.4.1996, o.S.

Danzfuß, Helga, Wirtschaftlichkeitsrechnung ip, Hannover 1995

DB Station & Service AG, Geschäftsbericht 2002, Berlin 2003

de Rostolan, Louis, Presseverkauf an Verkehrsknotenpunkten, in: dnv Nr. 9a/1993, Seite 16 ff.

de Rostolan, Louis, Relais H, in: Distripress News Nr. 2/1993, Seite 35 ff.

Der Spiegel, Riecher für Rendite, in: Nr. 9/1993, Seite 125

Deutsche Bahn AG, Daten und Fakten 2000, Berlin 2000

Deutsche Bundesbahn, Brief vom 21.2.1983 an alle Bahnhofsbuchhändler

Deutsche Bundesbahn/Verband Deutscher Bahnhofsbuchhändler/Verband Deutscher Zeitschriftenverleger, Protokoll über ein Gespräch mit Vertretern der Hauptverwaltung der Deutschen Bundesbahn, dem Vorstand des Verbandes Deutscher Bahnhofsbuchhändler und Vertretern der Fachgruppe Publikumszeitschriften im Verband Deutscher Zeitschriftenverleger e.V. (VDZ) am 23. Januar 1985 in Frankfurt

Deutsche Bundesbahn, Zentrale Hauptverwaltung, Hauptabteilung Servicebetriebe, Grundsätze Bahnhofsbuchhandlungen (Arbeitspapier zur Vorbereitung eines Workshops am 23.7.1992) Frankfurt 1992

Diller, Hermann (Hrsg.), Vahlens Großes Marketinglexikon, 2., völlig überarbeitete und erweiterte Auflage, München 2001

Distripress Congress News, montanus aktuell, in: Nr. 2/1970, Seite 49 ff.

Distripress Gazette, Neue Strukturen im Bahnhof, in: Nr. 9-10/1998, Seite 46 ff.

Distripress Gazette, Foreign Press at the Retail Level, in: Nr. 5-6/1999, S. 12 ff.

dnv – Der Neue Vertrieb, Hamburg, Jahrgänge 1976 bis 2004

Dorn, Margit/Vogel, Andreas, Geschichte des Pressevertriebs in Deutschland (hrsg. von Stiftung Presse Grosso), Band 2, Baden-Baden 2001

Dreppenstedt, Enno, Der Zeitungs- und Zeitschriftenmarkt, Schriften zur Buchmarkt-Forschung Nr. 15, hrsg. von Peter Meyer-Dohm/W. Strauß, Hamburg 1969

Eckert, Adam-Claus, Unser Bahnhof hat viele Seiten, in: Schlaglichter (hrsg. von der Marketing-Gesellschaft Bahnhof), Seite 48, Bonn 1993

FAZ-Kontakte, Körperlose Remission im Bahnhofsbuchhandel, in: Ausgabe vom 13.7.1983, Seite 4 ff.

Fleischer, Helmut, Bahn frei für die Bahnhöfe, in: Schlaglichter (hrsg. von der Marketing-Gesellschaft Bahnhof), , Seite 16 ff., Bonn 1993

Frankfurter Allgemeine Zeitung, Handel und Wandel auf deutschen Bahnhöfen
in: Nr. 247 vom 1.11.1984, Seite 17

Frankfurter Allgemeine Zeitung, Irak nun Aktionär bei Rüstungsspezialist Matra, in: Ausgabe vom 30.12.1992, o.S.
Frankfurter Allgemeine Zeitung, Die Bahn wird Modell für Staats-Modernisierung, in: Ausgabe vom 13.1.1994, o.S.
Frankfurter Allgemeine Zeitung, Den Bahnhofsbuchhandlungen droht eine Erhöhung der Pacht, in: Ausgabe vom 21.1.1995, o.S.
Frankfurter Allgemeine Zeitung, Valora darf Stilke-Kette kaufen, in: Ausgabe vom 29.4.1997, o.S.
Frankfurter Allgemeine Zeitung, Historische Bahnhöfe erstrahlen in neuem Glanz, in: Nr. 297 vom 21.12.2001, Seite 53
Frankfurter Allgemeine Zeitung, Der Buchhandel spricht jetzt von Durststrecke statt von Krise, in: Nr. 232 vom 7.10.2003, Seite 18
Frankfurter Allgemeine Zeitung, Handel glaubt nicht mehr an Wachstum, in: Nr. 143 v. 23.6.2004, Seite 9
Frankfurter Rundschau, Bahn will Mitropa verkaufen, in: Ausgabe vom 3.3.2004, Seite 13
Fürstner, Wolfgang, Zahlungsverhalten des Bahnhofsbuchhandels, Sonderinformation der Fachgruppe Publikumszeitschriften Nr. 3 vom 11.3.1983
Fürstner, Wolfgang, Die Struktur des Bahnhofsbuchhandels in der Bundesrepublik Deutschland, Sonderinformation der Fachgruppe Publikumszeitschriften Nr. 8/1987
Fürstner 1990 a, Wolfgang, Zeitschriften - Vorreiter des freien Wettbewerbs, in: Horizont Nr. 41 vom 12. 10.1990, o.S.
Fürstner 1990 b, Wolfgang, Pressemarkt DDR, VDZ-Informationsdienst der Fachgruppe Publikumszeitschriften Nr. 8 vom 2.7.1990
Germer, Renate/Hoffbauer, Dieter/Jäschke, Jochen, 40 Jahre Zeitungsvertriebsamt, ZVA-Festschrift, Berlin 1988
Gilgen, Fredy/Güntert, Andreas, Ich will, dass meine Leute Fehler machen, in: Cash Nr. 2/1998, Seite 6/7
Graf, Heinz, Der Presse-Einzelhandel – Markttendenzen, in: Distripress Gazette Nr. 3/2001, Seite 28 f.
Grimm, Hartmut, Der Bahnhofsbuchhandel mit neuen Perspektiven, in: Zeitschriften ´95, hrsg. von der VDZ-Fachgruppe Publikumszeitschriften, Seite 47 f., Bonn 1994
Grimm, Hartmut, Der Bahnhofsbuchhandel in der Qualifizierungsphase, in: Die Zeitschriften ´96, hrsg. von der VDZ-Fachgruppe Publikumszeitschriften, Seite 23 f., Bonn 1995
Grimm, Hartmut, Entscheidende Weichenstellung im Bahnhofsbuchhandel, in: Die Zeitschriften ´99, hrsg. vom VDZ, Seite 28, Bonn 1998
Grimm, Hartmut, Bahnhofsbuchhandlung = Pressefachverkaufsstelle, in: Die Zeitschriften 2000, hrsg. vom VDZ, Seite 33, Bonn 1999
Güntert, Andreas, Gopfridschtutz, de Kiosk!, in: Cash Nr. 2/1998, Seite 9
Haedrich, Günter/Tomczak, Torsten, Strategische Markenführung, -Planung und Realisierung von Marketingstrategien für eingeführte Produkte-, Bern/Stuttgart 1990
Hallier, Bernd, Umsatzverdoppelung im Einkaufs- und Dienstleistungsbereich möglich, in: Schlaglichter (hrsg. von der Marketing-Gesellschaft Bahnhof), Seite 20 f., Bonn 1993
HDS - Hachette Distribution Services, Freedom of the press... We make it happen!, Paris 1997
HDS - Hachette Distribution Services, Wir tragen zur Freiheit der Presse bei, Paris 1998
HDS - Hachette Distribution Services, The leading international travel retail network, Paris 1999
HDS Retail Deutschland/Gruppe Nymphenburg, Markteintrittsstudie Hachette Distribution Services, München 1999
HDS Retail Deutschland/Gruppe Nymphenburg, PartnerShop-Konzept (Abschlußbericht), München 1999

Heibey, Friedrich, BZVG Lux ./. Axel Springer Verlag AG u.a., Aktz.: 3 U 238/97, Schriftsatz an das Hanseatische OLG Hamburg vom 15.1.1998

Hemmann, Renate, Postverkaufsstellen Ostdeutschland, Hausmitteilung vom 9.4.1991 an den Verfasser

Hermeling, Klaus, Fernschreiben vom 4.7.1975 an Vertriebsleitung Motorpresse in Sachen Buchhandlung Bergmann, Lohne

Hinze, Franz, Eine idealtypische (?) Bahnhofsbuchhandlung, in: dnv Nr. 4/1983, Seite 25 f.

Imai, Masaaki, Gemba Kaizen, Permanente Qualitätsverbesserung, Zeitersparnis und Kostensenkung am Arbeitsplatz, München 1997

Kammergericht Berlin, Zum Belieferungsanspruch eines Unternehmens mit Einzelverkaufsstellen in S- und U-Bahnhöfen, Urteil vom 22.5.1996 - Kart U 5114/95, in: Archiv für Presserecht Nr. 2/1997, Seite 532 ff.

Kammergericht Berlin, Pressefusionskontrolle: §§ 23, 24 GWB a.F.; §§ 35, 37, 38 GWB n.F.; Springer/Stilke, Beschluß vom 28.10.1998, Kart 26/97, in: Die Aktiengesellschaft Nr. 11/1999, Seite 524 ff.

Kiosk AG, Entwicklungen bei der Kiosk AG, in: Presse Newsletter 1/92

Kiosk AG, Preisliste Verkaufsförderung ab 1.1.1995, Basel 1994

Klaffke, Konstantin/Riedl-Klaffke, Margherita, Vertriebslexikon, Bonn 1998

Klammer, Bernd, Pressevertrieb in Ostdeutschland – Die wirtschaftlichen und politischen Interessen beim Aufbau eines Pressegroßhandelssystems nach der Oktoberwende 1989, Dortmunder Beiträge zur Zeitungsforschung, Band 56, München 1998

Kleinelanghorst, Olaf, Chancen nicht erkannt?, in: Börsenblatt Nr. 45/1988, Seite 1752 f.

Kohut, Oswald A., Zeitungen und Zeitschriften als Handelsgut, Eine Studie über die vertriebstechnische Seite des Pressewesens und ihre gesamtwirtschaftliche Bedeutung (Diss.), Giessen 1930

kress report, Bahnhofs-Mission, in: Nr. 22 vom 24.10.1996, Seite 2a

Kripahle, Gerhard, Belieferung von Verkaufsstellen mit Zeitungen und Zeitschriften zu Bahnhofsbuchhandelskonditionen, Anlage zu TOP II, Ziffer 1 der Mitgliederversammlung der Fachgruppe Allgemeine Zeitschriften am 21.2.1975

Kunze, Klaus, Belieferung von Stadtgeschäften der Bahnhofsbuchhändler, Brief vom 26.6.1975 an ASV AG, Gerhard Kripahle

Landgericht Hamburg, Urteil vom 19.9.1997 - Geschäfts-Nr.: 315 O 199/97

Lange, Guido, Verkaufstägliche Marktbeobachtung am Point of Sale, -Anspruch und Wirklichkeit- (Diplomarbeit), Magdeburg 2002

Le Bulletin, Café-Presse im Krankenhaus, in: Nr. 12, Mai 1998, Seite 3

Le Bulletin, Konsequent wachsen!, in: Nr. 15, 2. Quartal 1999, Seite 1

Le Bulletin, Unser Ziel - Neue Märkte erschliessen, in: Nr. 15, 2. Quartal 1999, Seite 2 f.

Lebensmittel-Zeitung, Im Bahnhof hat die Zukunft schon begonnen, in: Nr. 5/1998, o.S.

Lebensmittel-Zeitung, Am Abend bedienen die neuen Chefs, in: Nr. 9/1998, o.S.

Lepper, Martin, Auf dem Weg zu kundenfreundlichen Bahnhöfen, in: Schlaglichter (hrsg. von der Marketing-Gesellschaft Bahnhof), Seite 60 f., Bonn 1993

Lipinski, Gregory, Bahnhöfe in Leipzig und Köln gelten als Pilotprojekte für Modernisierungsplan, in: Handelsblatt vom 22.2.1994, o.S.

Ludwig, Gerhard, Brief vom 21.11.1975 an D. Schober, Motorpresse Stuttgart

Lützow, Bernd, Service und Beratung im Mittelpunkt, in: Schlaglichter (hrsg. von der Marketing-Gesellschaft Bahnhof), Seite 49, Bonn 1993

Maiwald, Frank, Kopfschuß: Kiosk-König tot, in: BZ vom 27.5.1998, o.S.

Mayer, Albert, Wunschliste des BB-Verbandes an die Zeitschriftenverlage, Brief an die Mitglieder des Arbeitskreises PMV vom 28.9.1984

MediaLine.Fakten.Lexikon der Markennamen, Stilke aktuell, aus: www.medialine.focus.de, Zugriff am 19.2.2004
medien aktuell, Hamburg, Jahrgänge 1996 – 2003
Meffert, Heribert, Marketing - am Bahnhof, für den Bahnhof, in: Schlaglichter (hrsg. von der Marketing-Gesellschaft Bahnhof), Seite 10+11, Bonn 1993
Melisa, Messagerie del libro e della stampa SA (Firmenbroschüre), Lugano 1996
MGB - Marketing-Gesellschaft Bahnhof (Hrsg.), Wie gefragt ist der Bahnhof, in: Schlaglichter, Seite 24 f., Bonn 1993
MGB - Marketing Gesellschaft Bahnhof, Kurzinfo MGB, Berlin 2003
MZV - Moderner Zeitschriften Vertrieb GmbH & Co. KG, Rechtsstreit MZV ./. BHG, Pressemitteilung vom 18.3.1998
Neuhoff, Franz-Josef, Generaldirektion Postdienst, Abschlußbericht der Arbeitsgruppe Abwicklung Postzeitungsvertrieb VGO, Berlin 1992
Neumann - Handbuch für den Presse-Vertrieb und -Verkauf, hrsg. vom Presse Fachverlag, Hamburg 2004
Nolte, Eberhard, Brief vom 3.7.1998 an die Vertriebs-Verantwortlichen der großen deutschen Verlage
Nolte, Eberhard / Gotzens, Michael, Telefax vom 27.1.1999 an Saarbach, Betr.: Direktvertrieb im Gebiet PVG und Roth & Horsch
Ochs, Michael, Das Marketingkonzept Bahnhofsbuchhandel, Düsseldorf 2003
Ochs, Michael, Der Handel hat den Objekterfolg schon vorprogrammiert, in: Vertriebslinien - Grundlagen der Vermarktungsstrategien (hrsg. von Michael Ochs/Alex Parker/Bernd A. Steinauer), Edition Presse-Marketing, Teil 3, Seite 24 ff., Hamburg 2004
OLG Hamburg, Lieferpflicht des Deutschen Hydrographischen Instituts - Lieferverweigerung aus Kostengründen, Urteil vom 7.11.1983 - 3 U 62/83 (Seekartenvertrieb) in: WuW/E, Seite 3163 ff.
Ostwald, Werner, Kündigung des Direktbezuges von Presseerzeugnissen Ihres Verlages zum 31.12.1998, Brief der BZVG Lux vom 2.12.1998 an die Geschäftsleitung namentlich nicht genannter Verlage
Patzer, Georg, Alles für die Reise, in: Börsenblatt Nr. 58/1998, Seite 15 f.
Presse-Grosso 1995, Bezirksgruppe Nord des Verband Presse-Grosso, Zeitungen + Zeitschriften Fachhändler, -Die Elite des deutschen Presse-Einzelhandels-, ohne Ortsangabe 1995
Presse-Grosso 1996 a, Marketing-Kommission Verband Presse-Grosso, MK informiert Nr. 17 vom 10.9.1996
Presse-Grosso 1996 b, Bundesverband Deutscher Buch-, Zeitungs- und Zeitschriften-Grossisten e.V., Köln, Geschäftsbericht 1996
Presse-Grosso 1999, Bahnhofsbuchhandel, in: Grosso-intern Nr. 52/98, Seite 4
Presse-Grosso 2001, EHASTRA 2001 / Grundauswertung (Gesamtergebnisse), hrsg. vom Bundesverband Presse-Grosso, Köln 2001
Presse-Grosso 2003 a, EHASTRA 2003 (Grundauswertung), hrsg. vom Bundesverband Presse-Grosso, Köln 2003
Presse-Grosso 2003 b, Bundesverband Presse-Grosso, Geschäftsberichte 2000-2003, Köln 2003
Presse-Grosso 2003 c, EHASTRA 2002 (Grundauswertung), hrsg. vom Bundesverband Presse-Grosso, Köln 2003
Riedl-Klaffke, Margherita 1992 a, Pressemarkt-Deutschland Nr. 1 vom 11.2.1992
Riedl-Klaffke, Margherita 1992 b, Notiz zu einem Gespräch zwischen Vertretern der Deutschen Bundesbahn und des VDZ am 19.2.1992 in Frankfurt
Riedl-Klaffke, Margherita 1992 c, Bahnhofsbuchhandel, in: Pressemarkt-Deutschland, Informationsdienst der Fachgruppe Publikumszeitschriften im VDZ, Nr. 6/1992, Seite 6

Riedl-Klaffke, Margherita 1993 a, Protokoll, Erörterung der Kriterien für den Bahnhofsbuchhandel mit dem Bundeskartellamt in Berlin am 23.6.1993

Riedl-Klaffke, Margherita 1993 b, Gesprächsnotiz VDZ-PSG, Hamburg, 2. Juli 1993

Riedl-Klaffke, Margherita 1993 c, Bahnhofsbuchhandel, in: Pressemarkt-Deutschland Nr. 2/1993, Seite 3 f.

Riehl, A., Bahnhofsbuchhandel einst und jetzt, in: dnv Nr. 8/1989, Seite 12 f.

Risse, Achim, Der Zeitungsvertrieb, Ein Handbuch für die Praxis, Berlin 2001

Rübartsch + Reiners, Fazit 2001, Mönchengladbach 2002

Saarbach, Das Konzept für kleinauflagige Titel aus dem Ausland - Press Point - International Special Interest Press for the German Market, Hürth 1995

Schellenberger, Michael, Treffpunkt, Basar, Erlebniswelt, in: Schlaglichter (hrsg. von der Marketing-Gesellschaft Bahnhof), Seite 38 ff., Bonn 1993

Schmeding, Jörg, Gutachterliche Stellungnahme zu der Frage: "Unter welchen Umständen erwirbt ein von der Hussel-Gruppe zu gründendes Großhandelsunternehmen für Zeitungen und Zeitschriften einen Anspruch auf Direktbelieferung zu Großhandelskonditionen gegenüber den preisbindenden Verlagen?, Hamburg 1979

Schmidt, Hermann, Der Bahnhofsbuchhandel - das Vorbild für den Presseverkauf, in: dnv Nr. 23/2004, Seite 21

Schmitt, Karl/Hahn, Ulrich Unsere Firmengeschichte 1841-1991 zum 150jährigen Jubiläum, Heidelberg 1991

Schreiner, Frank, MGB - Ziele, Struktur, Aktivitäten (Overhead-Folien), Berlin 2003

Senator für Wirtschaft und Verkehr als Landeskartellbehörde, Direkbelieferung der Firma BZVG Lux durch den Axel Springer Verlag, Brief vom 23.10.1984 an ASV AG, Harald Wauschkuhn

Siebert, Wolf-Dieter, Kundenzentrum Bahnhof, Berlin 2003

Siemes, Christof, Blättern im Naherholungsgebiet, in: Die Zeit Nr. 51/2003, o.S., http://zeus.zeit.de/text/2003/51/Buchhandel, Abruf vom 24.6.2004

Snyder, Glenn, Relay goes the distance, in: Magazine Retailer Vol. 5 Nr. 3/2000, Seite 56 ff.

Sondermann, Gerhard, Der Pressevertrieb im Rahmen der medienpolitischen Diskussion in der Bundesrepublik Deutschland, Unveröffentlichtes Gutachten im Auftrage des Presse- und Informationsamtes der Bundesregierung, Hamburg 1973

Staudenmeier, Peter, Brief vom 3.6.1975 an den Einzelhändler Sohn, Bad Godesberg

Sussmann, Klaus 1991 a, Zusätzlicher Umsatz und höhere Rentabilität durch Spezial Presseläden, IBA – Vortrag, Paris / Versailles 1991

Sussmann, Klaus 1991 b, Wir über uns und die Branche, München 1991

Sussmann, Klaus 1995, Sussmann´s Presse & Buch München 1945 – 1995, Eine Chronik zum 50. Geburtstag, München 1995

Sussmann, Klaus 1998, Brief vom 10.3.1998 an den Verfasser, Betr.: Verkauf an Valora

Sussmann, Klaus 2001 a, Die Zeit rennt und drängt, in: dnv Nr. 3/2001, Seite 48 f.

Sussmann, Klaus 2001 b, Gelähmte Schwingen, in: dnv Nr. 3/2001, Seite 60 f.

Tessin, Claus, Brief vom 16.7.1975 an Motor-Presse-Verlag

Töpfer, Armin, Der Schlüssel zum Erfolg, in: Schlaglichter (hrsg. von der Marketing-Gesellschaft Bahnhof), Seite 12 ff., Bonn 1993

Unternehmensgruppe Dr. Eckert, Presseinformation 4/98, Stuttgart/Köln 1998

Valora Holding AG, Übernahme eines Pressegrossisten im Tessin, Pressecommuniqué vom 9.7.1999

Valora Holding AG, Gericht weist Gesuch von Reto Hartmann vollständig ab, Medienmitteilung vom 26.6.2003

VDZ 1981, Leistungserwartungen der Zeitschriftenverlage im VDZ an Bahnhofsbuchhandlungen (Zusammenfassung)

VDZ 1984, VDZ-Projektgruppe Bahnhofsbuchhandel/Verband Deutscher Bahnhofsbuchhändler/Clearingstelle Bahnhofsbuchhandel, Protokoll einer gemeinsamen Sitzung am 10.10.1984 in München
VDZ 1985, VDZ - Projektgruppe Vertriebstechnik, Protokoll über die 3. Sitzung am 18.9.1985 in Hamburg
VDZ 1987, Die Struktur des Bahnhofsbuchhandels in der Bundesrepublik Deutschland (BASTRA), Bonn-Bad Godesberg 1987
VDZ 1990, BASTRA 1990, Die Struktur des Bahnhofsbuchhandels in der Bundesrepublik Deutschland, Bonn-Bad Godesberg 1990
VDZ 1993, Fachgruppe Publikumszeitschriften, Kriterien für den Bahnhofsbuchhandel (Stand 7.6.1993)
VDZ 1995, Struktur des Bahnhofsbuchhandels, Ein Sonderdruck aus dnv 4/95, Bonn 1995
VDZ 1996, Die Publikumszeitschriften, Pressemarkt Deutschland Nr. 10, Bonn 25.11.1996
VDZ 1997 a, Die Publikumszeitschriften, Gespräch mit der Kiosk AG, in: Pressemarkt Deutschland Nr. 12/1997, Seite 4
VDZ 1997 b, Die Publikumszeitschriften, Pressemarkt Deutschland Nr. 6, Bonn 25.6.1997
VDZ 1998, BHG bestätigt Sonderstellung des Bahnhofsbuchhandels, in: PMV Faxletter Nr. 2/1998, Seite 1 f.
VDZ 2002, PMV Faxletter Nr. 3 vom 12.3.2002
VDZ 2003 a, (www.vdz.de), Verlage danken dem Bahnhofsbuchhandel, Mitteilung vom 15.4.2003
VDZ 2003 b, (www.vdz.de), Valora: Bekenntnis zum Bahnhofsbuchhandel, Mitteilung vom 19.8.2003
VDZ 2003 c, Gespräch mit Valora am 6.8.2003, in: PMV-Newsletter vom 30.6.2003
Verband Deutscher Zeitschriftenverleger/Verband Deutscher Buch-, Zeitungs- und Zeitschriften-Grossisten e.V./Bundesverband Deutscher Zeitungsverleger e.V., Das Verfahren der körperlosen Remission, Zweite, neubearbeitete Auflage, Bonn und Köln 1977
Verband Deutscher Bahnhofsbuchhändler e.V., Geschäftsbericht 1991/1992, Düsseldorf 1993
Verband Deutscher Bahnhofsbuchhändler e.V., Geschäftsbericht 1998, Düsseldorf 1999
Verband Deutscher Bahnhofsbuchhändler e.V., Geschäftsbericht 2001, Düsseldorf 2002
Verband Deutscher Bahnhofsbuchhändler e.V., Geschäftsbericht 2002, Düsseldorf 2003
Verband Deutscher Bahnhofsbuchhändler e.V., Geschäftsbericht 2003, Düsseldorf 2004
Verband Deutscher Bahnhofsbuchhändler e.V., Satzung, www.vdbb.de, Zugriff am 29.4.2004
Wallenfels, Dieter, Belieferung von Verkaufsstellen mit Zeitungen und Zeitschriften zu Bahnhofsbuchhandelskonditionen (Gutachten), Wiesbaden 1974
Weber, Renate, Bahnhofsbuchhandel heute, in: dnv Nr. 7-8/2002, Seite 52 f.
Wilking, Thomas, Unverkennbare Konzentrationstendenz und noch einmal abgewehrte Konzerngelüste, in: buchreport Nr. 10/1998, Seite 18 ff.
Wittwer, Konrad Paul, Das Ergebnis darf nicht negativ bleiben, in: dnv Nr. 4/1990, Seite 52 f.
Wolff, Dietmar, Pressevertrieb - Sonderstellung des Bahnhofsbuchhandels auch nach Wegfall des Ladenschlußgesetzes? Sonderstellung des Bahnhofsbuchhandels auch nach der Strukturreform der Bundesbahn?, Juristische Untersuchung auf Veranlassung der Geschäftsführung der Fachgruppe Publikumszeitschriften im VDZ, Bonn 1992
Zentrale Gruppe der DB für Vermietung und Verpachtung, DB-Servicebetriebe in Bahnhöfen, Ergebnisbericht des Teams "Servicebetriebe in Bahnhöfen", Frankfurt 1983